fit FOR FUN

360 Top-Rezepte aus der Fitness-Küche

Fitnessküche

für das ganze Jahr

Leichte Rezepte für Aktive & Figurbewusste

• fettarm • vitaminreich • vielseitig

Impressum

„Fitnessküche für das ganze Jahr" ist ein Buch von FIT FOR FUN, Deutschlands großem Aktiv-Magazin
Herausgeber Dirk Manthey
Chefredaktion Philipp Berens, Lutz Carstens
Projektleitung und Redaktion Bettina Huber, Hamburg
Art Direction Kirsten Meier
Titelgestaltung Dennis Middelmann
Titelfoto Michael Müller
Foodfotos Hartmut Seehuber (Aufmacher), Studio Klaus Stemmler, Martina Urban, Rolf Seiffe, Sven C. Raben, Olaf Tamm, Studio Westermann, Südwest Verlag
Foodstyling Andreas Miessmer (Aufmacher), Roland Geiselmann, Christian Splettstösser, Petra Speckmann, Patrice Brault
Fotos S. 4 (Sven Bodin), S. 8 (Martin Meyer), S. 25 (Frank Schmidt), S. 242 (Ingo Robin), S. 250 (Kajetan Kandler)
Rezeptentwicklung und Rezepte Christina Niemann, Erika Stelljes-Müller
Beratung Heike Mühldorfer, Gaby Gugetzer
Texte Dörte Helberg, Heike Mühldorfer, Bettina Huber
Textkorrektur Gaby Gugetzer
Herstellung Eric Schmidt
Litho Reproform, Hamburg
Druck Appl, Wemding
Verlagsleitung Jonas Kliemke
Objektleitung Petra Linke
Vertriebsleitung Lutz Zimmermann
Marketing Frauke Eckert (Ltg.)
Syndication/Auslandslizenzen Tel. 040/4131-1162 Milchstrasse Syndication
Verlag FIT FOR FUN-Verlag GmbH, Milchstraße 1, D-20148 Hamburg

ISBN 3-9804101-9-6
1. Auflage 1999
Teilauflage für den Südwest Verlag
ISBN 3-517-06069-0

Editorial

Rezepte für alle, die mehr wollen

Kochbücher gibt es wie Sand am Meer, und in allen findet man leckere Rezepte. Genügt Ihnen das nicht? Dann sind Sie hier goldrichtig. Denn bei uns bekommen Sie mehr: mehr Vitamine und Mineralstoffe, mehr Fitness, aber auch mehr Abwechslung und Genuss. Wer nach FIT FOR FUN-Rezepten kocht, versorgt sich überdurchschnittlich gut mit Vitaminen und Mineralstoffen und kann sich in Zukunft jede Diät sparen. Unser speziell entwickelter „Fitness-Check" für jedes Rezept zeigt Ihnen auf einen Blick, welchen Zusatzeffekt die besondere Nährstoffkombination einer Mahlzeit bietet.

Für den erstklassigen Geschmack sorgen die vielen frischen Zutaten, die bei unseren Rezepten die Hauptrolle spielen. Die gesündesten und interessantesten Fitmacher stellen wir Ihnen außerdem detailliert vor. So lernen Sie zum einen neue Zutaten für Ihr persönliches Kochrepertoire kennen und schätzen und können dazu Altbekanntes in einem ganz neuen kulinarischen Umfeld wiederentdecken. Dazu gehören in Vergessenheit geratene Gemüsesorten wie die Steckrübe oder Schwarzwurzel, aber auch exotische Gewürze wie Vanille oder Ingwer.

Wegweiser unseres „Gesünder Essen"-Fahrplans sind - ganz natürlich - die Jahreszeiten. Denn Obst und Gemüse der Saison sind frisch und knackig. Sie haben den höchsten Vitamingehalt. Sie sind leicht und meist auch günstig erhältlich und sorgen nicht zuletzt für den größten Genuss. Wer braucht schon im Hochsommer Äpfel aus Neuseeland, wenn er statt dessen saftige Kirschen oder süße Himbeeren aus der nahen Umgebung geniessen kann? Damit Sie auch im Winter rundum gut versorgt bleiben, haben wir zusätzlich zu den heimischen Produkten die gesündesten Fitmacher aus anderen Ländern ausgewählt.

Probieren Sie nun am besten selbst: Sie finden Rezepte für Salate, Vorspeisen, Hauptgerichte und Desserts. Wenn Sie Gäste bewirten möchten, können Sie die einzelnen Bausteine auch zu einem Menü zusammenstellen. Damit Sie ohne Reue genießen können, sind alle Rezepte fettarm und leicht.

Wenn Sie sich besonders schlank ernähren wollen, dann sind die zwei monatlichen besonders fett- und kalorienarmen „Joker-Tage" ein ideales Angebot und das beste Mittel gegen die kleinen Sünden zwischendurch! Und wenn Sie zusätzlich Lust auf Bewegung haben, dann machen Sie sich doch auch unsere Fitness-Tipps zu Diensten. Dann kann absolut nichts mehr schiefgehen.

Herzlichst, Ihre

Dörte Helberg

Dörte Helberg
Fit for Fun, Ressortleitung Ernährung

P.S. Für alle, die noch mehr wissen wollen - FIT FOR FUN, Deutschlands großes Aktiv-Magazin, präsentiert jeden Monat neue Rezepte aus der Fitness-Küche

Inhalt

Einleitung

Wie Sie möglichst leicht und schnell mit dem FIT FOR FUN-Kochbuch umgehen können, sagen wir Ihnen auf den folgenden zwei Seiten. Natürlich legen wir den Schwerpunkt auf leckere Rezepte, die auch Ungeübte nachkochen können. Sie finden diese geballt in der Mitte des Buches – nach Monaten geordnet und alle mit übersichtlicher Zutatenliste und ausführlicher Anleitung. Dazu liefern wir noch eine anschauliche Anleitung der wichtigsten Zubereitungsschritte, „Extra-Tipps" und „Fitness-Checks" mit Kalorien- und Fettangaben pro Portion. Jeder Monat bietet zudem zwei besonders kalorienbewusste „Jokertage". In unserer monatlichen Marktübersicht erfahren Sie außerdem Wissenswertes zu saisonalen Produkten, was Sie beim Einkauf beachten müssen und wie Sie die Lebensmittel am besten aufbewahren. Neben dieser Riesenauswahl an Rezepten haben wir ein ganzes Paket an Zusatzinformationen geschnürt, die Ihnen bei der Auswahl der Zutaten, der Vorbereitung und natürlich beim Kochen helfen sollen.

Infoseiten

Noch bevor der Spaß in Ihrer "Fitnessküche" losgeht, erfahren Sie geballtes Know-how auf den folgenden Seiten. Für Ihren Lebensmitteleinkauf bekommen Sie Tipps und Checklisten, damit Sie Qualität von minderwertiger Nahrung unterscheiden können (S.8 bis 9). Wir berichten über **Vitamine, Mineral- und pflanzliche Vitalstoffe, Kohlenhydrate, Ballaststoffe, Proteine und Fette (S. 12 bis 15)**. Wir erklären Ihnen, wozu der Körper unbedingt frisches, gesundes Obst und Gemüse braucht. Sie erfahren, was die wichtigsten Vitamine bewirken, wer darauf achten muss und in welchem Obst oder Gemüse sie enthalten sind. Auf die Standardfragen: „Was soll ich heute kochen? Was geht schnell und was ist günstig" finden Sie schon in der **Schnellübersicht (S. 16 bis 24)** erste Anregungen. Spätestens aber in den **zwölf Rezeptkapiteln (ab S. 30)**, die Ihnen altbekannte oder längst vergessene Zutaten auf neue Weise schmackhaft machen sollen. Zusätzlich bieten wir Ihnen pro Monat zwei extrem fettarme „Jokertage" an, mit denen Sie Kaloriensünden bekämpfen können . Nach den Rezeptkapiteln hilft Ihnen ein kurzer Blick in das **Küchenlexikon (S. 242 bis 245)** bei der Klärung von Fachbegriffen. Im Anschluss geben wir Ihnen einen Überblick über die **Grundausstattung einer Fitnessküche (S.248 bis 249)**, bzw. was zusätzlich hilfreich sein kann.

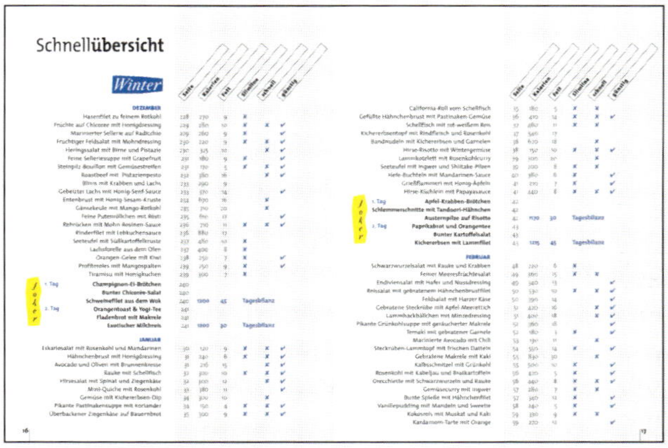

Schnellübersicht

Die wichtigsten Angaben zu jedem Rezept - farblich nach Monaten geordnet. Auf welcher Seite im Rezeptteil finde ich das Rezept, wieviele Kalorien (pro Person) hat es, wie wenig Fett (in Gramm) enthält es, ist es besonders kaloreinarm (Slimline), wie lange dauert seine Zubereitung und belastet es den Geldbeutel nicht zu sehr?

Jetzt frisch auf dem Markt

Auf einen Blick erkennen Sie, in welchem Monat eine Zutat auf den Markt kommt. Sie erfahren alles Wissenswerte über Gemüsesorten, Salat, Obst, Vollkornprodukten, Fleisch, Fisch und Milcherzeugnissen. Dazu: Einkaufstipp, Lagerung, und die wichtigsten Inhaltsstoffe. Außerdem zu jedem Monat ein spezieller Fitness-Tipp.

Die FIT FOR FUN-Fitnessküche

Vergessen Sie alles, was Sie über sogenannte Blitzdiäten gehört haben. Lassen Sie sich zum Abnehmen genauso viel Zeit, wie Sie zum Zunehmen gebraucht haben. Denn nur die Langzeitstrategie bringt den Erfolg. Beim schrittweise Abnehmen und Umstellen alter Gewohnheiten hilft Ihnen unsere 3-Stufen-Methode:

Stufe 1: Die Light-Version

Alle Sammelrezepte, die wir Ihnen Monat für Monat auftischen, sind zur dauerhaften Ernährungsumstellung geeignet. Dabei wurde besonderer Wert auf eine überdurchschnittliche Vitaminversorgung gelegt. Gleichzeitig liegt der Fett- und damit der Kaloriengehalt auf einem niedrigen Niveau, ohne jedoch auf gehaltvolle Lebensmittel verzichten zu müssen, wie zum Beispiel Nüsse, Pflanzenöle, Fisch, Käse, Avocados oder Oliven. Weil wir diese Ausgewogenheit garantieren möchten, enthält das eine oder andere Rezept auch mal etwas mehr, aber gesundes Fett -maximal 25 Gramm. Dafür verzichten wir in unseren Zubereitungen nahezu völlig auf Zucker, Butter, Bratfette und fettreiche Milchprodukte. Fleisch wird in vernünftigem Maße verarbeitet, genauso Fisch und Meeresfrüchte. Mit Gemüse und Früchten der Saison gehen wir dagegen verschwenderisch um. Wer sich also nach diesen Vorschlägen richtet und so viele Mahlzeiten wie möglich gegen FIT FOR FUN-Rezepten austauscht, isst nicht nur fettärmer und damit leichter, sondern auch gesünder. Die Zusammenstellung ist ausgewogen, vollwertig und vor allem geeignet für eine langfristige Ernährungsumstellung, um sich auf leichte moderne Art zu verwöhnen oder sein Gewicht zu halten.

Stufe 2: die Fett-Spar-Variation (Slimline)

Bei unseren Slimline-Rezepten haben wir die Fettbremse noch ein Stückchen weiter angezogen: Unter diesem Motto servieren wir Ihnen Hauptgerichte mit maximal 15 Gramm Fett pro Portion, bei allen anderen sind es maximal 10. Damit können Sie locker unter der für eine Abnehmphase empfohlenen 50-Gramm-Grenze bleiben. Die besondere fettarme Kost in Kombination mit mehr Bewegung hilft, den Stoffwechsel umzustellen, um die Fettreserven schneller einzuschmelzen. Zu dem sind sie für alle Personen günstig, die sich aus gesundheitlichen Gründen fettarm ernähren sollen.

Stufe 3: Jokertage mit Soforteffekt

Falls Sie doch einmal „gesündigt" haben, helfen die für jeden Monat ausgesuchten zwei extrem fettarmen Jokertage. Diese Schalttage sind dazu gedacht, sie in den normalen Ernährungsalltag einzustreuen. Das hat den Vorteil, dass der Stoffwechsel nicht so schnell auf Sparflamme umschalten kann, obwohl diese Rezepte mit rund 1200 Kalorien und einem maximalen Tagesbedarf von 43 Gramm Fett pro Tag extrem niedrigkalorisch angesetzt sind. Deswegen sind sie auch nicht als Dauerernährung gedacht, sondern als Joker, um während einer Ernährungsumstellung einen Akzent zu setzen oder, um auf der Waage eine schnelle Erfolgsbestätigung zu bekommen. Die Voraussetzung dafür ist, dass Sie sich möglichst eng an die Vorgabe halten. Dazu kommt, dass trotz der extrem niedrigen Fettzufuhr von maximal 45 Gramm pro Tag der Bedarf an den wichtigen Zellschutzstoffen Vitamin C, E und Betacarotin gedeckt ist. Bei Vitamin E ist das besonders beachtlich, da es in der Nahrung nur im Zusammenhang mit Fett vorkommt. Das liegt in der Auswahl besonders hochwertiger Pflanzenöle für unsere Rezepte. So können Sie auch sichergehen, dass die Verwertung der fettlöslichen Vitamine vollständig gewährleistet ist.

Tipps & Hilfen

So lesen Sie den Fitness-Check

Vitaminreich und fettarm sind unsere Gerichte ohnehin. Das Fit-Barometer zeigt, was sie zusätzlich bieten.

Für Aktive: Der orangefarbene Balken zeigt an, wie viele komplexe Kohlenhydrate, Kalium und Magnesium enthalten sind. Wichtig für alle, die viel Sport treiben.

FITNESS-CHECK	
Für Aktive	Vitamine ⊗
Für Denker	einfach ⊗
Immunschutz	schnell ○
Pro Portion: 240 Kalorien, 5 g Fett	günstig ⊗

Für Denker: Der blaue Balken gibt den Gehalt der Vitamine B1, B6 und Pantothensäure an. Ideal für alle, die Gehirn und Nerven füttern müssen.

Immunschutz: Der grüne Balken zeigt, wieviel Vitamin C, E und Betacarotin enthalten ist – zur Abwehrstärkung.

Je voller der Balken, desto besser die prozentuale Tagesbedarfsdeckung der betreffenden Stoffkombination.

= 30 % = 20 % = 10 %

- ⊗ Vitamine: gute Nährstoffdichte. Viele Vitamine und Mineralstoffe bei niedrigem Kaloriengehalt.
- ⊗ einfach: auch für Anfänger leicht nachzukochen.
- ○ schnell: in maximal 30 Minuten auf dem Tisch.
- ⊗ günstig: Eine Portion kostet maximal 5 Mark (Durchschnittspreise).

Achten Sie auf dieses Zeichen:

Es zeigt die Rezepte, die maximal 10 Gramm Fett enthalten (Hauptgerichte maximal 15 Gramm). Stellen Sie sich daraus ein leichtes Menü zusammen – oder sparen Sie in Ihrer Alltags-Ernährung Fett.

slimline

Jokertage

Falls sie einmal „gesündigt" haben, können Sie zwei bis viermal pro Monat extrem fettarme Joker-Tage mit Soforteffekt einschieben. Voraussetzung: Tagesbedarf beträgt 43 Gramm Fett und 1200 Kalorien. Dazu kommt die Bedarsdeckung wichtiger Zellschutzstoffe wie Vitamin C, E und Betacarotin.

Fitness fängt

Zartes Fleisch statt zäher Brocken

Ernährungswissenschaftler raten dazu, Fleisch nicht zur Hauptsache, sondern eher zur Beilage beim Essen zu machen. Zudem ist vielen Verbrauchern die Fleischlust durch Meldungen über hormonverseuchtes Kalbfleisch, Antibiotika in Schweinen oder den Rinderwahnsinn vergangen. Wer bürgt für die Qualität von gesundem Fleisch? Das wohl bekannteste bundesweite Prüfsiegel stammt von der Centralen Marketing-Gesellschaft der deutschen Agrarwirtschaft (CMA). Es garantiert zwar Kontrollen von der Aufzucht bis zum Verkauf, aber leider noch immer keine artgerechte Tierhaltung. TIPP: Garantiert beste Qualität verspricht das Fleisch von Ökoverbänden - im Supermarkt zum Beispiel mit den Marken Füllhorn oder Biopark vertreten. Eine Alternative sind Metzger, die über ihr Fleisch bereitwillig Auskunft geben. **Gutes Fleisch** ist nicht absolut mager, sondern leicht von Fettadern durchzogen (marmoriert) – und deshalb besser im Geschmack. **Mageres Fleisch** enthält genausoviel Cholesterin wie fettes, denn das steckt in den tierischen Zellwänden. Stark wasserhaltiges, also minderwertiges Fleisch ist in Styroporschalen nicht zu erkennen, da die Verpackung das austretende Wasser aufsaugt. TIPP: Kaufen Sie lieber im Supermarkt an der Frischetheke oder beim Metzger Ihrer Wahl. Fleisch darf nicht im eigenen Saft liegen, das erhöht die Infektionsgefahr. Innereien möglichst selten essen, denn wegen ihres Zellreichtums sind sie besonders cholesterinreich. Bei **Tiefkühlware** deuten weiß-graue Flecken auf Gefrierbrand und Eiskristalle auf bereits angetaute Stellen hin.

TIPP: Meiden Sie Ware aus stark vereisten oder überfüllten Truhen. Achten Sie auf Rotlichtlampen über der Kühltruhe. Sie schönen die Fleischfarbe und täuschen über möglichen Verderb hinweg.

wissenswertes

Schweinefleisch: *Blass und wässrig sieht das Fleisch von gestressten Tieren aus. Achten Sie auf durchwachsene Teile, deren Anschnittflächen relativ trocken sind.*
Rohschinken: *Seine Qualität hängt vom Räucherverfahren ab. Das Fleisch sollte trocken und tiefbraun sein. Hüten Sie sich vor „Formfleisch": es besteht aus Resten, die mit verschiedenen Zusatzstoffen verklebt werden.*
Geflügel: *Falls Sie Tiefkühlkost kaufen, achten Sie darauf, daß das Fleisch nicht mit rosafarbenen Eis überzogen ist.*
Rindfleisch: *Um BSE verseuchtes Fleisch zu vermeiden, kaufen Sie möglichst Produkte Ihrer Region von einem Öko-Hof oder Metzger Ihres Vertrauens.*

Volles Korn statt leerer Versprechen

Bei **Brot** oder Brötchen ist das volle Korn nur schwer auszumachen; die Farbe jedenfalls kann täuschen. Schwarzbrot etwa kann aus Weißmehl gebacken und nachträglich mit Malzextrakt eingefärbt werden. Umgekehrt wird volles Korn durch feines Mahlen sehr hell. Auch die Bezeichnung „Drei- oder Mehrkornbrot" garantiert nichts. Oft kleben nur an der Oberfläche ein paar Alibikörner. Manche Bäcker verwenden heute Fertigbackmischungen. Chemische Zusätze sorgen für lockeren Teig, oft aber auch für faden Geschmack. TIPP: Kaufen Sie beim Ökobäcker oder fragen Sie Ihren Bäcker - ein Vollkornbrot muss zu mindestens 90 Prozent aus vollem Korn bestehen. **Mehl:** Je höher die Typenzahl, desto mehr Randschichten des Korns sind enthalten, desto höher ist auch sein Wert für gesunde Ernährung. Angeblich eignet sich Weißmehl besser zum Backen. TIPP: Mit feinem Vollkornmehl gelingen ebenso leckere Kuchen.

wissenswertes

Müsli: *Bei hochwertigen Mischungen stecken etwa 55 Prozent der Kalorien in Kohlenhydraten, 30 Prozent im Eiweiß und nur 15 Prozent im Fett.*
Nudeln: *Sie bestehen meistens nur aus Weizengrieß, Wasser und Salz - und enthalten praktisch kein Fett (Ausnahme: Eiernudeln). Ihre Kohlenhydrate sind wichtige Energiespender.*
Reis: *Parboiled Reis mit seiner nährstoffreichen Silberhaut ist wertvoller als polierter Weißreis.*

Kein Ei gleicht dem anderen

Um **frische Eier** zu erkennen, lesen Sie bei Eiern die Verpackung genau: Sie muß auf jeden Fall das Mindesthaltbarkeitsdatum und wahlweise das Lege- oder Kühldatum aufweisen. Eier dürfen maximal 28 Tage im Handel bleiben, ab dem 18. Tag müssen sie gekühlt angeboten werden.

TIPP: Eier im Kartons mit der Aufschrift „Extra" dürfen nicht älter als 7 Tage sein. Oder schlagen Sie zum Test ein Ei auf. Der Dotter frischer Eier ist gewölbt und stabil. Der beste Frischetest ist jedoch die sogenannte Schwimmprobe. Im Wasserglas sinkt ein frisches Ei flach auf den Boden. Ein 2 bis 3 Wochen altes Ei steht fast senkrecht im Glas, ein noch älteres schwimmt. Angaben zur **Haltung der Hennen** sind freiwillig. Gibt die Verpackung keinen Hinweis, stammen die Eier meist aus Legebatterien oder aus Bodenhaltung, auch wenn „Frisch- oder Landeier" auf der Packung steht. TIPP: Achten Sie auf die Aufschrift „Ökohaltung". Die Hennen haben artgerechten Auslauf und bekommen ökologisch erzeugtes Futter (ohne Antibiotika!).

wissenswertes

Salmonellen: *Die gefährlichen Bakterien gelangen über die Hennen ins Ei. Ursachen sind vor allem mangelnde Hygiene in den Käfigen, verletzte Tiere und verunreinigtes Futter. Achten Sie deshalb auf artgerechte Haltung und auf das Frischedatum.*

Frischer Fisch auf den Tisch

Kennzeichen für **frischen Fisch** sind rote, leuchtende Kiemen. Ganze Fische haben eine glatte, glänzende und schleimige Hautoberfläche, ihr Geruch ist unaufdringlich und nicht fischig. Weitere Frischezeichen sind festsitzende Schuppen, klare und durchsichtige Augen sowie festes Fleisch, bei dem auf Druck keine Einbuchtungen bleiben. **Hochseefische** wie Kabeljau, Seelachs oder Rotbarsch sind meist weniger mit Schadstoffen belastet. Das gilt weniger für große und fette Meeresbewohner. Thunfische etwa lagern ihr Leben lang Quecksilber (ein gefährliches Nervengift) im Gewebe ab. Essen Sie ihn daher nicht jede Woche. TIPP: Um garantiert frischen und gesunden Fisch zu bekommen, kaufen Sie in am besten nur in Fischgeschäften.

wissenswertes

Krebstiere: *(Garnelen, Scampi und Hummer). Vorsicht bei unklaren Fischsorten! Häufig werden zerkleinerte Fischreste unter Zusatz von Bindemitteln, Zucker, Aromastoffen und Gewürzen zu Stäbchen gepresst und haltbar gemacht. Surimi heißen diese fraglichen Imitate.*
Weichtiere: *(Muscheln, Tintenfische, Schnecken). Frische, lebende Muscheln sind geschlossen oder schließen sich sofort, wenn man sie antippt. Essen Sie Muscheln möglichst nur in den Monaten, die auf „r" enden. Denn das Eiweiß der Meeresfrüchte verdirbt sehr rasch, besonders bei höheren Temperaturen. Vorsicht: Genuss von verdorbenen Fisch kann lebensgefährlich sein!*

beim Einkauf an

Mit unserem „Gesünder Essen"-Einkaufsführer können Sie ab sofort die wahre Qualität von der Mogelpackung unterscheiden. Somit werden Sie zum gesundheitsbewussten Einkäufer.

Knackig-frisches Obst der Saison ...

wissenswertes

Apfel: *Innere Qualität ist nicht sichtbar. Testen Sie doch einmal die kleinen, schrumpeligen Exemplare.*
Zitrusfrucht: *„Schale unbehandelt" heißt: nach der Ernte nicht mehr gespritzt - vorher meist schon. Am saftigsten sind Früchte mit glänzender, kleinporiger Schale.*
Erdbeere: *je reifer die Frucht, desto geringer der Gehalt an Benzoesäure - sie kann Lippenbläschen und Hautrötungen auslösen.*
Weintraube: *Der weißliche Belag ist ein natürlicher Schutzschild. Trotzdem werden Trauben stark gespritzt. Waschen Sie die Trauben gründlich mit warmen Wasser.*

Knallrot, rund und makellos: so sieht ein Apfel der Handelsklasse eins aus. Leider gelten die europäischen Maßstäbe für Obst und Gemüse nur für äußere Merkmale - Gesundheitswert und Geschmack zählen nicht. Mit folgender Checkliste jedoch greifen Sie sicher ins obere Qualitätsregal:

Wählen Sie Obst der Saison. Dann schmeckt es am besten und enthält die meisten Nährstoffe.

Beschnuppern Sie das Obst. Angenehmer Duft deutet auf bestes Aroma und Reife hin. Am Marktstand ruhig mal kosten!

Früchte lose kaufen. Eingeschweißtes Obst sofort auspacken, bevor es anfängt zu schimmeln! **Nicht alle Früchte reifen nach**, entfalten also auch bei längerer Lagerung kaum noch Geschmack. Beispiele: Ananas, Himbeeren, Brombeeren, Kirschen, Erdbeeren, Trauben. Nachreifende Früchte: Aprikosen, Heidelbeeren, Pfirsiche, Pflaumen. **Bei jeder Weiterverarbeitung** bleiben Vitamine, Mineralstoffe und Geschmack auf der Strecke. Trotzdem: Landen frische Früchte in der Kühltruhe, sind sie oft gehaltvoller als solche, die außerhalb der Saison in Gewächshäusern gezogen oder vom anderen Ende der Welt herangeschafft werden.

und am liebsten junges Gemüse

Eine immer größere Rolle in unserer Ernährung spielt Gemüse, leider oft mit Nitrat oder Pestiziden belastet. Nitrat gelangt aus stickstoffhaltigem Dünger in die Pflanzen. In unserem Körper wird es teilweise in Nitrit (beeinträchtigt bei Säuglingen den Sauerstofftransport im Blut) und schlimmstenfalls in die krebserzeugenden Nitrosamine umgewandelt. Kein Grund, Gemüse zu meiden, nur auf die richtige Auswahl kommt es an: Gemüse mit hohem Nitratgehalt (Salat, Fenchel, Mangold, Rettich, Rhabarber, Rote Bete und Spinat) und solches mit geringerer Belastung (Grüne Bohnen, Gurken, Kartoffeln, Paprika, Rosenkohl, Tomaten, Zwiebeln und Chicorée) abwechseln. Besonders nitratreiche Teile wie Stengel, Blattrippen und äußere Blätter entfernen. TIPP: Sonnenlicht vermindert den Nitratgehalt in den Pflanzen. Deshalb möglichst Freilandgemüse der Saison kaufen. Lassen Sie die Finger weg von Gemüse mit welken Blättern, Verfärbungen oder schrumpeliger Haut. Im Winter ist tiefgekühltes Gemüse eine gute Alternative zu belasteter Importware. Fertiggeschnittener Salat ist bequem, aber keine wirkliche Alternative. An den vielen Schnittflächen werden wertvolle Inhaltsstoffe durch Enzyme abgebaut.

wissenswertes

Brokkoli: *Gelbfärbung deutet auf zu lange oder falsche Lagerung hin. Achten Sie auf frisches Grün und geschlossene Röschen.*
Gurke: *Treibhausgurken werden häufig mit Fungiziden gegen Pilze gespritzt. Kaufen Sie Freilandgurken in der Sommersaison.*
Kartoffel: *Die zarten Frühkartoffeln sind leider am stärksten mit Nitrat belastet und daher nicht für Kleinkinder geeignet.*
Spargel: *am leckersten frisch aus der Umgebung. Gute Qualität erkennt man an hellen Schnittenden sowie an festen, geschlossenen Köpfen.*
Spinat: *Bevorzugen Sie Spinat aus alternativem Anbau, vor allem für Kinder. Er enthält nämlich besonders wenig Nitrat.*

Die Milch macht's

In dem Allround-Lebensmittel steckt wertvolles Eiweiß, verdauungsfördernder Milchzucker und natürlich Kalzium. Schon ein halber Liter sichert drei Viertel unseres täglichen Bedarfs an diesem knochenstärkenden Mineral. Als Rohstoff für viele weitere Lebensmittel wie Jogurt, Quark und Käse sorgt die Milch außerdem für Abwechslung auf unserem Speiseplan. Generell gilt für Milch folgendes: Wo Milch draufsteht, ist Kuhmilch drin. Wird etwa Milch von Schafen oder Ziegen verarbeitet, so muß dies deutlich angegeben werden. Bei **fettarmer Milch** (1,5 Prozent Fett) ist der Gehalt an fettlöslichen Vitaminen A, D und E sowie der Vitaminvorstufe Betacarotin im Vergleich zur **Vollmilch** (3,5 Prozent) um mehr als die Hälfte reduziert. Magermilch (0,3 Prozent) enthält praktisch keine fettlöslichen Vitamine mehr. TIPP: Milch ist lichtempfindlich. Kaufen Sie am besten Milch in dunklen Verpackungen oder in getöntem Glas.

wissenswertes

Rohmilch: *hat Top-Nährstoffgehalt unter allen Milchsorten. Sie ist weder erhitzt noch in der Molkerei bearbeitet. Sie muss den Hinweis „Vor dem Verzehr abkochen" enthalten, da sie krankmachende Keime enthalten kann - für gesunde Erwachsene aber kein Problem. Schwangere, Säuglinge und Menschen mit geschwächtem Immunsystem sollten sie meiden.*
Pasteurisierte Milch: *kurzzeitiges Erhitzen auf 71-74 Grad tötet nahezu alle Keime. Milcheiweiß und Vitamine bleiben weitgehend erhalten. Die sichere Standardmilch für den Alltag.*
Ultrahocherhitzte Milch: *durch starkes Erhitzen völlig keimfrei, aber ungeöffnet mehrere Monate haltbar. Kaum Nährstoffverlust. Ideal für die Vorratskammer. Ein Nachteil ist der typische „Kochgeschmack".*

Jogurt – leicht und bekömmlich

Am aromatischsten ist Vollmilchjogurt (3,5 Prozent Fett). Vielesser sollten wegen des Fettgehalts gelegentlich auf Magerjoghurt ausweichen.

Naturjogurt: Egal ob die Bakterien rechts- oder linksdrehende Milchsäure produzieren: Wir können beide vertragen. TIPP: Lassen Sie die oft teuren Spezialprodukte mit rechtsdrehender Säure getrost im Regal stehen. Besonders mild schmecken Biogarde- oder Biogurt-Sorten. Dafür sorgen spezielle Acidophilus- und Bifidusbakterien.

Probiotische Jogurt: (Actimell, ProBiotic, Vifit et cetera). Ihre Extra-Portion Bakterien soll für ein gesundes Gleichgewicht der Darmflora sorgen. TIPP: Auch herkömmliche Jogurts enthalten ausreichend Milchsäurebakterien.

Fruchtjogurt: Sie enthalten oft viel Zucker. Der beeinträchtigt die Aktivität der günstigen Milchsäurebakterien. Die künstlichen Aroma- und Konservierungsstoffe des Fruchtzusatzes müssen nicht deklariert werden. TIPP: Kaufen Sie am besten Naturjogurts und mischen Sie frische Früchte oder Marmelade darunter.

Alles Käse, oder?

Rohmilchkäse sind lange gereift und haben ein besonders intensives Aroma. Allerdings besteht die Gefahr einer bakteriellen Infektion, der Listeriose. TIPP: Verzichten Sie während der Schwangerschaft auf Rohmilchkäse, da die Infektion eine Fehlgeburt herbeiführen kann. **Sauermilchkäse** (wie Harzer, Hand- oder Kochkäse) erhalten ihre Würze durch die Lagerung – und sind dabei sehr fettarm.

Die griechische Käse-Spezialität **Feta** wird hierzulande häufig aus Kuhmilch hergestellt. Die Kennzeichnung ist keine Pflicht. TIPP: Verlangen Sie an der Frischetheke das Original. Für **Käseeinkauf** gilt generell:

Von dem Farbstoff Beta-Carotin sind keine schädlichen Wirkungen bekannt. Annato zur Gelbfärbung dagegen kann allergische Reaktionen auslösen. Käse braucht Luft zum Atmen, sonst entwickelt er kaum Aroma. TIPP: Meiden Sie eingeschweißten Schnittkäse (wie Gouda, Edamer, Tilsiter) aus dem Kühlregal. Bei Weichkäse mit Rotschmiere (wie Limburger, Chaumes) Rinde entfernen.

GLOBAL

Gesünder essen von Januar bis Dezmber. Jeden Monat bieten saisonbedingte Produkte eine Vielfalt an Rezepten. Vergessen Sie jede Diät und essen Sie sich jung und fit mit wenig Fett und vielen Vitaminen!

Vitamine & **Mineralstoffe**

Vitamine

Sie sind unerlässlicher „Schmierstoff" für den Stoffwechsel – Vitamine ermöglichen oder beschleunigen Prozesse, durch die Nahrung in Körperenergie verwandelt, Gewebezellen repariert oder neu gebaut, Knochen und Zähne mineralisiert, Immunabwehr und Nerven optimiert und das Blut erneuert werden. Vitamine sind lebensnotwendig und müssen dem Körper regelmäßig zugeführt werden. Die fettlöslichen Vitamine A, D, E und K können dann zwar gespeichert werden, die Speicher der wasserlöslichen B-Vitamine (B1, B2, B6, B12, Niacin, Pantothensäure, Folsäure, Biotin) sind jedoch begrenzt und müssen möglichst täglich neu gefüllt werden.

Vitamin A: Immer mit Fett

Was es bewirkt: Das „Augenvitamin" stärkt die Netzhaut, schützt vor Nachtblindheit. Seine pflanzliche Vorstufe Betacarotin schützt außerdem vor aggressiven freien Radikalen und stimuliert die Immunabwehr. Auch die Haut profitiert vom Vitamin A. Achtung: Der Organismus kann beide Formen nur mit Hilfe von Fett nutzen.

Wer darauf achten muß: Internet-Freaks und Bildschirmarbeiter und alle anderen, die ihre Augen stark beanspruchen. Daneben: Frauen, die mit der Pille verhüten. Während strenger Diät braucht der Körper mehr Vitamin A.

Wo es drin steckt: Vitamin A gibt es nur aus tierischen Lebensmitteln (z.B. Käse, Innereien). Jedoch liefern Möhren, Bleichsellerie, Spinat, Aprikosen und Melonen besonders viel Betacarotin, das bei Bedarf im Körper zu Vitamin A umgewandelt wird.

Vitamin B1 (Thiamin): Mag es dunkel

Was es bewirkt: Verschafft Muskeln und Nerven die nötige Energie, wichtig für Fitness und gegen Stimmungstiefs. Ist gut fürs Herz.

Wer darauf achten muß: Sportler, Nervöse und Gestresste, schwangere und stillende Frauen. Auch bei hohem Alkoholkonsum und Fieber steigt der Bedarf.

Wo es drin steckt: Orangensaft, Spinat, Spargel heißen die Komponenten unserer Drinks, die für B1 stehen. Daneben: Vollkornbrot und Müsli, Schweinefleisch. UV-Strahlung zerstört Thiamin.

Vitamin B2 (Riboflavin): Zerfällt schnell

Was es bewirkt: Optimiert die Zellerneuerung und sorgt so für schöne Haut und für klare Augen. Ist an Energieprozessen beteiligt und schützt Nervenzellen. Steigert die Immunabwehr. Babys benötigen es im Mutterleib, um gesund heranzuwachsen.

Wer darauf achten muß: Menschen mit erhöhtem Stoffwechsel, wie Aktive, Schwangere, Stillende und Sportler.

Wo es drin steckt: Avocado, Spinat und Milch sowie Sprossen. Außerdem: Seefisch, Hühnchen. Lange Lagerzeiten schaden Riboflavin.

Vitamin B6: Bitte kein Wasserbad

Was es bewirkt: Als Coenzym unterstützt es den Proteinstoffwechsel. B6 ist notwendig für den roten Blutfarbstoff, eine starke Immunabwehr sowie gesunde Nerven. Ähnlich der Folsäure ist das Vitamin wichtig für Wachstumsprozesse.

Wer darauf achten muß: Sportler, die Muskeln aufbauen und deshalb eiweißreiche Kost bevorzugen. Schwangere, Kinder und Jugendliche im Wachstum. Medikamente, wie die Pille, erhöhen den Bedarf.

Wo es drin steckt: Bananen, Avocado, Möhren und Paprika sowie Getreide. Außerdem: Fisch. Wässern oder kochen laugt Vitamin B6 aus.

Vitamin B12 (Cobalamin): Am besten roh

Was es bewirkt: Cobalamin ist wichtig für die Blutbildung, für starke Nerven und bringt den Verdauungstrakt auf Trab.

Wer darauf achten muß: Strenge Vegetarier, die auch Milch und Eier vom Speiseplan streichen. Auch wer viel Vitamin C oder die Pille schluckt, benötigt mehr B12.

Wo es drin steckt: Sauerkraut & Co., also fermentierte Gemüse, sind die einzige pflanzliche Quelle; daneben helfen Milch und Quark, den Bedarf zu decken. Hitze zerstört das empfindliche Vitamin.

Niacin: Verträgt sogar Hitze

Was es bewirkt: Niacin hilft Nahrungsenergie in Körperenergie umzusetzen, sorgt aber auch für tiefen Schlaf und wirkt sich auf Magen und Darm positiv aus.

Wer darauf achten muß: Sportler, Heranwachsende, Stillende – alle, die einen hohen Energieumsatz haben. Wichtig für Menschen mit schwachem Nervenkostüm, bei Fieber oder nach hohem Alkoholkonsum.

Wo es drin steckt: Möhren, Maracuja und Aprikosen sind die Niacinlieferanten. Wer sich eiweißreich ernährt, rutscht kaum in einen Niacinmangel – es wird nämlich aus der Aminosäure Tryptophan gebildet. Weitere Quellen: Schweinefilet, Pilze. Niacin ist unempfindlich gegenüber Erhitzen.

Pantothensäure: Mag es kühl

Was es bewirkt: Es greift in etliche Stoffwechselprozesse ein und sorgt darüber hinaus für schöne Haut und kräftiges Haar, hilft, den Körper zu entgiften und stärkt ihn gegen Infektionen.

Wer darauf achten muß: Bei Stress und während des Wachstums (Kinder, Jugendliche, Schwangere, Stillende) braucht der Körper mehr Pantothensäure.

Wo es drin steckt: Wassermelone, Spargel und Blumenkohl versorgen prima mit Pantothensäure. Allerdings zerstört Hitze das Vitamin.

Biotin: Nie mit rohem Ei

Was es bewirkt: Im Energiestoffwechsel spielt es eine zentrale Rolle. Eine gute Biotinversorgung belohnt mit schönem Haar, zarter Haut, gesunden Fingernägeln und Energie satt. Biotin ist auch wichtig für Blutzellen und Nerven.

Wer darauf achten muß: Durchtanzte Nächte und regelmäßiger Sport sorgen für erhöhten Bedarf.

Wo es drin steckt: Spinat, Möhren, Avocado und Banane steigern die Versorgung. Biotin wird auch durch die Darmflora synthetisiert, allerdings durch rohes Eiklar inaktiviert.

Folsäure: Äußerst empfindlich

Was es bewirkt: Sorgt für Sauerstoff in den Muskeln, indem es – neben Eisen und Vitamin B12 - die Blutbildung fördert. Wirkt sich positiv auf die Verdauung aus. Babys im Mutterleib brauchen es, um gesund heranzuwachsen.

Wer darauf achten muß: Besonders hohen Bedarf haben Schwangere und Stillende sowie Menschen, die häufig Alkohol konsumieren. Antibiotika, wie Sulfonamide, und die Pille, behindern die Aufnahme.

Wo es drin steckt: Grünes Blattgemüse, wie Spinat oder Kohl, aber auch Orangen und Erdbeeren liefern reichlich Folsäure. Daneben: Geflügelleber, Vollkornbrot. Folsäure verträgt Erhitzen und Wiedererwärmen nicht.

Vitamin C: Kein Frischluftfan

Was es bewirkt: Es macht Müde munter, unterstützt die Aufnahme pflanzlichen Eisens und stimuliert die Immunabwehr, schützt daneben auch vor Krebs. Obst und Gemüse erst kurz vor dem Verzehr zerkleinern oder entsaften – Sauerstoff zerstört Vitamin C.

Wer darauf achten muß: Wer gestreßt oder infektionsgefährdet ist oder die Pille nimmt. Sportler und Raucher sollten ihre Depots ebenfalls regelmäßig auffüllen. Vorsicht: Der Körper gewöhnt sich an hohe Dosen.

Wo es drin steckt: Frisches vom Obst- und Gemüsemarkt birgt unendliche Quellen an Vitamin C. Vor allem Zitrusfrüchte, schwarze Johannisbeeren, Papaya, aber auch Spinat und Kohl. Außerdem: Sauerkraut!

Vitamin E (Tocopherole): Luft meiden

Was es bewirkt: Schützt Zellen, andere Vitamine und wertvolle ungesättigte Fettsäuren vor der Oxydation durch Sauerstoff oder freie Radikale. Das bedeutet:

straffe Haut und intaktes Immunsystem, aber auch geringeres Risiko, an Herzinfarkt und Krebs zu erkranken.

Wer darauf achten muß: Menschen, die sich einseitig ernähren und auf frische Kost, z.B. Salat, verzichten. Auch Eisenpräparate erhöhen den Bedarf.

Wo es drin steckt: Kaltgepreßtes Pflanzenöl, z.B. Weizenkeimöl, Spinat, Kürbis, Avocado und Mango sind prima E-Quellen. Achtung: Immer erst kurz vor dem Verzehr zubereiten, Luftsauerstoff zerstört Vitamin E.

Vitamin K: Bitte dunkel

Was es bewirkt: Fördert die Blutgerinnung und sorgt so dafür, daß Wunden schneller aufhören zu bluten. Wird nur mit Hilfe von Fett resorbiert.

Wer darauf achten muß: Der Bedarf ist im Alter erhöht. Medikamente, wie z.B. Antibiotika, erfordern eine erhöhte K-Zufuhr.

Wo es drin steckt: Grüne Pflanzen liefern großzügig Vitamin K, allen voran Spinat und Kohl. Steckt auch in Hagebutten und Vollmilch. Wird daneben im Darm gebildet. UV-Strahlen zerstören Vitamin K.

Vitamin D: Ab in die Sonne

Was es bewirkt: Steht für stabile Knochen und harte Zähne, da es hilft, Kalzium und Phosphor einzulagern. Hilft gegen Osteoporose.

Wer darauf achten muß: Kinder, Schwangere und Ältere – und insbesondere Frauen -, haben erhöhten Bedarf, genauso wie unsportliche Menschen und Stubenhocker.

Wo es drin steckt: Kommt nur in tierischen Lebensmitteln, wie z.B. Milch vor. Wird unter anderen in der Haut durch den Einfluß von UV-Strahlung gebildet – also viel spazierengehen.

Mineralstoffe

Sie sorgen als Bestandteil von Zellen und Enzymen dafür, daß der Organismus funktioniert. Ob stabile Knochen, ausgeglichener Blutdruck oder Stoffwechselprozesse – immer sind Mineralstoffe (Eisen, Kalzium, Phosphor, Magnesium, Natrium und Kalium, Jod, Fluor, Mangan, Kupfer, Zink, Selen) beteiligt. Ähnlich wie bei den Vitaminen ist der Körper auf ihre Zufuhr angewiesen - und das regelmäßig, gehen sie doch durch den Verdauungstrakt und in hohem Maß durch Schwit-zen verloren. Je nach sportlicher Aktivität muss auf zusätzliche Versorgung mit Magnesium, Natrium und Kalium geachtet werden.

EISEN steckt im Blutfarbstoff Hämoglobin und erhöht die Sauerstoffbindung. Eisen fürs Blut aus Möhre, Erdbeere und Spinat verwertet der Körper besser im Beisein von Vitamin C. Ein Mangel kann zur Blutarmut (Anämie) führen.

KALZIUM (Milch, Kohl) und **PHOSPHOR** (Milch, Möhren) stabilisieren Knochen und Zähne. Bei Mangel kann es im Alter zu Osteoporose kommen. Kalzium und **MAGNESIUM** (Banane, Maracuja, Avocado) sind für Nerven und Muskeln unverzichtbar – ein Mangel zeigt sich in Krämpfen oder Schmerzen in den Beinen (Achtung Sportler und Schwangere!).

Auch **NATRIUM** (Kochsalz) und **KALIUM** (Banane, Honigmelone) spielen eine wichtige Rolle für Muskelkontraktionen, daneben erhöhen bzw. senken

Vitamine & **Mineralstoffe**

sie den Blutdruck. Achtung: Eine Überversorgung an Natrium kann zu Bluthochdruck führen. Mangel an Kalium schwächt die Muskelstruktur.

Jod: Jodiertes Speisesalz versorgt die Schilddrüse mit dem seltenen Spurenelement: das beugt einer Kropfbildung vor. Jod fördert zudem das Wachstum und die Knochenreifung.

Fluor (Spinat, Orange) festigt die Knochenstruktur, härtet Zähne und beugt Karies vor. Deswegen sollten Kinder schon frühzeitig ihre Milchzähne mit einer Fluorzahncreme putzen, um einen wirksamen Kariesschutz für die weiteren Zähne aufzubauen.

Mangan (Schwarzer Tee, Banane), **Kupfer** (Kokosnuss) und **Zink** (Kohl) sorgen in Enzymen für einen funktionierenden Stoffwechsel. Letzteres ist Garant für gesunde Zellen von Haut und Haar.

Selen (Kokosnuss) schützt Zellen vor Oxydation – das steigert die Immunabwehr.

Pflanzliche Vitalstoffe

Sie sorgen für Farbe, Duft und Aroma von Obst, Gemüse und Gewürzen. Viele dieser bioaktiven Inhaltsstoffe galten noch bis vor kurzem als schädlich, heute weiß man den Wert der sekundären Pflanzenstoffe (SPS) zu schätzen: SPS schützen vor Krebs, Herzinfarkt, Schlaganfall und Infektionen und stabilisieren Blutzucker sowie Blutfettwerte. Übrigens: In Obst und Gemüse aus dem Freilandanbau stecken im Schnitt höhere Mengen dieser Vitalstoffe.

CAROTINOIDE - wie zum Beispiel Betacarotin - färben Obst und Gemüse. Sie stecken in roten und grünen Pflanzen wie zum Beispiel in Aprikosen, Möhren und Spinat; sie schützen vor Krebs und senken den Blutcholesterinspiegel. Flavonoide aus Tomaten, Möhren, Aprikosen, Orangen und Zitronen senken das Risiko eines Herzinfarktes und schützen vor Krebs.

Glucosinolate – wie zum Beispiel in Meerrettich, Knoblauch, Kohl -, steigern die Abwehr von Viren und Bakterien.

Phytosterine aus Ölsaaten, wie z.B. Leinsamen, wirken antikanzerogen und cholesterinsenkend.

Terpene aus Zitrusfrüchten (Orangen und Zitronen) oder Tomaten schützen ebenfalls vor Krebs.

Phenolsäuren stecken in fast allen Pflanzen. Sie wirken entzündungshemmend, bekämpfen Bakterien und senken die Krebsrate.

Kohlenhydrate & Ballaststoffe

Für Stoffwechsel und Zellenaufbau ist der Organismus auf die Zufuhr dieser Hauptbestandteile aller Lebensmittel angewiesen.

Kohlenhydrate aus Obst und Gemüse liefern in hohem Maße schnellverdauliche Energie, wie Glucose (Zucker) und Fructose (Fruchtzucker). Sie versorgen Gehirn und Muskeln besonders schnell mit Energie. Durch ihren unterschiedlichen Zuckeraufbau werden sie in drei Gruppen aufgeteilt: Einfachzucker (Traubenzucker, Fruchtzucker in Obst und Honig), Zweifachzucker (Haushalt-, Malz- und Milchzucker) und Mehrfachzucker (Stärke: enthalten in Brot, Reis, Kartoffeln, Hülsenfrüchten und Getreideprodukten). Ein Zuviel an Kohlenhydraten wird in der Leber und in den Muskelzellen gespeichert.

Ballaststoffe sind unverdauliche Kohlenhydrate, wie das Pektin aus Äpfeln. Sie sättigen lange, quellen im Darm, schieben so die Verdauung an und nehmen gleichzeitig Giftstoffe auf.

Fett & Protein

Fett fungiert als kompakter Energielieferant, sorgt aber auch dafür, daß der Körper die fettlöslichen Vitamine A, D, E und K nutzen kann. Da Gemüse und Obst – Ausnahme ist Avocado – kaum Fett enthalten, gehört immer ein Tropfen Pflanzenöl in rein pflanzliche Cocktails.

Eiweiss ist der Baustoff für Muskeln und Körperzellen, Enzym und Hormone. Jeder Überschuss an Protein wird in Fett umgewandelt und in Depots gespeichert.

Schnellübersicht

Winter

	Rezept	Seite	Kalorien	Fett	Slimline	schnell	günstig
	DEZEMBER						
	Hasenfilet zu feinem Rotkohl	228	270	9	✘		
	Früchte auf Chicorée mit Honigdressing	229	280	10	✘	✘	✔
	Marinierter Sellerie auf Radicchio	229	260	9	✘		✔
	Fruchtiger Feldsalat mit Mohndressing	230	220	9	✘	✘	✔
	Heringssalat mit Birne und Pistazie	230	325	10		✘	✔
	Feine Selleriesuppe mit Grapefruit	231	180	9	✘		✔
	Steinpilz-Bouillon mit Gemüsestreifen	231	170	5	✘	✘	✔
	Roastbeef mit Pistazienpesto	232	380	16		✘	✔
	Blinis mit Krabben und Lachs	233	290	9			
	Gebeizter Lachs mit Honig-Senf-Sauce	233	370	14			✔
	Entenbrust mit Honig-Sesam-Kruste	234	670	16		✘	
	Gänsekeule mit Mango-Rotkohl	235	710	20		✘	
	Feine Putenröllchen mit Rösti	235	610	17			✔
	Rehrücken mit Mohn-Rosinen-Sauce	236	710	11	✘	✘	✔
	Rinderfilet mit Lebkuchensauce	236	880	17			
	Seeteufel mit Süßkartoffelkruste	237	480	10	✘		
	Lachsforelle aus dem Ofen	237	400	8	✘		
	Orangen-Gelee mit Kiwi	238	250	7	✘		✔
	Profiteroles mit Mangospalten	239	250	9	✘		✔
	Tiramisu mit Honigkuchen	239	300	7	✘		
Joker 1. Tag	**Champignon-Ei-Brötchen**	240					
	Bunter Chicorée-Salat	240					
	Schweinefilet aus dem Wok	240	**1200**	**45**	**Tagesbilanz**		
2. Tag	**Orangentoast & Yogi-Tee**	241					
	Fladenbrot mit Makrele	241					
	Exotischer Milchreis	241	**1200**	**30**	**Tagesbilanz**		
	JANUAR						
	Eskariosalat mit Rosenkohl und Mandarinen	30	120	9	✘	✘	✔
	Hähnchenbrust mit Honigdressing	31	240	6	✘	✘	✔
	Avocado und Oliven mit Brunnenkresse	31	216	15		✘	✔
	Rauke mit Schellfisch	32	300	10	✘	✘	✔
	Hirsesalat mit Spinat und Ziegenkäse	32	300	12		✘	✔
	Mini-Quiche mit Rosenkohl	33	380	11			✔
	Gemüse mit Kichererbsen-Dip	34	300	10		✘	
	Pikante Pastinakensuppe mit Koriander	34	150	4	✘	✘	✔
	Überbackener Ziegenkäse auf Bauernbrot	35	300	9	✘	✘	✔

	Seite	Kalorien	Fett	Slimline	schnell	günstig
California-Roll vom Schellfisch	35	180	5	✘	✘	
Gefüllte Hähnchenbrust mit Pastinaken-Gemüse	36	410	14	✘	✘	✔
Schellfisch mit rot-weißem Reis	37	460	11	✘	✘	
Kichererbsentopf mit Rindfleisch und Rosenkohl	37	540	17			
Bandnudeln mit Kichererbsen und Garnelen	38	620	18		✘	
Hirse-Risotto mit Wintergemüse	38	150	10	✘	✘	✔
Lammkotelett mit Rosenkohlcurry	39	300	20		✘	
Seeteufel mit Ingwer und Shiitake-Pilzen	39	200	8	✘	✘	
Hefe-Buchteln mit Mandarinen-Sauce	40	380	6	✘		✔
Grießflammeri mit Honig-Äpfeln	41	210	7	✘		✔
Hirse-Küchlein mit Papayasauce	41	440	8	✘	✘	✔

Joker

	Seite	Kalorien	Fett	
1. Tag **Apfel-Krabben-Brötchen**	42			
Schlemmerschnitte mit Tandoori-Hähnchen	42			
Austernpilze auf Risotto	42	**1170**	**30**	**Tagesbilanz**
2. Tag **Paprikabrot und Orangentee**	43			
Bunter Kartoffelsalat	43			
Kichererbsen mit Lammfilet	43	**1215**	**45**	**Tagesbilanz**

FEBRUAR

	Seite	Kalorien	Fett	Slimline	schnell	günstig
Schwarzwurzelsalat mit Rauke und Krabben	48	220	6	✘		
Feiner Meeresfrüchtesalat	49	360	15	✘	✘	
Endiviensalat mit Hafer und Nussdressing	49	340	13			✔
Reissalat mit gebratenem Hähnchenbrustfilet	50	530	10	✘	✘	✔
Feldsalat mit Harzer Käse	50	390	14			✔
Gebratene Steckrübe mit Apfel-Meerettich	51	420	16		✘	✔
Lammhackbällchen mit Minzedressing	51	400	18		✘	✔
Pikante Grünkohlsuppe mit geräucherter Makrele	52	360	18			✔
Temaki mit gebratener Garnele	52	180	3	✘		✔
Marinierte Avocado mit Chili	53	130	11		✘	
Steckrüben-Lammtopf mit frischen Datteln	54	550	14	✘		✔
Gebratene Makrele mit Kaki	55	830	30		✘	
Kalbsschnitzel mit Grünkohl	55	500	10	✘		✔
Rosenkohl mit Kabeljau und Bratkartoffeln	56	420	5	✘		✔
Orecchiette mit Schwarzwurzeln und Rauke	56	440	8	✘	✘	✔
Gemüsecurry mit Ingwer	57	280	7	✘	✘	
Bunte Spieße mit Hähnchenfilet	57	340	12	✘		✔
Vanillepudding mit Mandeln und Sweetie	58	240	5	✘		✔
Kokosreis mit Muskat und Kaki	59	330	9	✘	✘	
Kardamom-Tarte mit Orange	59	270	12			✔

Schnellübersicht

		Seite	Kalorien	Fett	Slimline	schnell	günstig
	FEBRUAR FORTSETZUNG						
Joker 1. Tag	**Sweetie-Teller**	60					
	Schinken-Sandwich mit Kaki	60					
	Steckrübentopf mit Croûtons	60	**1220**	**35**	**Tagesbilanz**		
2. Tag	**Kefir-Müsli**	61					
	Harzer Burger	61					
	Schwarzwurzel mit Erdnuss-Pesto	61	**1190**	**38**	**Tagesbilanz**		
	Frühling						
	MÄRZ						
	Tomaten-Spinat-Salat mit Schafkäse	66	180	12		✘	✔
	Römersalat mit gebratener Süßkartoffel	66	260	10	✘	✘	✔
	Schweinefilet auf Frisée-Champignon-Salat	67	310	10	✘	✘	
	Möhren-Rauke-Salat mit Mozzarella und Kapernäpfeln	68	280	18			
	Lollo Rosso mit Jakobsmuscheln	68	150	6	✘	✘	
	Antipasti mit Süßkartoffeln	69	450	13			
	Cremige Fenchelsuppe mit Dill	69	210	11		✘	✔
	Pikant-fruchtige Linsensuppe	70	310	1	✘		✔
	Curry-Blumenkohl-Suppe	71	200	6	✘		✔
	Makirolle mit Fenchel und Jakobsmuscheln	71	160	2	✘		✔
	Pikantes Linsen-Curry mit Kümmel und Minze	72	610	8	✘		✔
	Bandnudeln mit Garnelen	72	480	11	✘	✘	
	Jakobsmuscheln mit Fenchel und Möhren	73	330	9	✘	✘	
	Süßkartoffel-Gnocchi mit Salbei und Pinienkernen	74	570	14	✘	✘	✔
	Chili-Sauerkraut zu gebratener Entenbrust	74	480	18		✘	
	Zitronengras-Spieße mit Hähnchen und Koriander	75	390	6	✘	✘	
	Rinderfilet mit Buchweizenpolenta	75	670	15	✘	✘	
	Kapstachelbeer-Gelee mit Vanillesauce	76	200	6	✘		
	Limettensorbet mit Melisse	77	280	2	✘		✔
	Bananen und Feigen in Sherry-Sauce	77	300	3	✘		✔
Joker 1. Tag	**Früchte-Jogurt**	78					
	Bratgemüse mit Pesto	78					
	Salbeikartoffeln mit Jakobsmuscheln	78	**1230**	**43**	**Tagesbilanz**		
2. Tag	**Asia-Brot und Minztee**	79					
	Linsensalat mit Ei	79					
	Batate-Chips und Grapefruitsalat	79	**1190**	**37**	**Tagesbilanz**		

		Seite	Kalorien	Fett	Slimline	schnell	günstig
	APRIL						
	Sauerampfer-Salat mit Apfel	84	260	14		✘	✔
	Löwenzahn-Salat mit Nusscroûtons	85	170	10	✘	✘	
	Asia-Reissalat mit Krebsfleisch	85	380	10	✘		
	Couscous-Salat mit Curry-Tofu	86	240	11		✘	✔
	Radicchio mit Grapefruit und Kiwis	86	170	7	✘	✘	✔
	Misosuppe mit Tofu	87	130	9	✘	✘	
	Sauerampfer-Suppe mit Parmaschinken	87	300	5	✘	✘	
	Kohlrabi-Carpaccio mit Wildkräuter-Pesto	88	140	11		✘	
	Bruschetta mit Brokkoli und Knoblauch	89	210	8	✘	✘	✔
	Nigri-Sushi mit Wildlachs	89	390	7	✘		
	Geschmortes Hähnchen mit frischen Kräutern	90	590	15	✘		
	Pochiertes Schweinefilet mit Sauerampfer	91	290	12	✘		✔
	Lammnüsschen mit Frühlingszwiebeln	91	500	17			
	Möhren-Flan mit Kerbelschaum	92	480	12	✘		✔
	Frühlingseintopf mit Spargel	92	170	7	✘	✘	✔
	Lachsfilet in Pergament	93	480	18			
	Maki-Sushi mit Zander	93	520	4	✘		
	Quark-Trifle mit Rhabarber	94	290	5	✘		✔
	Kiwi-Gelee mit Kokoscreme	95	210	9	✘		
	Camembert mit Ingwer - Apfel	95	170	10	✘	✘	
Joker 1. Tag	**Kressebrötchen mit gekochtem Ei**	96					
	Ratatouille mit Lamm	96					
	Radieschen mit Bärlauchquark	96	**1170**	**30**	**Tagesbilanz**		
2. Tag	**Amaranthcreme mit Rhabarber**	97					
	Paprikasalat mit Mango-Chutney	97					
	Zanderfilet mit Asia-Gemüse	97	**1200**	**17**	**Tagesbilanz**		
	MAI						
	Salat von zweierlei Spargel und Lammfilet	102	240	13	✘	✘	
	Kartoffelsalat mit Limetten-Vinaigrette	103	300	5	✘		✔
	Asia-Hähnchen mit Zuckerschoten	103	240	6	✘	✘	
	Löwenzahnsalat mit Schafkäse	104	230	13	✘	✘	✔
	Quinoa-Minze-Salat mit Aprikosendressing	104	290	7	✘		
	Kohlrabi-Basilikum-Flan mit Räucherlachs	105	230	13			✔
	Pilzcarpaccio mit Radieschen	105	160	8	✘	✘	✔
	Fruchtige Möhrensuppe	106	170	9	✘	✘	✔
	Geflügelleber auf Löwenzahn mit Sherry-Sauce	107	290	10	✘	✘	

Schnellübersicht

	Seite	Kalorien	Fett	Slimline	schnell	günstig
MAI FORTSETZUNG						
Makirolle mit gebratenem Spargel	107	150	4	✗	✗	
Schollen-Röllchen mit Spargel und Pesto	108	390	11	✗		
Wildlachsfilet mit Meerettich-Apfel-Kruste	109	370	23		✗	
Zuckerschoten-Risotto mit Parmesan	109	580	12	✗		✔
Schweinefilet mit Frischkäse-Möhren	110	530	15	✗	✗	✔
Mariniertes Tandoori-Lamm mit Linsen	110	540	17			
Hähnchen-Pfanne mit Quinoa	111	370	8	✗	✗	✔
Kohlrabi-Gratin mit Kräuterquark	111	380	8	✗		✔
Marinierte Erdbeeren in Balsamessig	112	130	1	✗	✗	✔
Aprikosen-Crumble mit Quinoa	113	250	6	✗	✗	✔
Buchweizen-Pancakes mit Erdbeeren und Minze	113	220	4	✗	✗	✔
Joker – 1. Tag: **Schinken-Schnitte**	114					
Wildreis-Möhren-Salat	114					
Kräuterforelle mit Dillkartoffeln	114	**1230**	**38**	**Tagesbilanz**		
2. Tag: **Erdbeer-Jogurt**	115					
Aprikosen-Mozarella	115					
Quinoa-Plätzchen	115	**1110**	**44**	**Tagesbilanz**		

Sommer

	Seite	Kalorien	Fett	Slimline	schnell	günstig
JUNI						
Sommersalat mit Beeren und Garnelen	120	180	7	✗	✗	
Mairübchen mit Rauke	121	250	13		✗	✔
Bulgur-Salat mit Johannisbeeren und Melone	121	300	7	✗	✗	✔
Möhrensalat mit Sprossen	122	100	6	✗	✗	✔
Gebratener Zander auf Zuckerschoten	122	290	7	✗	✗	
Klare Sommergemüse-Suppe	123	150	5	✗	✗	✔
Hüttenkäse-Dip mit Sellerie und Radieschen	123	140	4	✗	✗	✔
Spitzkohlröllchen mit Tomaten und Kapern	124	130	8	✗	✗	✔
Gefüllte Pfannkuchen mit Räucherlachs	125	340	12	✗	✗	
California Roll mit Sprossen	125	160	5	✗		
Knuspriges Zanderfilet mit Wildkräutern	126	380	9	✗	✗	
Gebratene Goldmakrele auf Asia-Gemüse	127	450	12	✗		
Gebratene Hähnchenbrust mit Erbsengemüse	127	540	8	✗		✔
Pappadelle mit Sellerie-Bolognese	128	600	13	✗		
Spagetti mit Zucchini-Blüten	128	420	10	✗	✗	✔
Medallions mit Pfeffer-Gemüse	129	530	16			

		Seite	Kalorien	Fett	Slimline	schnell	günstig
	Sommer-Eintopf mit Kräuterklößchen	129	220	10	✗	✗	
	Jogurt-Mousse mit Johannisbeeren	130	130	4	✗		✓
	Ingwerflan mit Stachelbeergrütze	131	270	7	✗		✓
	Marinierte Beeren in Honig-Ingwer-Sauce	131	160	3	✗	✗	
Joker 1. Tag	**Kokos-Müsli**	132					
	Erbsensalat mit Zitronendressing	132					
	Gebratener Zander	132	1205	33	Tagesbilanz		
2. Tag	**Roggenbrötchen mit Gemüsetatar**	133					
	Ciabatta mit Putenbrust	133					
	Pappadelle mit Tomatenragout	133	1175	27	Tagesbilanz		
	JULI						
	Tintenfischsalat mit Balsamico-Vinaigrette	138	420	8	✗	✗	
	Kartoffelsalat mit Linsen und Löwenzahn	139	340	7	✗		
	Batavia mit Renekloden und Mozzarella	139	330	16		✗	
	Dicke Bohnen mit Bacon	140	500	15		✗	
	Wildreis-Salat mit Zucchini und Senf-Dressing	140	360	7	✗	✗	✓
	Marinierte Bohnen mit Thymian	141	430	9	✗	✗	
	Zucchinisuppe mit Rettich und Dill	142	150	10	✗	✗	✓
	Kartoffel-Rösti mit Oliven-Schichtkäse	142	300	12		✗	
	Tintenfische mit Kapern-Sardellen-Füllung	143	390	16		✗	
	Nigiri mit Dill und Wildlachs	143	170	4	✗		
	Tagliatelle mit Pfirsich-Pesto	144	600	12	✗		✓
	Geschmorte Tintenfische mit Tomaten und Knoblauch	145	360	12	✗	✗	
	Spanische Tortilla mit Chorizo und dicken Bohnen	145	530	22			
	Medallions mit Gewürz-Kirschen	146	600	19			
	Rotbarbenfilets mit Zucchini und Fenchel	146	500	17		✗	
	Lammkoteletts mit Pfirsich-Kirschsauce	147	360	9	✗	✗	
	Hähnchen mit Honig-Möhren und Safran	147	600	10	✗		
	Schichtkäse-Auflauf mit Kirschen und Honig	148	240	6	✗		✓
	Pfirsich-Quark mit Johannisbeeren	149	240	9	✗		✓
	Renekloden-Kaltschale mit Kokosklößchen	149	220	2	✗		✓
Joker 1. Tag	**Vollkorn-Kirsch-Müsli**	150					
	Lachsteller mit Honigdressing	150					
	Lammfilet mit Rosmarinkartoffeln	150	1190	39	Tagesbilanz		
2. Tag	**Toast-Sandwich**	151					
	Artischocken im Kräuterbett	151					
	Pfannkuchen mit Renekloden	151	1200	43	Tagesbilanz		

Schnell**übersicht**

	Seite	Kalorien	Fett	Slimline	schnell	günstig
AUGUST						
Auberginen-Reis-Salat	156	280	6	✗	✗	✔
Melone auf Kopfsalat	157	210	8	✗	✗	
Paprikasalat mit Hähnchen	157	320	10	✗		
Bulgur-Salat mit Melone und Minze	158	350	8	✗		✔
Tomatensalat mit Avocado	158	300	16		✗	✔
Geeiste Kichererbsen-Suppe mit Koriander	159	150	5	✗	✗	✔
Geeiste Tomaten-Avocado-Suppe	159	292	24			✔
Auberginen-Tomaten-Gratin mit Mozzarella	160	150	5	✗		✔
Chicken-Sandwich mit Blaubeeren	161	280	10	✗	✗	✔
Gegrillte Scampi auf Beeren-Relish	161	360	11			
Moussaka mit Zimt und Pinienkernen	162	310	9	✗		
Paprika-Röllchen mit Schafkäse	163	550	23		✗	✔
Ratatouille mit frischem Parmesan	163	140	9	✗	✗	
Bandnudeln mit Koriander-Pesto	164	540	17		✗	✔
Lachsforelle auf Tomate und Sesamreis	164	520	9	✗		
Lammspießchen mit Tomatenrisotto	165	660	19			
Kalbsschnitzel mit Paprika-Gemüse	165	450	14	✗		✔
Melone auf Kokos-Limetten-Sauce	166	140	7	✗	✗	
Buttermilch-Himbeer-Muffins	167	240	9	✗		✔
Kefir-Kaltschale mit Sommerbeeren und Minze	167	170	3	✗		
Joker 1. Tag **Radieschenbrot mit Brunnenkresse**	168					
Gekühlte Melone mit Schinken	168					
Auberginen-Tomaten-Pie	168	**1150**	**38**	**Tagesbilanz**		
2. Tag **Müsli mit Melone**	169					
Erbsensuppe mit Croûtons	169					
Lachsforellenterrine	169	**1000**	**26**	**Tagesbilanz**		

Herbst

	Seite	Kalorien	Fett	Slimline	schnell	günstig
SEPTEMBER						
Pikanter Kichererbsensalat	174	310	11		✔	
Radicchio mit Entenbrust	175	260	16		✗	
Weiße Bohnen mit Krebsfleisch	175	500	9	✗		
Chicoréesalat mit Pflaumen	176	180	7	✗	✗	✔
Fruchtiger Nudelsalat mit Melone	176	430	10	✗		✔
Maronensuppe mit Croûtons und Weintrauben	177	370	7	✗		✔

	Rezept	Seite	Kalorien	Fett	Slimline	schnell	günstig
	Kartoffel-Sellerie-Puffer mit Apfelkompott	177	168	5	✘		✔
	Herzhafter Käsesnack	178	430	14			
	Pikantes Radicchio-Sandwich	179	370	14		✘	✔
	Geschmorte Chili-Früchte mit Nussbrot	179	350	8	✘	✘	✔
	Spagetti mit Radicchio und Garnelen	180	470	10	✘		✔
	Polenta mit arabischen Möhren	181	350	14	✘		✔
	Bohnentopf mit getrockneten Äpfeln	181	300	8			✔
	Steaks mit Spätzle und Maronen	182	570	14	✘	✘	✔
	Kalbsleber mit Kartoffel-Knoblauch-Püree	182	560	14	✘		✔
	Gebratener Heilbutt auf Tomaten-Couscous	183	620	12	✘		✔
	Gegrillte Dorade mit Kürbis-Chutney	183	370	8	✘		
	Süße Bandnudeln mit Kompott	184	370	4	✘		
	Kastaniencreme mit Birne und Pistazien	185	320	6	✘		
	Holundersuppe mit Grießnocken	185	290	2	✘		✔
Joker **1. Tag**	**Trauben-Müsli mit Jogurt**	186					
	Sandwich mit Räucherlachs	186					
	Reistopf mit Hähnchen	186	**1200**	**18**	**Tagesbilanz**		
2. Tag	**Getreide-Müsli mit Feigen**	187					
	Forellen-Wrapper mit Salat	187					
	Spagetti mit Garnelen	187	**1200**	**18**	**Tagesbilanz**		
	OKTOBER						
	Bataviasalat mit geröstetem Kürbis	192	310	18		✘	✔
	Kartoffelsalat mit Pfifferlingen	193	410	18			
	Marinierte Austernpilze mit Rosinen	193	300	15			
	Kichererbsen-Kürbis-Salat	194	240	9	✘	✘	
	Tintenfischsalat mit Aubergine und Mais	194	260	13			
	Kartoffel-Kürbis-Suppe mit Balsamessig	195	330	6	✘	✘	✔
	Topinambur-Suppe mit Knoblauch-Croûtons	195	230	14		✘	✔
	Gefüllte Kartoffeln mit Kräuter-Jogurt-Sauce	196	250	7	✘		✔
	Maiskolben mit Knoblauch-Jogurt	197	300	13			✔
	Gemüse-Reispapier-Röllchen mit Chilisauce	197	130	4	✘	✘	
	Saibling mit Hagebuttenconfit	198	480	19			
	Asia-Nudelsuppe mit Tofu	199	440	9	✘	✘	
	Pikanter Kürbis aus dem Wok	199	460	18		✘	
	Geflügelbrust mit Mais-Kräuter-Kruste	200	600	20			✔
	Steak mit frischen Mischpilzen	200	640	21		✘	
	Kartoffel-Pilz-Gratin mit Estragon	201	340	7	✘		✔

Schnellübersicht

		Seite	Kalorien	Fett	Slimline	schnell	günstig
	OKTOBER FORTSETZUNG						
	Lammfilet mit Bandnudeln	201	680	10	✘	✘	
	Pfannkuchen mit Quitten	202	380	13	✘		✔
	Vanille-Quark mit Birnen	203	160	1	✘	✘	✔
	Milchreis mit Quittenkompott	203	400	6	✘		✔
Joker 1. Tag	**Vanillewaffeln mit gedünsteten Quitten**	204					
	Tandoori-Huhn	204					
	Pfifferlinge auf Batavia-Salat	204	**1210**	**34**	**Tagesbilanz**		
2. Tag	**Kräuter-Rüherei auf Sonnenblumenbrot**	205					
	Kohlrabi-Möhren-Topf	205					
	Pellkartoffel mit Curryquark	205	**1040**	**45**	**Tagesbilanz**		
	NOVEMBER						
	Frische Muscheln auf Römersalat	210	240	6	✘		✔
	Sauerkrautsalat mit Garnelen	211	320	10	✘	✘	
	Marinierte Feigen auf Eichblattsalat	211	200	8	✘	✘	✔
	Wildreissalat mit Tomate und Apfel	212	320	6	✘		✔
	Endivie mit Parma und Trüffelöl	212	320	15		✘	
	Sauerkrautsuppe mit Chili und Kokos	213	210	10	✘	✘	✔
	Rübencremesuppe mit Pfifferlingen	213	180	15			✔
	Ziegenkäse und Feigen auf Granatapfelsauce	214	370	15	✘	✘	
	Marinierte Feigen mit Schinken	215	320	18		✘	✔
	Miesmuscheln mit Kräuterkruste	215	220	9	✘		✔
	Garnelen in Knoblauchmarinade	216	450	11	✘		
	Zanderfilet mit Pilzkruste	217	460	9	✘		
	Jambalaya von Garnelen und Muscheln	217	510	5	✘		
	Gefüllte Hähnchenbrust auf Wildreis	218	480	13	✘		✔
	Putenbrust auf Feigen-Sauerkraut	218	550	10	✘	✘	✔
	Wildreis-Risotto mit Steinpilzen und Lammfilet	219	570	17			
	Herbstliches Gulasch mit Granatapfel	219	610	20			✔
	Feigen-Küchlein mit Marzipan	220	370	17			✔
	Zimt-Quark mit Granatapfel	221	180	1	✘	✘	✔
	Obstsalat mit Cassis-Sauce	221	170	1	✘	✘	
Joker 1. Tag	**Energy-Coffee und Kresse-Ei auf Toast**	222					
	Orecchiette-Frucht-Salat	222					
	Safran-Muscheln	222	**1195**	**31**	**Tagesbilanz**		
2. Tag	**Möhren-Ingwer-Müsli**	223					
	Apfel-Rohkost mit Walnüssen	223					
	Pikanter Schellfisch	223	**1230**	**37**	**Tagesbilanz**		

Zitruskraft

im Januar

für coole Zeiten

Die Piste ruft: Pulverschnee und Sonnenschein! Vitaminreiche Zitrussäfte und knackige Salate machen Sie fit für jede Abfahrt.

10 Fitmacher des Monats

Jetzt frisch auf dem Markt

Mandarine

Die ewig süße Wilde

Die Beatles besangen die Süße des Früchtchens, und tatsächlich ist die aromatische Mandarine das Sweety unter den vielen Zitrusfrüchten. Pur wegen ihrer Kerne oft verschmäht, hat sie als Konfitüre, kandierte Frucht oder Likör viele Fans. Die ungewöhnlichen Familienverhältnisse der gewöhnlichen Mandarine (siehe Kasten Seite 29 unten rechts) erinnern an eine klassische amerikanische Soap Opera. Hauptdarstellerinnen sind sie die Mandarine und ihre Zwillingsschwestern, die japanische Satsuma und die zierliche Tangerine. Alle treiben es wild mit ihren Verwandten. Dabei kommt es zu bekannten Kreuzungen wie der Clementine (Mandarine und Pomeranze) oder Minneola (Grapefruit und Tangerine).

▸ Einkaufs-Tipp:
Eine unansehnliche Schale hat keinen Einfluss auf den süßen Geschmack, senkt aber oft den Preis. Da dürfen Sie ruhig zugreifen.

▸ Aufbewahrung:
im Kühlschrank 1 bis 2 Wochen.

Kurzporträt

Top-Gehalt an:
Betacarotin, Vitamin C, Folsäure, Pantothensäure, ätherischen Ölen, Kalium und Eisen.
Haltbarkeit: ca. 1 Woche.
Preis: 3–4 Mark pro Kilo.

Ziegenkäse

Nichts zu meckern

Die Welt des Ziegenkäses ist groß. Es gibt circa hundert verschiedene Sorten. Das Angebot reicht vom ungereiften milden Frischkäse über würzigen Weichkäse bis zum pikanten, gereiften Hartkäse. Ob pur, überbacken oder als Dessert – er ist sich für nichts zu schade. Sein hoher Zinkgehalt macht ihn in Casanova-Kreisen zu einem besonders beliebten Aphrodisiakum.

▸ Einkaufs-Tipp:
Probieren Sie zum Einsteigen Ziegenfrischkäse. Er schmeckt am mildesten.

▸ Aufbewahrung:
eingewickelt im Kühlschrank.

Kurzporträt

Top-Gehalt an:
Kalium, Kalzium, Zink, Phosphat, hoher Anteil einfach ungesättigter Fettsäuren.
Haltbarkeit: ca. 1 Woche.
Preis: je nach Sorte ab 3 Mark pro 100 Gramm.

Pastinake

Power aus der Urwurzel

Schon in der Bronzezeit wurde die Pastinake von unseren Ahnen verschlungen. Im Mittelalter avancierte sie zur Heilpflanze, weil wertvolle Kohlenhydrate sie zum Kraftspender machen. Dann wurde das im Geschmack an Möhre und Petersilie erinnernde Gemüse von der beliebteren Kartoffel verdrängt. Es wird somit Zeit, die kraftvolle und gesunde Urwurzel wieder auszugraben!

▸ Einkaufs-Tipp:
nur in Bio- und ausgesuchten Gemüseläden.

▸ Aufbewahrung:
im Kühlschrank.

Kurzporträt

Top-Gehalt an:
sekundären Pflanzenstoffen, Vitamin-B-Komplex, Vitamin C, Kalium, Kalzium, Magnesium.
Haltbarkeit: 3–4 Tage.
Preis: ca. 4 Mark pro Kilo.

Korinthe & Rosine

Ungleiche Schwestern

Korinthen und Rosinen sind beides getrocknete Weintrauben. Sie enthalten bis zu 75 Prozent energiespendenden Fruchtzucker und alles Gute der Traube in konzentrierter Form. Zum Beispiel Eisen für den Sauerstofftransport im Blut. Tipp: Die kleineren Korinthen sind die reineren von beiden. Sie werden nicht geschwefelt und sind fürs Müsli zu bevorzugen.

▸ Einkaufs-Tipp:
Ungeschwefelte Rosinen sind mit der Aufschrift „naturell" gekennzeichnet.

▸ Aufbewahrung:
kühl und trocken in einem geschlossenen Behälter.

Kurzporträt

Top-Gehalt an:
Kalium, Kalzium, Magnesium, Eisen.
Haltbarkeit: ca. 3 Monate.
Preis: ca. 3 Mark pro 250-Gramm-Beutel.

Hirse

Behalten Sie Nerven!

Ob bei Griechen, Römern, Chinesen oder Indern – dieses Wunderkorn ist in jeder Küche verbreitet. Der Allrounder Hirse liefert Fluor für Knochen und Zähne sowie Magnesium für gute Nerven. Seine ungesättigte Ölsäure und die essentielle Linolsäure schützen Herz und Gefäße. Es schmeckt köstlich als Süßspeise mit Obst oder würzig mit Gemüse.

▸ Einkaufs-Tipp:
Die sogenannte Sorghumhirse aus Afrika ist die mit dem nussigsten Aroma. Am besten im Reformhaus besorgen.

Profi-Tipp des FIT FOR FU Küchenchefs Jörg Nöcker:

Eine tolle Alternative zu Reis oder Kartoffeln. Passt sehr gut zu Tomate, Geflügel und Fisch.

▸ Aufbewahrung:
kühl, trocken und lichtgeschützt in einem fest verschließbaren Vorratsbehälter.

Kurzporträt

Top-Gehalt an:
Eiweiß, Eisen, Kupfer, Fluor, Magnesium, Linolsäure und Nikotinsäure.
Haltbarkeit: 6 Monate.
Preis: ca. 4 Mark pro Pfund.

Fitness-Tipp des Monats

Après-Ski: Cooldown nach der Piste

Von den Fußballspielern kennen wir das Auslaufen nach dem Spiel, beim Skifahren ist es weniger populär. Dabei sollte der „Cooldown" nach der Piste zum Skitag gehören wie das Aufwärmen vor der ersten Abfahrt. Mit etwas aktivem Sport nach einem anstrengenden Pistentag, wie z.B. ausgiebigem Stretching oder einer lockeren Laufrunde, oder passiver Regeneration, wie z.B. Sauna und Massage, fällt Ihnen der Start am nächsten Morgen viel leichter.

im Januar

Frisches ist jetzt Mangelware. Doch mit diesen Angeboten für den Jahresbeginn machen Sie Ihren Vorratsschrank zum Fitness-Center.

Knäcke

Ewig junger Schwede

Bei den Schweden gilt das Knusperbrot als Grundnahrungsmittel und darf bei keiner Mahlzeit fehlen. Schon zum Frühstück wird es ins Müsli gebröckelt. Auch hierzulande gibt es mittlerweile eine beachtliche Zahl an Knäckebrotsorten, die wegen ihres hohen Ballaststoffanteils gesundheitlich besonders wertvoll sind. Sie regen die Verdauung an und bringen den Stoffwechsel auf Trab. Wer noch mehr will, sollte Knäcke mit einer gesunden Roggenbeimischung wählen, denn Roggen ist sehr mineralstoffreich mit einem besonders hohen Anteil an Mineralstoffen wie Eisen, Mangan und Zink.

▸ Einkaufs-Tipp:
An der Vielfalt haben Sie lange zu knabbern: Roggen, Roggen-Vollkorn, Vollkorn, Weizen, Vierkorn, Mohn, Sesam und Kürbiskern sind nur einige Sorten.

▸ Aufbewahrung:
in einem verschließbaren Behälter kühl und trocken.

Kurzporträt

Top-Gehalt an:
Vitamin E, Magnesium, Zink, Eisen, Mangan, Folsäure.
Haltbarkeit: ca. 9 Monate.
Preis: je nach Sorte um 2 Mark für die 250-Gramm-Packung.

Kichererbse

Erst weichen, dann reichen

Kichererbsen müssen vor dem Kochen über Nacht eingeweicht oder im Schnellkochtopf zubereitet werden. Aber die Mühe lohnt sich: Sie enthalten gegenüber anderen Hülsenfrüchten 20 Prozent mehr Eiweiß. Das Besondere: der hohe Anteil an essentiellen Aminosäuren.

▸ Einkaufs-Tipp:
Wenn es schnell gehen soll: Kichererbsen aus der Dose. Gibt es beim Türken oder im Supermarkt.

▸ Aufbewahrung:
kühl und möglichst trocken in einem fest verschließbaren Vorratsbehälter.

Kurzporträt

Top-Gehalt an:
Aminosäuren, Folsäure, Kalzium und Eisen.
Haltbarkeit: ca. 1 Jahr.
Preis: ca. 4 Mark pro Pfund für getrocknete.

Rosenkohl

Köpfchen gegen Grippe

Der Youngster unter den Kohlsorten (erst gut hundert Jahre alt) hat ganz schön was im Köpfchen: Sein hoher Vitamin-C-Gehalt und wichtige Mineralstoffkombinationen machen Rosenkohl zu einem wertvollen Winterge-müse. Er ist ein idealer Muntermacher und natürlicher Erkältungsschutz.

▸ Einkaufs-Tipp:
Wie beim Grünkohl: Nach dem ersten Frost sind die Röschen schmackhafter und leichter verdaulich.

▸ Aufbewahrung:
im Gemüsefach des Kühlschranks.

Kurzporträt

Top-Gehalt an:
Vitamin C, B-Vitaminen, Kalium, Magnesium, Kalzium und Eisen.
Haltbarkeit: 2–3 Tage.
Preis: 3–4 Mark pro Kilo.

Schellfisch

Mageres zum Anbeißen

Bis zu zwölf Kilogramm bringen die circa einen Meter langen schlanken Schellfische auf die Waage. Lebend eher schwere Jungs, sind sie gekocht wahre Schlankmacher: Mit circa 0,1 Gramm Fett auf 100 Gramm Fleisch zählt der Schellfisch zu den absoluten Magerfischen. Auch sonst hat er einiges zu bieten: reichlich leichtverdauliches Eiweiß und den Zellschutzstoff Selen.

▸ Einkaufs-Tipp:
vom Fischhändler frisch filetieren lassen.

▸ Aufbewahrung:
im Kühlschrank.

Kurzporträt

Top-Gehalt an:
Selen, Jod, Kalium, Kalzium, Zink, Vitamin B.
Haltbarkeit: am selben Tag verbrauchen.
Preis: zwischen 20 und 30 Mark pro Kilo.

Olive

Früchte mit Geschichte

Es gibt sie in Grün und Schwarz. Und um es gleich zu sagen: Die Blackies sind keine eigene Sorte, sondern nichts anderes als voll ausgereifte Oliven. Ihre Frucht blickt auf eine so lange Geschichte zurück: Bereits Noah und Homer sangen ihr Loblied. Das Besondere: Ihre Vitamin-B-Kombi macht sie zum natürlichen Nervenmittel.

▸ Einkaufs-Tipp:
Probieren Sie mit Kräutern eingelegte Oliven aus dem Spezialitätenladen.

▸ Aufbewahrung:
in Öl oder sauer eingelegt, abgedeckt im Kühlschrank.

Kurzporträt

Top-Gehalt an:
Vitamin B1, B2, B6, Kalium, Magnesium, Folsäure.
Haltbarkeit: ca. 2 Wochen.
Preis: ca. 3 Mark pro 100 Gramm.

Gesunde Früchtchen

Jetzt sind Zitrusfrüchte willkommene Vitaminspender. Hier sind die Stars aus der Kiste:
1. Mandarine: Oberbegriff für alle Sorten und Formen, aber auch eigenständige Frucht. Merkmale: dünne Schale, angenehm süßer Geschmack. Leider nicht kernfrei.
2. Clementine: hat keine oder sehr wenig Kerne. Der besonders feine, fruchtig-süße Geschmack macht die Kleine zu Everybody's Darling.
3. Minneola: Unter der dicken Schale steckt sehr saftiges Fruchtfleisch mit einem süßen, orangenähnlichen Aroma. Sie läßt sich leicht schälen.

Salate

Zutaten
für 2 Personen

400 g Rosenkohl
1 EL Mandelstifte
1 EL Walnussöl
50 ml Gemüsebrühe (Instant)
Jodsalz, weißer Pfeffer
1 Msp. Muskatnuss, gerieben
1/4 Eskariolsalat
2 Mandarinen
2 unbehandelte Limetten
100 g fettarmer Jogurt

Mandarine

Für Salate am leckersten: Früchte waschen, abreiben. Mit einem scharfen Messer die Schale dick abschneiden, sodass auch die weiße Haut entfernt wird. Dann in in feine Scheiben schneiden.

slimline

Eskariolsalat mit Rosenkohl und Mandarinen

1 Rosenkohl putzen (siehe Anleitung auf S. 33) und größere Köpfe halbieren. Mandeln ohne Fett in einer beschichteten Pfanne rösten, herausnehmen. Walnussöl in der Pfanne erhitzen, den Rosenkohl dazugeben und kurz anbraten. Gemüsebrühe und geriebene Muskatnuss zugeben, nach Belieben mit Salz und Pfeffer würzen. Alles zugedeckt circa 15 Minuten dünsten.

2 Eskariolsalat putzen, waschen und kleinzupfen. Mandarinen schälen und in Scheiben schneiden (siehe Anleitung links). Unbehandelte Limetten abspülen und etwas Schale abreiben. Saft mit einer Zitruspresse auspressen. 2 EL Limettensaft über den Rosenkohl träufeln.

3 Restlichen Saft mit Jogurt, Salz und Pfeffer zu einem Dressing verrühren und abschmecken. Rosenkohl etwas abkühlen lassen. Mit klein gezupftem Eskariolsalat, Mandelstiften, Mandarinenscheiben und Dressing anrichten.

FITNESS-CHECK	
Für Aktive	Vitamine ☒
Für Denker	einfach ☒
Immunschutz	schnell ☒
Pro Portion: 120 Kalorien, 9 g Fett	günstig ☒

Hähnchen-brust mit Honigdressing

slimline

Zutaten

für 2 Personen

2 Pastinaken
2 EL Zitronensaft
200 g Hähnchenfilet
1 EL Sonnenblumenöl
Jodsalz
weißer Pfeffer aus der Mühle
1 EL Rosinen
1 EL Honig
1/2 Kopf Römersalat
2 EL Balsamessig

1 Pastinaken schälen, mit Zitronensaft beträufeln. Hähnchen im heißen Öl unter Wenden circa 10 Minuten braten. Mit Salz und weißem Pfeffer würzen, herausnehmen und warm stellen.

2 Pastinaken im Bratfett andünsten. Rosinen und Honig zugeben. Mit 4 EL Wasser ablöschen, würzen. Zugedeckt circa 7 Minuten dünsten. Römersalat putzen, waschen und in mundgerechte Stücke teilen.

3 Hähnchenfilet, Pastinaken und Salat auf Teller verteilen. Bratfett mit Balsamessig ablöschen, würzen und über den Salat träufeln.

FITNESS-CHECK	
Für Aktive	Vitamine ☒
Für Denker	einfach ☒
Immunschutz	schnell ☒
Pro Portion: 240 Kalorien, 6 g Fett	günstig ☒

Avocado und Oliven mit Brunnenkresse

Zutaten

für 2 Personen

80 g Brunnenkresse
2 Mandarinen
1 EL Birnendicksaft (Reformhaus)
2 EL Weißweinessig
1 TL Olivenöl
1 TL Weizenkeimöl
Jodsalz
schwarzer Pfeffer aus der Mühle
1 kleine reife Avocado
40 g schwarze und grüne Oliven
4 Scheiben Vollkorn-Knäckebrot

1 Kresse verlesen, kalt abspülen und gut abtropfen lassen. Eine Mandarine halbieren und auspressen, Mandarinensaft mit Birnendicksaft, Essig und Ölen verrühren. Mit Salz und Pfeffer würzen.

2 Zweite Mandarine gründlich waschen und trockenreiben. Dick schälen, damit die weiße Haut auch entfernt wird. Mandarinenfilets mit einem scharfen Messer zwischen den Trennwänden herausschneiden.

3 Avocado halbieren, Stein entfernen. Avocadohälften schälen, Fruchtfleisch in dünne Spalten schneiden. Oliven, Kresse, Mandarinen und Avocadospalten auf Tellern anrichten. Dressing darüber träufeln. Dazu Knäckebrot reichen.

FITNESS-CHECK	
Für Aktive	Vitamine ☒
Für Denker	einfach ☒
Immunschutz	schnell ☒
Pro Portion: 260 Kalorien, 15 g Fett	günstig ☒

Salate

slimline

Rauke mit **Schellfisch** und Paprika

Zutaten
für 2 Personen

- 300 g Schellfischfilet
- Saft von 1 Limette
- 100 g Rauke
- 1 Schalotte
- 2 EL Weißweinessig
- Jodsalz
- schwarzer Pfeffer aus der Mühle
- 1 TL Honig
- 1 TL Olivenöl
- 100 g Salatgurke
- 1/2 rote Paprika
- 1 EL Sojaöl
- 2 Scheiben Möhren-Vollkornbrot

1 Filet waschen, trockentupfen und in Würfel schneiden. Mit Limettensaft beträufeln. Rauke verlesen, abspülen und gut abtropfen lassen.

2 Schalotte abziehen und sehr fein hacken. Mit Essig, Salz, Pfeffer, Honig und Olivenöl verrühren. Gurke und Paprika waschen, fein würfeln und zum Dressing geben.

3 Sojaöl in einer Pfanne erhitzen. Fisch würzen und im Öl knusprig braten. Rauke und Fischwürfel auf Tellern anrichten. Dressing darüber träufeln. Dazu Brot reichen.

FITNESS-CHECK	
Für Aktive	Vitamine ⊗
Für Denker	einfach ⊗
Immunschutz	schnell ⊗
Pro Portion: 300 Kalorien, 10 g Fett	günstig ⊗

Hirsesalat mit Spinat und Ziegenkäse

Zutaten
für 2 Personen

- 1/2 TL Korianderkörner
- 1/2 TL Kreuzkümmelsamen
- 100 g Hirse
- 1 Möhre
- 1 kleines Stück Ingwer
- 1 Knoblauchzehe
- 1 EL Olivenöl
- 250 ml Gemüsebrühe (Instant)
- 100 g Spinat
- 100 g Ziegenfrischkäse
- Saft von 1 Limette
- 2 Stiele Minze

1 Gewürze im Mörser zerstoßen. In einer Pfanne ohne Fett anrösten, herausnehmen. Dann die Hirse rösten, bis sich das Aroma entfaltet. Möhre, Ingwer und Knoblauch würfeln und im heißen Öl andünsten. Hirse, die Hälfte der Gewürze und Brühe zugeben. Bei schwacher Hitze circa 20 Minuten garen.

2 Spinat waschen, verlesen und unter die Hirse mischen. Mit Ziegenkäse anrichten, mit Limettensaft beträufeln. Mit Minzeblättern und zerstoßenen Gewürzen bestreuen.

FITNESS-CHECK	
Für Aktive	Vitamine ⊗
Für Denker	einfach ⊗
Immunschutz	schnell ⊗
Pro Portion: 300 Kalorien, 12 g Fett	günstig ⊗

Vorspeisen

Zutaten
für 2 Personen

300 g Rosenkohl
Jodsalz
4 getrocknete Tomaten in Öl
40 g Ziegenfrischkäse
1 kleines Ei
80 ml und 2 EL Magermilch
Pfeffer
etwas frischer Thymian
50 g Magerquark
100 g Mehl (Type 1050)
1 EL Backpulver

Mini-Quiche mit Rosenkohl

1 Rosenkohl putzen (siehe Anleitung rechts), in wenig Salzwasser circa 15 Minuten dünsten, abgießen und gut abtropfen lassen. Getrocknete Tomaten aus dem Öl herausnehmen, in einem Sieb langsam abtropfen lassen und klein schneiden.

2 Ziegenfrischkäse mit Ei und 80 ml Milch verquirlen. Salz, Pfeffer und etwas Thymian untermischen .

3 Magerquark, 2 EL Milch, Tomatenöl, Mehl und Backpulver zu einem glatten Teig verkneten. 2 kleine Quicheformen oder eine Springform fetten. Mit dem Teig den Boden auslegen und zusätzlich einen Rand bilden.

4 Rosenkohl und getrocknete Tomaten auf dem Teigboden verteilen. Käse-Eier-Milch-Mischung über die Tomaten gießen. Bei 200 Grad im vorgeheizten Backofen circa 20 Minuten goldbraun backen. Gleich servieren.

FITNESS-CHECK		
Für Aktive		Vitamine ☒
Für Denker		einfach ☒
Immunschutz		schnell ○
Pro Portion: 380 Kalorien, 11 g Fett		günstig ☒

Rosenkohl

Zum Putzen unteres Ende vom Rosenkohl glatt schneiden, äußere Blätter ablösen. Damit der Rosenkohl gleichmäßig gar wird, Strunk kreuzweise einschneiden. Auch köstlich: alle Blättchen ablösen und garen.

Vorspeisen

Zutaten
für 2 Personen

- 150 g Rosenkohl
- Jodsalz
- 2 Pastinaken
- 4 kleine Möhren
- 4 EL Zitronensaft
- Pfeffer
- 1/2 kleine Dose Kichererbsen
- 1 Knoblauchzehe
- 1 EL Sesampaste (Tahini)
- 1 EL Olivenöl
- 4 schwarze Oliven, entsteint
- 1 Msp. Chilipulver
- 2 Scheiben Knäckebrot
- etwas Kerbel

Gemüse mit Kichererbsen-Dip

1 Rosenkohl putzen, in Salzwasser circa 15 Minuten dünsten. Pastinaken und Möhren schälen. Zum gedünsteten Rosenkohl geben, 2 EL Zitronensaft und Pfeffer zufügen, für 5 Minuten mitdünsten.

2 Kichererbsen abtropfen lassen. Erbsen mit Knoblauch, Sesampaste, Öl, Oliven und dem restlichen Zitronensaft im Mixer pürieren, eventuell mit etwas Brühe geschmeidig rühren. Dip würzig abschmecken. Gemüse mit Dip, Knäcke und Kerbel anrichten.

FITNESS-CHECK	
Für Aktive	Vitamine ⊗
Für Denker	einfach ⊗
Immunschutz	schnell ⊗
Pro Portion: 300 Kalorien, 10 g Fett	günstig ○

Zutaten
für 2 Personen

- 500 g Pastinaken
- 2 EL Zitronensaft
- 1 Zwiebel
- 1 Knoblauchzehe
- 1 TL Öl
- 1 Msp. TL Korianderkörner
- 1 Msp. Kreuzkümmelsamen
- 300 ml Gemüsebrühe (Instant)
- 4 EL Milch
- Jodsalz
- etwas frischer Koriander
- 1/2 TL Harissa (tunesische Chilipaste)

Pikante **Pastinakensuppe** mit Koriander

slimline

1 Pastinaken schälen, klein schneiden und mit Zitronensaft beträufeln. Zwiebel und Knoblauch fein hacken, im heißen Öl andünsten.

2 Koriander und Kreuzkümmel fein zermahlen und zufügen.

3 Pastinaken, Brühe und Milch zugeben. Mit Salz abschmecken. Bei schwacher Hitze circa 20 Minuten köcheln lassen. Pürieren und nochmals abschmecken. Mit Harissa und Koriander in tiefen Tellern anrichten.

FITNESS-CHECK	
Für Aktive	Vitamine ⊗
Für Denker	einfach ⊗
Immunschutz	schnell ⊗
Pro Portion: 150 Kalorien, 4 g Fett	günstig ⊗

slimline

Überbackener **Ziegenkäse** auf Bauernbrot

1 Tomaten und Schalotte sehr fein würfeln. Beides mischen. Salz, Pfeffer, 1/2 TL Honig und Öl verrühren, über die Tomaten geben.

2 Restlichen Honig, Pfeffer und Thymian verrühren. Käse in eine feuerfeste Form legen, mit dem Thymian-Honig beträufeln.

3 Unter dem heißen Grill oder im Backofen bei höchster Stufe kurz goldbraun gratinieren. Rauke waschen, abtropfen lassen. Ziegenkäse mit Brot, Tomatenconcassée und Rauke auf Tellern anrichten.

Zutaten
für 2 Personen

- 3 Tomaten
- 1 Schalotte
- Jodsalz
- schwarzer Pfeffer aus der Mühle
- 2 EL Honig
- 1 EL Olivenöl
- etwas frischer Thymian
- 2 dicke Scheiben Ziegenfrischkäse
- 1/2 Bund Rauke
- 2 Scheiben Bauernbrot

FITNESS-CHECK

Für Aktive	Vitamine ☒
Für Denker	einfach ☒
Immunschutz	schnell ☒
Pro Portion: 300 Kalorien, 9 g Fett	günstig ☒

California-Roll vom Schellfisch

1 Sushireis mit Salz nach Packungsanweisung garen, abdampfen lassen. Zucker und Essig verrühren, unter den Reis Mischen. Abkühlen lassen.

2 Fisch in schmale, lange Streifen schneiden. Möhren schälen, in sehr feine Stifte schneiden. Eine dünne Schicht Reis auf einer Bambusmatte verteilen und hauchdünn mit Wasabi bestreichen. Ein halbes Nori-Blatt darauf legen und eine weitere dünne Schicht Reis darauf verteilen.

3 Vorbereitete Zutaten in die Mitte legen. Mit Hilfe der Matte aufrollen. Matte entfernen, Sushi-Rolle in Sesam wenden und mit einem scharfen Messer in Stücke schneiden. Mit Sojasauce, Ingwer, Kresse und übrigem in Streifen geschnittenen Gemüse anrichten.

Zutaten
für 2 Personen

- 50 g Sushireis
- 1/2 TL Salz
- 1 TL Vollrohrzucker
- 1 EL Reisessig
- 50 g extrafrisches Schellfischfilet
- 2 kleine Möhren
- 1 Beet Kresse
- 1 Nori-Blatt (japan. Algenart)
- Wasabi (Meerrettichpaste)
- 2 EL Sesamsamen
- Sojasauce
- eingelegter Ingwer
- etwas Kresse

slimline

FITNESS-CHECK

Für Aktive	Vitamine ☒
Für Denker	einfach ○
Immunschutz	schnell ☒
Pro Portion: 180 Kalorien, 5 g Fett	günstig ○

Hauptgerichte

Zutaten
für 2 Personen

2 EL Pinienkerne
2 Hähnchenfilets
Jodsalz, Pfeffer
50 g Ziegenkäse
1 Stiel Minze, gehackt
3 Möhren
2 mittelgroße Pastinaken
1 Zwiebel
2 TL Öl
Saft von 1 Orange
1 EL Rosinen
1 Msp. Zimt
1 Msp. Korianderpulver

Pastinaken

Pastinaken kann man wie Kartoffeln dünn schälen. Aufgeschnitten erinnert die Struktur der hellen Wurzelrübe an eine Möhre. Zum Zerkleinern halbieren, dann in mundgerechte Stücke schneiden.

slimline

Gefüllte **Hähnchenbrust** mit Pastinaken-Gemüse

1 Pinienkerne ohne Fett in der Pfanne anrösten. In die Hähnchenfilets seitlich Taschen einschneiden, mit Salz und Pfeffer würzen. 1 EL Pinienkerne, Ziegenkäse und frische Minze mischen. Hähnchenfilets mit der Käsemischung füllen.

2 Möhren und Pastinaken (siehe Anleitung links) schälen und klein schneiden. Zwiebel fein hacken. Mit dem klein geschnittenen Gemüse in 1 TL heißem Öl andünsten. Orangensaft mit 4 EL Wasser verrühren und zum Gemüse gießen. Rosinen zugeben. Mit Salz, Pfeffer, Zimt und Koriander würzen. Gemüse-Mischung circa 15 Minuten dünsten lassen.

3 Restliches Öl in einer Pfanne erhitzen, Hähnchenfilets darin von allen Seiten circa 10 Minuten braten.

4 Warmes Gemüse auf einen Teller geben und die Hähnchenfilets darauf anrichten und mit den restlichen Pinienkernen und der Minze bestreuen.

FITNESS-CHECK	
Für Aktive	Vitamine ☒
Für Denker	einfach ☒
Immunschutz	schnell ☒
Pro Portion: 410 Kalorien, 14 g Fett	günstig ☒

Schellfisch mit rot-weißem Reis

slimline

1 Reis nach Packungsanweisung in Salzwasser garen. Rosenkohl putzen. In Salzwasser mit einer Prise Muskat circa 15 Minuten garen.

2 Filets kalt abspülen, trockentupfen. Dünn mit Senf bestreichen. Mit Salz und Pfeffer würzen. In Mehl wenden, überschüssiges Mehl abklopfen. 1 EL Öl in einer Pfanne erhitzen. Filets darin von jeder Seite circa 3 Minuten braten. Aus der Pfanne nehmen und warm stellen.

3 Zwiebel schälen und in Ringe schneiden. Rosenkohl abgießen und gut abtropfen lassen. Zwiebeln im restlichen Öl anbraten, Rosenkohl kurz mitdünsten und abschmecken. Reis abgießen. Mit Fischfilets und Rosenkohl anrichten.

FITNESS-CHECK	
Für Aktive	Vitamine ☒
Für Denker	einfach ☒
Immunschutz	schnell ☒
Pro Portion: 460 Kalorien, 11 g Fett	günstig ○

Zutaten

für 2 Personen

- 100 g gemischter Langkornreis
- 100 g roter Camarguereis
- Jodsalz
- 400 g Rosenkohl
- 1 Msp. Muskatnuss, gerieben
- 2 Schellfischfilets (insges. 400 g)
- 2 TL körniger Dijonsenf
- weißer Pfeffer aus der Mühle
- 1 EL Mehl
- 2 EL Sonnenblumenöl
- 1 rote Zwiebel

Kichererbsentopf mit Rindfleisch und Rosenkohl

1 Kichererbsen in der Hälfte der Brühe über Nacht einweichen. Filet trockentupfen und würzen. Im heißen Öl von allen Seiten anbraten. Fleisch herausnehmen, in Alufolie wickeln und bei 150 Grad im Backofen circa 20 Minuten ruhen lassen.

2 Rosenkohl und Pastinaken (siehe Anleitung Seite 33 und links) putzen, schälen und klein schneiden. Chilischote entkernen und fein hacken. Alles zusammen im Bratfett andünsten. Kichererbsen, restliche Brühe, Lorbeer und Rosmarin zufügen. Mit Salz und Pfeffer würzen. Circa 30 Minuten köcheln lassen.

3 Tomaten häuten, entkernen und in Streifen schneiden. Zum Kohl geben, kurz miterhitzen. Filet in Scheiben schneiden, mit dem Eintopf anrichten.

FITNESS-CHECK	
Für Aktive	Vitamine ☒
Für Denker	einfach ☒
Immunschutz	schnell ○
Pro Portion: 540 Kalorien, 17 g Fett	günstig ○

Zutaten

für 2 Personen

- 300 g Kichererbsen
- 800 ml Gemüsebrühe (Instant)
- 300 g Rinderfilet
- Jodsalz
- weißer Pfeffer aus der Mühle
- 1 EL Sonnenblumenöl
- 300 g Rosenkohl
- 2 Pastinaken
- 1 rote Chilischote
- 1 Lorbeerblatt
- 1 Zweig Rosmarin
- 2 Fleischtomaten

Hauptgerichte

Zutaten
für 2 Personen

1 Msp. Safran
100 g Mehl
Jodsalz
2 EL Olivenöl
1 Ei
1 kleine Dose Kichererbsen
6 geschälte Garnelenschwänze
1 Knoblauchzehe
Pfeffer
400 g Spinat
75 ml Gemüsebrühe (Instant)
1 Prise Cumin (Kreuzkümmel)

Bandnudeln mit Kichererbsen und Garnelen

1 Safran in 1 EL heißem Wasser auflösen. Mit Mehl, Salz, 1 EL Öl und dem Ei glatt verkneten. Zur Kugel formen. Kichererbsen abspülen.

2 Teig auf bemehlter Fläche circa 1/2 cm dünn ausrollen, in Streifen schneiden. Garnelen und Knoblauch im restlichen Öl braten. Mit Salz und Pfeffer würzen. Herausnehmen.

3 Spinat im Bratfett kurz dünsten. Kichererbsen und Brühe zugeben, kurz erhitzen. Mit Salz, Pfeffer und Cumin würzen. Nudeln circa 3 Minuten in Salzwasser garen. Abtropfen lassen, mit dem Gemüse vermengen. Auf einem Teller geben und servieren.

FITNESS-CHECK		
Für Aktive		Vitamine ⊗
Für Denker		einfach ○
Immunschutz		schnell ⊗
Pro Portion: 620 Kalorien, 18 g Fett		günstig ○

Zutaten
für 2 Personen

1 Schalotte
1 Knoblauchzehe
75 g Hirse
2 EL Olivenöl
400 ml Gemüsefond
100 g Champignons
3 Möhren
2 Pastinaken
Jodsalz
schwarzer Pfeffer aus der Mühle
2 EL gemischte frische Kräuter, gehackt
Saft von 1 Zitrone
2 EL frischer Parmesan, gerieben

Hirse-Risotto mit Wintergemüse

1 Schalotte, Knoblauch und Hirse in 1 EL Öl kurz dünsten. Fond angießen. Bei schwacher Hitze circa 30 Minuten ausquellen lassen.

2 Pilze, Möhren und Pastinaken putzen, schälen, klein schneiden. Im restlichen Öl circa 8 Minuten dünsten.

3 Gemüse und Kräuter mit der Hirse vermengen. Mit Salz, Pfeffer und Zitronensaft abschmecken. Parmesan darüberstreuen.

FITNESS-CHECK		
Für Aktive		Vitamine ⊗
Für Denker		einfach ⊗
Immunschutz		schnell ⊗
Pro Portion: 150 Kalorien, 10 g Fett		günstig ⊗

Lammkotelett mit Rosenkohlcurry

1 Kartoffeln schälen, klein schneiden. Rosenkohl putzen. 1 TL Öl in einem Topf erhitzen. Kartoffeln und Rosenkohl darin andünsten. Mit Salz und Pfeffer würzen. Korinthen und Curry-Gewürzpaste zugeben. Milch, Kokosmilch und 200 ml Wasser angießen. Zugedeckt circa 20 Minuten garen lassen.

2 Koteletts abspülen, mit Salz und Pfeffer würzen. Im restlichen Öl circa 5 Minuten braten. Mit Gemüse und Korianderblättchen auf zwei Teller anrichten.

FITNESS-CHECK

Für Aktive	Vitamine
Für Denker	einfach
Immunschutz	schnell
Pro Portion: 300 Kalorien, 20 g Fett	günstig

Zutaten

für 2 Personen

300 g Kartoffeln
400 g Rosenkohl
2 TL Sonnenblumenöl
Jodsalz
weißer Pfeffer aus der Mühle
1 EL Korinthen
2 EL fertige gelbe Thai-Curry-Gewürzpaste aus dem Glas (Asia-Laden)
100 ml fettarme Milch
2 EL Kokosmilch
4 Stielkoteletts vom Lamm
etwas frischer Koriander

Seeteufel mit Ingwer und Shiitake-Pilzen

1 Fischfilet abspülen, trockentupfen, mit Limettensaft beträufeln. Chilischote halbieren, entkernen und hacken. Knoblauch und Ingwer ebenfalls hacken. Pilze putzen, klein schneiden. Kohl halbieren, harten Strunk herausschneiden und in feine Streifen schneiden.

2 1 TL Sojaöl erhitzen. Fisch im heißen Öl von beiden Seiten circa 1 Minute braten. Mit Salz und Pfeffer würzen, herausnehmen. Pilze im Bratfett anbraten, herausnehmen.

3 Restliches Öl im Bratfett erhitzen. Knoblauch, Ingwer und Chili darin andünsten. Kohl zugeben und anschmoren. Mit Sojasauce und Fond ablöschen. Bei schwacher Hitze 20 Minuten schmoren. Pilze wieder zufügen, Seeteufel darauf legen, noch mal etwa 2 Minuten erhitzen. Vor dem Servieren mit Sesamöl aromatisieren.

FITNESS-CHECK

Für Aktive	Vitamine
Für Denker	einfach
Immunschutz	schnell
Pro Portion: 200 Kalorien, 8 g Fett	günstig

Zutaten

für 2 Personen

200 g Seeteufelfilet
1 EL Limettensaft
1 kleine rote Chilischote
1 Knoblauchzehe
1 haselnussgroßes Stück frischer Ingwer
50 g Shiitake-Pilze
400 g Weißkohl
2 TL Sojaöl
Jodsalz
weißer Pfeffer aus der Mühle
2 EL Sojasauce
200 ml Asia-Fond
1 Tropfen Sesamöl

Desserts

Zutaten
für 2 Personen

3 Mandarinen
1 Limette
5 EL Ahornsirup
1 EL Rosinen
100 g Mehl
1 EL Trockenhefe
Jodsalz
100 ml Milch
1 EL Sojaöl
Öl für die Form
2 Stiele Minze, feingezupft

Hefe-Buchteln mit Mandarinen-Sauce

1 Eine Mandarine und die Limette auspressen. Übrige Mandarinen schälen und in Scheiben schneiden (siehe Anleitung Seite 30). Mandarinen-Limetten-Saft und 1 EL Ahornsirup erhitzen, Rosinen und Mandarinenscheiben darin marinieren.

2 Mehl, Trockenhefe und Salz mischen. 50 ml Milch, restlichen Ahornsirup und Sojaöl erwärmen. Zur Mehlmischung zufügen und alles gut verkneten. Teig in eine Schüssel geben, mit einem Tuch abdecken und an einem warmen Ort, am besten in der Nähe einer Heizung, circa 30 Minuten gehen lassen.

3 Aufgegangenen Hefeteig kräftig durchkneten. Dann mit einem Messer in 4 Portionen teilen, zu Kugeln formen und nebeneinander in eine eingeölte Auflaufform setzen. 20 Minuten gehen lassen. Übrige Milch angießen. Buchteln im vorgewärmten Backofen bei 200 Grad circa 15 Minuten backen.

4 Fertige Buchteln aus der Form heben und mit den marinierten Mandarinen, der Marinade und der frischen Minze anrichten.

FITNESS-CHECK	
Für Aktive	Vitamine ☒
Für Denker	einfach ☒
Immunschutz	schnell ○
Pro Portion: 380 Kalorien, 6 g Fett	günstig ☒

Grießflammeri mit Honig-Äpfeln

1 Milch, Salz und 2 EL Honig aufkochen. Grieß einstreuen und bei schwacher Hitze circa 10 Minuten ausquellen lassen.

2 Eigelb vom Ei trennen und unter den Grieß rühren, etwas abkühlen lassen. Eiweiß steif schlagen, unterziehen. In Tassen füllen und kalt stellen.

3 Äpfel in Spalten schneiden. Apfelspalten und Pistazien im heißen Öl kurz braten. Mit restlichem Honig beträufeln, Zimt darüber stäuben. Grießflammeri auf Teller stürzen, mit Honig-Äpfeln, Pistazien und Minze anrichten.

FITNESS-CHECK	
Für Aktive	Vitamine ⊗
Für Denker	einfach ⊗
Immunschutz	schnell ○
Pro Portion: 210 Kalorien, 7 g Fett	günstig ⊗

Zutaten
für 2 Personen

- 50 ml Milch
- Jodsalz
- 3 EL Akazienhonig
- 25 g Weizengrieß
- 1 Ei
- 2 kleine säuerliche Äpfel
- 1 TL gehackte Pistazien
- 1 TL Walnussöl
- 1 Msp. Zimt
- einige frische Minzeblätter

Hirse-Küchlein mit **Papayasauce**

1 Magerquark, Hirseflocken, Ei, 2 EL Honig und Zitronenschale in einer Schüssel verrühren. Teig circa 15 Minuten ausquellen lassen.

2 Papaya schälen und halbieren, Kerne mit einem Teelöffel herauskratzen. Fruchtfleisch würfeln. Mit dem Zitronensaft fein pürieren. Restlichen Honig hinzufügen.

3 Öl in einer beschichteten Pfanne erhitzen. Teig esslöffelweise hineingeben. Goldbraune Küchlein backen. Mit Papayasauce, Pistazien und Melisse anrichten.

FITNESS-CHECK	
Für Aktive	Vitamine ⊗
Für Denker	einfach ⊗
Immunschutz	schnell ⊗
Pro Portion: 440 Kalorien, 8 g Fett	günstig ⊗

Zutaten
für 2 Personen

- 250 g Magerquark
- 100 g Hirseflocken (Reformhaus)
- 1 Ei
- 3 EL Honig
- 1 TL abgeriebene Zitronenschale
- 1 vollreife Papaya
- 2 EL Zitronensaft
- 1 TL Sonnenblumenöl
- 1 EL Pistazienkerne
- etwas Melisse

Figur-Joker

Morgens

1 EL Jogurt (1,5% Fett)
Jodsalz, Pfeffer
1 Vollkornbrötchen
1 kleiner Apfel
50 g Nordseekrabben
3 Zweige Dill

Apfel-Krabben-Brötchen

Jogurt würzen. Brötchen aufschneiden und damit bestreichen. Apfel in Scheiben schneiden. Brötchen mit Apfel und Krabben belegen. Dill hacken und darüber streuen.

Zwischendurch
200 ml Gemüsebrühe mit 50 g Nordseekrabben und Schnittlauchröllchen erhitzen. Dazu: 1 Scheibe Knäckebrot

Mittags

1 EL Tandoori Paste
(aus dem Asia-Laden)
1 EL Jogurt (1,5% Fett)
100 g Hähnchenfilet
1 TL Weizenkeimöl
1 große Scheibe Mehrkornbrot
2 grüne Salatblätter
100 g frische Ananas
(z.B. Baby-Ananas)
3 Stiele Koriandergrün

Schlemmerschnitte mit **Tandoori-Hähnchen**

Tandoori-Paste mit Jogurt verrühren. Hähnchenfilet damit bestreichen und kurz durchziehen lassen. Im heißen Öl braten. Brot mit Salat, Hähnchenfiletscheiben und Ananas belegen. Mit Korianderblättchen auf einen Teller anrichten.

Zwischendurch
200 g frische Ananas

Abends

150 g Rosenkohl
1 Möhre
1 kleine Petersilienwurzel
1 TL und 1 EL Olivenöl
40 g Langkornreis
200 ml Steinpilz-Hefebrühe
1 Prise Muskat
1 Prise Piment
150 g Austernpilze
1 Schalotte
Jodsalz, weißer Pfeffer

Austernpilze auf Risotto

Gemüse putzen und klein schneiden. In 1 TL Öl andünsten. Reis zugeben. Brühe angießen und alles durchgaren. Mit Muskat und Piment würzen. Pilze putzen, in Streifen, Schalotte in Ringe schneiden. Im restlichen Öl einige Minuten braten, würzen, mit dem Risotto anrichten.

TAGESBILANZ
1170 Kalorien, 30 g Fett
Krabben liefern viel Zink – stärkt die Abwehrkräfte

2 schlanke Tage

Paprikabrot und Orangentee

Paprika in Ringe schneiden. Brot mit Paprika und Käse belegen. Mit Thymianblättchen bestreuen. Tee mit Orangensaft und Honig verrühren. Zum Brot trinken.

Zwischendurch
100 g Physalis und 1 Scheibe Serrano-Schinken (ohne Fettrand)

Morgens

1 rote Paprikaschote
1 Scheibe Mehrkornbrot
20 g Ziegenkäse
1 Zweig Thymian
Saft von 1 Orange
1 Glas schwarzer Tee
1 TL Honig

Bunter Kartoffelsalat

Pellkartoffeln kochen und in Scheiben schneiden. Tomaten halbieren, Käse klein schneiden. Feldsalat verlesen, waschen. Alles anrichten. Schalotte würfeln. Mit Essig, Gewürzen, Thymianblättchen und Öl verrühren. Salat damit beträufeln.

Zwischendurch
1 großer Apfel

Mittags

200 g Kartoffeln
10 Kirschtomaten
50 g Ziegenkäse
50 g Feldsalat
1 Schalotte
2 EL Sherryessig
Jodsalz, weißer Pfeffer
1 TL Senf
3 Zweige Thymian
1 EL Weizenkeimöl

Kichererbsen mit Lammfilet

Lammfilet in Scheiben, Zwiebeln in Ringe schneiden. Beides mit dem Suppengrün im Öl anbraten. Salzen und pfeffern. Lorbeerblätter, Majoranblättchen, Tomaten, Kichererbsen und Brühe zufügen. Alles zusammen einige Minuten dünsten.

TAGESBILANZ
1215 Kalorien, 45 g Fett
Heute können Sie Ihre Vitamin-C-Speicher füllen

Abends

80 g Lammfilet
2 Zwiebeln
50 g TK-Suppengrün
1 TL Olivenöl
Jodsalz, Cayennepfeffer
2 Lorbeerblätter
3 Zweige Majoran
2 Tomaten, geviertelt
80 g Kichererbsen aus der Dose
100 ml Gemüsebrühe

Fit mit Kohl und Co.

im Februar

Grünkohl bringt in den grauen Winteralltag nicht nur frische Farbe. Zusammen mit Kraut und Rüben füllt er Ihr Vitamindepot auf und macht Sie klar zum Durchstarten!

10 Fitmacher des Monats

Jetzt frisch auf dem Markt

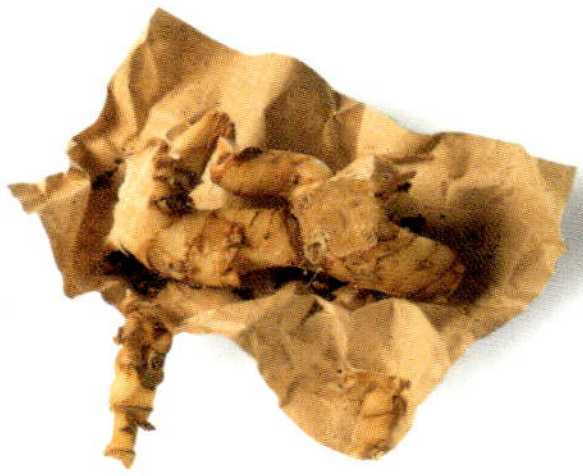

Sweetie

Süßes Zitrus-Zucker-Baby

Nicht alles, was neu ist, ist auch zu begrüßen. Die Sweetie jedoch passt jedoch ideal in das Februar-Früchte-Repertoire. So jung ist sie auch gar nicht mehr: Die Israelis züchteten sie bereits 1978 aus Grapefruit und Pomelo (ihrerseits eine Kreuzung aus Grapefruit und Pampelmuse). Das Ergebnis kann sich sehen und vor allem schmecken lassen: Die grünschalige Frucht ist ähnlich erfrischend wie das Elternteil Grapefruit, doch im Gegensatz zu ihr schön süß und vollmundig. Die Fruchtfilets kann man mit den Fingern aus der dicken weißen Umhüllung lösen. Wem das zu aufwendig ist, der halbiere die Sweetie einfach und löffelt sie aus. Ihr Saft ist eine köstliche Ergänzung zu Fruchtsalaten, Dressings, Dessertsaucen oder sie schmeckt einfach pur als kleiner schmackhafter Vitaminstoß.

▶ Einkaufs-Tipp:
Stöbern Sie bei Spar, Edeka und Tengelmann nach der grünen Frucht.

▶ Aufbewahrung:
kühl, aber nicht kalt.

Kurzporträt

Top-Gehalt an:
Ballaststoffen, Vitamin C und Kalium.

Haltbarkeit: ca. 1 Woche.

Preis: ca. 80 Pfennig pro Stück.

Steckrübe

Zurück zu den Wurzeln!

Bei den Älteren ist sie als Sattmacher in schlechten Zeiten verpönt. Und die Jüngeren kennen die milde Rübe – auch Wruke oder Kohlrübe genannt – nicht. Schade drum: Denn das bis zu zwei Kilo schwere heimische Gewächs bietet viel kulinarische Abwechslung für wenig Geld. Die Steckrübe schmeckt geraspelt als Rohkost, gewürfelt in deftigen Eintöpfen oder fein püriert. Als Würze ideal: Kümmel, Zitrone und eine Prise Zucker.

▶ Einkaufs-Tipp:
Sie soll fest und prall sein.

▶ Aufbewahrung:
im Gemüsefach des Kühlschranks.

Kurzporträt

Top-Gehalt an:
Kohlenhydraten, Kalium, Betacarotin.

Haltbarkeit: ca. 1 Woche.

Preis: ca. 2 Mark pro Kilo.

Grünkohl

Der aus der Kälte kommt

Frost braucht der Grünkohl - auch Winter- oder Krauskohl genannt-, um sein Aroma voll zu entfalten. Dann wird nämlich Stärke in Zucker umgewandelt, und der Kohl wird milder – und leichter verdaulich, da die Kälte das zarte Zellgewebe aufbricht. Kurz gedünstet schmeckt sie sogar als Salat.

▶ Einkaufs-Tipp:
Wenn das Putzen zuviel Mühe macht (die Blätter müssen von den Rippen gezupft werden): Gute Qualität gibt es auch aus der Tiefkühltruhe.

▶ Aufbewahrung:
im Gemüsefach des Kühlschranks.

Kurzporträt

Top-Gehalt an:
Kohlenhydraten, Ballaststoffen, Betacarotin, Vitamin C, Kalzium.

Haltbarkeit: ca. 1 Woche.

Preis: ca. 3 Mark pro Kilo.

Kaki

Sonnenfrucht für kalte Tage

Was den Carotingehalt angeht, steht die Kaki der Möhre kaum nach. In Kombination mit Vitamin-C-reicher Kiwi oder Zitrusfrüchten liefert sie den idealen Anti-Schnupfen-Vitamin-Mix. Das Fleisch der orangeroten Frucht erinnert ein wenig an Aprikosen oder sogar an Tomaten, allerdings nur bei vollreifen Exemplaren, bei denen das Innere glasig durch die Schale schimmert. Paßt zu allen Milchprodukten.

▶ Einkaufs-Tipp:
Die israelischen Sharonfrüchte (eine Kaki-Sorte) sind kernlos und können mit Schale gegessen werden.

▶ Aufbewahrung:
im Gemüsefach des Kühlschranks.

Kurzporträt

Top-Gehalt an:
Betacarotin, Kalium, Mangan.

Haltbarkeit: 3–4 Tage.

Preis: ca. 1 Mark pro Frucht.

Galgant

Bitter macht bekömmlich

Ursprünglich stammt dieses Mitglied der Ingwerfamilie aus Südchina. Auch Form und Geschmack erinnern an Ingwer. Galgant ist jedoch schärfer und bitterer und in seiner verdauungsfördernden und anregenden Wirkung noch intensiver. In feine Scheiben geschnitten oder im Mörser zerstoßen schmeckt es zu Geflügel und Fisch. Er mundet aber auch köstlich als Aufguß mit schwarzem Tee und hat eine anregende Wirkung.

▶ Einkaufs-Tipp:
Bei Pulver sind die ätherischen Öle meist schon verflogen. Fragen Sie in Asia-Läden nach frischem Galgant.

**Profi-Tipp des FIT FOR FU
Küchenchefs Jörg Nöcke**

Probieren Sie Galgant, mi
Koriander und Kurkuma gemischt, zu pürierter Möhrensuppe.

▶ Aufbewahrung: am besten in einem Glas im Kühlschrank.

Kurzporträt

Top-Gehalt an:
ätherischen Ölen, Flavonoiden.

Haltbarkeit: 1 Woche.

Preis: ca. 1,50 Mark pro 100 Gramm.

Fitness-Tipp des Monats

Konditionsverbesserung durch Cardiotraining

Ein kleiner Sprint zum Bus - und Ihnen bleibt die Luft weg? Das Treppensteigen ermüdet Sie mehr als ein zehnstündiger Arbeitstag? Was Ihnen fehlt ist der lange Atem. Die richtige Portion Ausdauer ist die Basis jeder sportlichen Aktivität. Dabei hilft ein ein- bis zweimal wöchentliches Cardiotraining - egal ob im Fitness-Center auf dem Laufband, am Rudergerät und auf dem Stepper oder draußen beim Langlaufen. Das Auspowern stärkt nicht nur das Herz-Kreislauf-System, es macht auch alle Sinne sensibel. Ganz wichtig für Cardiosportler: viel Flüssigkeit zu sich nehmen und den Energiespeicher mit Kohlenhydraten wie Getreideprodukten, Obst und vor allem Nudeln auffüllen.

im Februar

Kraut und Rüben sind jetzt schwer angesagt – hier vertreten durch Grünkohl und Steckrübe. Für Schärfe sorgen Muskat und Galgant.

Harzer Käse

Nase pfui, Figur hui!

Dieser kleiner Stinker gehört zur Familie der Sauermilchkäse. Ein Clan, der sich durch den niedrigsten Fettgehalt aller Käsesorten auszeichnet: Harzer oder Mainzer Handkäse, Olmützer Quargel, Korbkäse und wie sie alle heißen, haben weniger als ein Gramm Fett pro 100 Gramm. Da dürfen Sie Ihr Brot ruhig dick belegen. Auch die Kombination mit körnigem Senf ist eine würzige Delikatesse. Am allerleckersten schmeckt Harzer zu Knäcke oder kräftigem Vollkornbrot, bitte möglichst ohne Butter! Aber er hat auch seine feine Seite: Probieren Sie ihn doch mal in Essig und Öl mariniert zu zartem Feldsalat oder zu knackigem Radicchio.

▸ Einkaufs-Tipp:
Reifer Käse muß auf Druck leicht nachgeben, der „Teig" glasig sein. Ist er in der Mitte noch hell und körnig, ist er nicht voll ausgereift.

▸ Aufbewahrung:
in einem verschließbaren Behälter im Kühlschrank oder unter einer Käseglocke.

Kurzporträt

Top-Gehalt an:
Eiweiß, Kalzium.
Haltbarkeit: ca. 5 Tage.
Preis: je nach Sorte zwischen 1 und 2 Mark pro 100 Gramm.

Muskat

Im Rausch der Sinne ...

Tatsächlich hat Muskat eine halluzinogene, rauschauslösende Wirkung, allerdings muß man da schon eine ganze Nuß verdrücken. In der richtigen Dosis (gerieben circa 1 TL) jedoch ist Muskat - Samen des immergrünen Muskatnussbaums, beheimatet vor allem in Indonesien, Indien und Sri Lanka - ein aromatisch angenehmes Gewürz von feuriger Süße, das zu Gebäck, Desserts und pikanten Gerichten paßt. Seine Blüte hat ein noch feineres zimtigeres Aroma.

▸ Einkaufs-Tipp:
frische, ganze Nüsse kaufen.

▸ Aufbewahrung:
kühl und trocken in einem verschließbaren Behälter.

Kurzporträt

Top-Gehalt an:
ätherischen Ölen.
Haltbarkeit: ca. 1/2 Jahr.
Preis: ca. 2 Mark pro Nuss.

Hafer

Das Schnelldenker-Korn

Seine besondere Kombination an B-Vitaminen macht Vollkornhafer zur idealen Hirn-Nahrung. Außerdem senkt er das Arteriosklerose-Risiko und den Cholesterinspiegel. Zum Frühstück als warmen Haferbrei (mit Honig!) genossen, beruhigt er Magen und Darm. Die Engländer haben das längst verstanden: Sie essen ihren Hafer (Porridge!) selbst und verfüttern ihn nicht wie wir an ihre Pferde.

▸ Einkaufs-Tipp:
Öko-Flocken schmecken intensiver.

▸ Aufbewahrung:
kühl und trocken.

Kurzporträt

Top-Gehalt an:
Vitamin B1, B 6, Ballaststoffen, Mineralstoffen.
Haltbarkeit:
mehrere Monate.
Preis: ca. 3 Mark pro Pfund.

Makrele

Schwimmende Schönheit

Von der besonders hübschen Zeichnung des Meerwasserfischs wissen die meisten gar nichts, weil sie die schlanke aromatische Makrele nur geräuchert kennen. Wegen ihres extra feinen Fleisches wird sie oft für Sushi verwendet; sie eignet sich aber auch zum Braten oder Grillen. Ihr hoher Gehalt an herzschützenden Fettsäuren macht sie zum echten Fitness-Fisch.

▸ Einkaufs-Tipp:
am besten beim Händler filetieren lassen.

▸ Aufbewahrung:
1 Tag im Kühlschrank.

Kurzporträt

Top-Gehalt an:
Kalium, Omega-3-Fettsäuren, Jod, Vitamin D, Niacin, Vitamin B12.
Haltbarkeit: 1 Tag.
Preis: zwischen 20 und 30 Mark pro Kilo.

Schwarzwurzel

„Spargel" für Frühstarter

Bei der Schwarzwurzel gilt: ohne Fleiß kein Preis. Denn die längliche Wurzel läßt sich nur ungern die Haut abziehen. Braune, klebrige Finger sind die Folge – es sei denn, man arbeitet mit Gummihandschuhen. Wenn man es dann jedoch geschafft hat, belohnt ein sehr zarter Genuß den Gaumen und erinnert mitten im Winter an Frühlings-Spargelfreuden. Kurze Dämpfzeiten: max. 15 Minuten.

▸ Einkaufs-Tipp:
ungewaschene, dicke, feste Stangen bevorzugen.

▸ Aufbewahrung:
in Papier eingewickelt im Gemüsefach des Kühlschrank.

Kurzporträt

Top-Gehalt an:
Vitamin B1, E, Folsäure, Ballaststoff Inulin.
Haltbarkeit: ca. 2 Tage.
Preis: ca. 5 Mark pro Bund.

Muskat: Nuss oder Blüte?

„Myristica fragrans", so der botanische Name, ist als Pflanze einzigartig, denn sie produziert zwei deutlich verschiedene Gewürze. Muskatnuss und Muskatblüte. Die Nuss ist der Samenkern der wie Aprikosen aussehenden Früchte des Muskatbaums und paßt gut zu hellen Saucen und Kartoffelgerichten. Die „Blüte" ist der Mantel, ein netzartiges Gewebe, das den Samen umhüllt. Zunächst ist er leuchtend rot, nach dem Trocknen orangerot bis elfenbeinfarben. Das Aroma ist milder, süßlicher und weniger bitter als das der braunen Nuß. Er eignet sich für feines Gebäck, Glühwein oder Punsch. Während man die Blüte am besten im Mörser fein zerstößt, sollte die Nuss immer frisch gerieben werden.

Salate

Zutaten
für 2 Personen

400 g Schwarzwurzeln
Saft von 1/2 Limette
Jodsalz
1 Sweetie
1 haselnussgroßes Stück Galgant
schwarzer Pfeffer aus der Mühle
2 TL Ahornsirup
2 TL Kürbiskernöl
75 g Tiefseekrabben
50 g Rauke

Schwarzwurzel

Zum Putzen der Wurzeln am besten Gummihandschuhe tragen. Mit einer Gemüsebürste im Wasserstrahl schrubben. Dünn schälen und in Zitronenwasser legen, damit die Wurzeln nicht verfärben.

Schwarzwurzelsalat mit Rauke und Krabben

1 Schwarzwurzeln putzen, schälen (siehe Anleitung links) und in circa 3 cm lange Stücke schneiden. In wenig Wasser mit Limettensaft und Salz circa 10 Minuten dünsten.

2 Sweetie halbieren. Eine Hälfte auspressen, die andere Hälfte schälen. Trennhäute mit einem scharfen Messer anritzen. Filets mit den Fingern herauslösen.

3 Galgant schälen, sehr fein hacken. Mit Sweetiesaft, Pfeffer, Salz, Ahornsirup und Öl verrühren. Krabben waschen und trockentupfen. Rauke waschen und in mundgerechte Stücke zupfen. Alles zusammen auf Tellern anrichten. Dressing darüber träufeln.

FITNESS-CHECK

Für Aktive	Vitamine ⊗
Für Denker	einfach ⊗
Immunschutz	schnell ⊗
Pro Portion: 220 Kalorien, 6 g Fett	günstig ○

slimline

Feiner **Meeres-früchtesalat**

1 Ananas schälen, halbieren, entstrunken und in kleine Stücke schneiden. 1 EL Öl erhitzen. Ananas kurz darin anbraten, herausnehmen.
2 Knoblauch fein hacken und im Bratfett andünsten. Tintenfische und Krebsfleisch zugeben und alles kurz anbraten. Pfeffer darüber mahlen. Avocadofruchtfleisch in Spalten schneiden. Radicchio zerpflücken und waschen. Vorbereitete Zutaten auf Tellern anrichten.
3 Limette auspressen, Saft mit restlichem Öl, Salz, Pfeffer und Zucker verrühren. Dressing über den Salat träufeln. Mit Korianderblättchen bestreuen. Dazu Brötchen reichen.

FITNESS-CHECK	
Für Aktive	Vitamine ⊗
Für Denker	einfach ⊗
Immunschutz	schnell ⊗
Pro Portion: 360 Kalorien, 15 g Fett	günstig ○

Zutaten
für 2 Personen

- 1/2 kleine Ananas
- 2 EL Olivenöl
- 1 Knoblauchzehe
- 100 g kleine Tintenfischringe (frisch oder tiefgekühlt)
- 100 g Krebsfleisch (Surimi)
- Pfeffer
- 1 kleine Avocado
- 1/2 Radicchio
- 1/2 Limette
- Jodsalz
- 1/2 TL Vollrohrzucker
- etwas frischer Koriander
- 2 Baguettebrötchen

Endiviensalat mit Hafer und Nussdressing

1 Hafer über Nacht in Wasser einweichen. Abtropfen lassen, mit Salzwasser bedeckt aufkochen, circa 20 Minuten köcheln lassen.
2 Apfel waschen, halbieren und das Kerngehäuse entfernen. Eine Hälfte fein reiben, mit Salz, Pfeffer, Zitronensaft und Nussöl verrühren. Die zweite Apfelhälfte in Spalten schneiden.
3 Hafer abtropfen lassen. Sonnenblumenöl erhitzen, Hafer und Thymian darin kurz knusprig braten. Salat waschen und kleinzupfen, mit Bündner Fleisch, Apfelspalten und Dressing anrichten.

FITNESS-CHECK	
Für Aktive	Vitamine ⊗
Für Denker	einfach ⊗
Immunschutz	schnell ○
Pro Portion: 340 Kalorien, 13 g Fett	günstig ⊗

Zutaten
für 2 Personen

- 100 g Sprießkornhafer
- Jodsalz
- 1 säuerlicher Apfel
- weißer Pfeffer aus der Mühle
- 3 EL Zitronensaft
- 1 EL Walnussöl
- 1 TL Sonnenblumenöl
- etwas frischer Thymian
- 1/2 Kopf Endiviensalat
- 40 g Bündner Fleisch

Salate

Reissalat mit gebratenem Hähnchenbrustfilet

Zutaten
für 2 Personen

- 150 g Langkornreis
- Jodsalz
- 1 walnussgroßes Stück Galgant
- 1 Knoblauchzehe
- 200 g Hähnchenbrustfilet
- 1 EL Olivenöl
- Pfeffer
- 1 EL Rosinen
- 1 EL Erdnüsse
- 1/2 kleiner Römersalat
- 100 g fettarme Dickmilch
- 1 Msp. Kurkuma
- etwas frischer Koriander, gehackt

1 Reis in Salzwasser garen. Galgant und Knoblauch schälen, in Scheiben schneiden. Hähnchenfilet abspülen, trockentupfen. Im Öl mit Galgant und Knoblauch rundherum circa 8 Minuten braten. Mit Salz und Pfeffer würzen.

2 Rosinen einweichen. Erdnüsse hacken. Römersalat waschen, zerzupfen. Reis und Rosinen abtropfen lassen. Mit Nüssen, Salat und Hähnchenbrust auf Tellern anrichten. Dickmilch, Salz, Pfeffer, Kurkuma und Koriander verrühren und über den Salat träufeln.

FITNESS-CHECK	
Für Aktive	Vitamine
Für Denker	einfach
Immunschutz	schnell
Pro Portion: 530 Kalorien, 10 g Fett	günstig

Feldsalat mit Harzer Käse

Zutaten
für 2 Personen

- 1 EL Weißweinessig
- Saft und etwas abgeriebene Schale von 1/2 unbehandelten Zitrone
- Jodsalz
- grober bunter Pfeffer
- 1 TL körniger Senf
- 2 EL Olivenöl
- 200 g Harzer Käse
- 100 g Feldsalat
- 1 Kaki
- 4 Scheiben Knusperbrot

1 Essig, Zitronensaft und -schale, Salz, Pfeffer und Senf glatt verrühren. Öl mit einer Gabel darunter schlagen. Harzer Käse in dicke Scheiben schneiden und mit der Marinade beträufeln. Zugedeckt circa 1 Stunde marinieren lassen.

2 Feldsalat verlesen, waschen und gut abtropfen lassen. Kaki abspülen, trockenreiben und in halbe Scheiben schneiden (nach Belieben Schale abziehen). Salat, marinierten Harzer Käse und Kakischeiben auf flachen Tellern anrichten. Senfmarinade darüber träufeln. Nochmals kurz ziehen lassen. Mit Knusperbrot servieren.

FITNESS-CHECK	
Für Aktive	Vitamine
Für Denker	einfach
Immunschutz	schnell
Pro Portion: 390 Kalorien, 14 g Fett	günstig

Vorspeisen

Gebratene Steckrübe mit Apfel-Meerrettich

1 Knoblauch hacken. Steckrübe schälen und in Scheiben schneiden. Beides im heißen Olivenöl circa 15 Minuten braten. Mit Salz, Pfeffer, Limettensaft und Thymianblättchen würzen. Nüsse und Parmesan mischen, darüber streuen.

2 Apfel würfeln, mit Meerrettich, Jogurt, Salz und Pfeffer verrühren. Mit dem Brot und der Steckrübe anrichten.

FITNESS-CHECK		
Für Aktive		Vitamine ⊗
Für Denker		einfach ⊗
Immunschutz		schnell ⊗
Pro Portion: 420 Kalorien, 16 g Fett		günstig ⊗

Zutaten
für 2 Personen

1 Knoblauchzehe
500 g Steckrübe
1 EL Olivenöl
Jodsalz
schwarzer Pfeffer
2 EL Limettensaft
1 EL frischer Thymian
2 TL gehackte Haselnüsse
1 EL geriebener Parmesan
1 Apfel (z. B. Boskop)
1 TL geriebener Meerrettich
150 g fettarmer Jogurt
4 Scheiben Schwarzbrot

Lammhackbällchen mit Minzedressing

1 Zwiebel und Knoblauch fein hacken. In 1 TL Öl andünsten. Hafergrütze hinzugeben. Mit Gemüsebrühe ablöschen, circa 10 Minuten quellen lassen. Brühe eventuell abgießen.

2 Grütze, Hackfleisch, Salz, Pfeffer, Zimt, Kreuzkümmel und Muskatnuß verkneten. Das Hackfleisch zu Bällchen formen.

3 Übriges Öl erhitzen, Bällchen darin circa 3 Minuten braten. Minze hacken, mit Dickmilch und Limettensaft gut verrühren, würzen. Mit dem Brot zu den Bällchen servieren.

FITNESS-CHECK		
Für Aktive		Vitamine ⊗
Für Denker		einfach ⊗
Immunschutz		schnell ⊗
Pro Portion: 400 Kalorien, 18 g Fett		günstig ⊗

Zutaten
für 2 Personen

1 Zwiebel
1 Knoblauchzehe
3 TL Öl
3 EL Hafergrütze (Reformhaus)
150 ml Gemüsebrühe
150 g Lammhackfleisch
Jodsalz, Pfeffer
1 Msp. Zimt
1 Msp. Cumin (Kreuzkümmel)
etwas Muskatnuss, gerieben
4 Zweige frische Pfefferminze
150 g fettarme Dickmilch
1 EL Limettensaft
4 Scheiben Fladenbrot

Vorspeisen

Pikante **Grünkohlsuppe** mit geräucherter Makrele

Zutaten
für 2 Personen

- 1/2 Bund Suppengrün
- 300 g Grünkohl
- 3 TL Öl
- 300 ml Gemüsebrühe
- 2 EL kernige Haferflocken
- Jodsalz
- weißer Pfeffer
- 1 Msp. Muskatnuss, gerieben
- 1 Scheibe Haferbrot
- 1 Knoblauchzehe
- 100 g geräuchertes Makrelenfilet

1 Suppengrün kleinschneiden. Grünkohl putzen, Blätter von den Stielen zupfen und kleinschneiden. 1 TL Öl erhitzen. Vorbereites Gemüse darin andünsten. Gemüsebrühe angießen, Haferflocken darüber streuen. Mit Salz, Pfeffer und Muskatnuss abschmecken. Circa 20 Minuten köcheln lassen.

2 Brot würfeln. Knoblauch hacken. Beides im restlichen Öl knusprig braun braten.

3 Gemüse in der Brühe pürieren, abschmekken. Suppe mit Croûtons und dem Makrelenfilet anrichten.

FITNESS-CHECK	
Für Aktive ■■■■■	Vitamine ☒
Für Denker ■■■■■	einfach ☒
Immunschutz ■■■■■	schnell ○
Pro Portion: 360 Kalorien, 18 g Fett	günstig ☒

Temaki mit gebratener Garnele

slimline

Zutaten
für 2 Personen

- 50 g Sushireis (Asia-Laden)
- 1/2 TL Jodsalz
- 1 TL Vollrohrzucker
- 1 EL Reisessig (Asia-Laden)
- 1/4 Schwarzwurzel
- 1/2 Möhre
- 2 EL Zitronensaft
- 4 Garnelen ohne Schale
- 1 TL Öl
- 2 Nori-Blätter (japan. Algenart)
- 2 TL Wasabi (Meerrettichpaste)
- Sojasauce
- 2 TL eingelegter Ingwer
- etwas frische Kresse

1 Reis mit Salz nach Packungsanweisung garen, abdampfen lassen. Zucker und Essig verrühren und mit einem flachen Holzlöffel untermischen. Abkühlen lassen.

2 Schwarzwurzel und Möhre schälen, in dünne Streifen schneiden. In wenig Salzwasser mit Zitronensaft circa 2 Minuten blanchieren. Garnelen waschen, trockentupfen und im Öl braten.

3 Reis in 4 Portionen teilen. Ein halbes Nori-Blatt in die Hand legen. Mit 1 Garnele, Schwarzwurzel- und Möhrenstreifen und Kresse füllen, schultütenförmig aufrollen. Pro Person zwei Handrollen mit Wasabi, Sojasauce, Ingwer und Kresse anrichten.

FITNESS-CHECK	
Für Aktive ■□□□	Vitamine ☒
Für Denker ■□□□	einfach ○
Immunschutz ■□□□	schnell ○
Pro Portion: 180 Kalorien, 3 g Fett	günstig ☒

Marinierte Avocado mit Chili

Zutaten
für 2 Personen

2 Limetten
1 TL flüssiger Honig
Jodsalz
schwarzer Pfeffer aus der Mühle
1 Knoblauchzehe
1 kleine rote Chilischote
1/2 Bund frischer Koriander
2 kleine reife Avocados

1 Limetten heiß abspülen, trockenreiben. 1 Limette auspressen. Saft mit Honig, Salz und Pfeffer verrühren. Knoblauch schälen und dazupressen. Chilischote halbieren, Kerne entfernen. Chili fein hacken und unter das Dressing rühren.

2 Die Hälfte vom Koriander fein hacken, unter das Limetten-Dressing rühren. Avocados halbieren, entsteinen, schälen und das Fruchtfleisch in Spalten schneiden. Übrige Limette ebenfalls in Spalten schneiden. Avocado und Limette auf Tellern anrichten. Dressing darüber träufeln. Circa 20 Minuten marinieren. Restliche Korianderblättchen darüber streuen.

FITNESS-CHECK	
Für Aktive	Vitamine ☒
Für Denker	einfach ☒
Immunschutz	schnell ☒
Pro Portion: 130 Kalorien, 11 g Fett	günstig ○

Tipps & Alternativen

Chillies gehören zu den vielen Errungenschaften der Neuen Welt: Allein 100 verschiedene Sorten gibt es in Mexico! Heute findet man diese Mitglieder der „Capsicum"-Familie überall zwischen Thailand, China (Szechuan) oder Afrika. Ähnlich unterschiedlich wie die Anbaugebiete ist ihr Schärfegrad (dazu wurde eigens eine Meßskala entwickelt, der Richter-Skala für Erdbebenmessungen nicht unähnlich), ihre Farbe und vor allem ihre Länge zwischen 25 und 0,6 Zentimeter. Bei der Handhabung gilt jedoch immer eins: vorsichtig. Das fängt bei der Zubereitung (mit Gummihandschuhen) an und hört bei den Würzmengen (lieber steigern) auf. Sollten Sie wirklich einmal zuviel erwischt haben - nie mit Wasser „löschen", denn das hat den gegenteiligen Effekt. Ein Stück Brot hilft mehr.

Hauptgerichte

Zutaten
für 2 Personen

250 g Lammgulasch (mager)
2 TL Öl
Jodsalz, Pfeffer
1 unbehandelte Zitrone
1 Stück Galgant
1/2 Stiel Zitronengras
1 TL Rosmarin
400 ml Gemüsebrühe
2 Möhren
400 g Steckrübe
4 frische Datteln
100 g Spirelli-Nudeln

Galgant

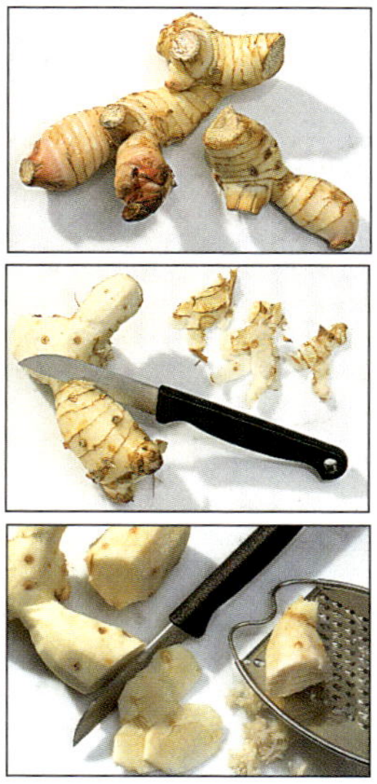

Zum Verarbeiten der aromatischen Wurzel einfach ein Stückchen abschneiden und mit einem Messer dünn schälen. Dann je nach Verwendung in dünne Scheiben schneiden oder reiben.

Steckrüben-Lammtopf mit frischen Datteln

1 Gulasch trockentupfen. Öl in einem Topf erhitzen, Gulasch darin anbraten. Salzen und pfeffern. Zitrone abspülen und achteln. Galgant reiben (siehe Anleitung links). Zitrone, Galgant, Zitronengras, Rosmarin und Brühe zum Fleisch geben. Ungefähr 30 Minuten köcheln lassen.

2 Möhren und Steckrübe waschen, schälen und kleinschneiden. Datteln entkernen und in Streifen schneiden. Kleingeschnittenes Gemüse zum Fleisch geben, alles zusammen weitere 15 Minuten schmoren lassen.

3 Spirelli-Nudeln kochen, abtropfen lassen. Nudeln und Datteln zum Lammtopf geben. Zitronengras vor dem Servieren herausnehmen. Eintopf auf tiefen Tellern anrichten.

FITNESS-CHECK	
Für Aktive	Vitamine ☒
Für Denker	einfach ☒
Immunschutz	schnell ○
Pro Portion: 550 Kalorien, 14 g Fett	günstig ☒

Gebratene **Makrele** mit Kaki

1 Reis in Salzwasser garen. Schwarzwurzeln schälen, in circa 2 cm lange Stücke schneiden. Galgant schälen und fein hacken.
1 TL Öl erhitzen. Galgant darin andünsten, Schwarzwurzeln zugeben. Mit Salz und 3 EL Limettensaft würzen, 6 EL Wasser zufügen. Circa 15 Minuten dünsten.

2 Fischfilets abspülen und trockentupfen. Mit dem restlichen Limettensaft beträufeln, mit Salz und Pfeffer würzen. Übriges Öl in einer Pfanne erhitzen. Makrelenfilets darin von jeder Seite circa 2 Minuten braten.

3 Kaki putzen und kleinschneiden. Zu den Schwarzwurzeln geben und kurz erhitzen. Reis abgießen. Mit Fischfilets, Gemüse und abgezupften Korianderblättchen anrichten.

FITNESS-CHECK	
Für Aktive	Vitamine ☒
Für Denker	einfach ☒
Immunschutz	schnell ☒
Pro Portion: 830 Kalorien, 30 g Fett	günstig ○

Zutaten
für 2 Personen

125 g Basmatireis
Jodsalz
500 g Schwarzwurzeln
1 walnussgroßes Stück Galgant
2 TL Öl
4 EL Limettensaft
1 große Makrele (vom Fischhändler filetieren lassen)
weißer Pfeffer aus der Mühle
1 Kaki
1/2 Bund frischer Koriander

Kalbsschnitzel mit Grünkohl

1 Grünkohl gründlich waschen, von den Stielen abziehen und hacken. Zwiebeln schälen und in Ringe schneiden. 1/3 der Zwiebeln und Grünkohl in 1 TL Öl andünsten. Salzen und pfeffern. Brühe und Haferflocken zugeben und circa 30 Minuten dünsten.

2 Kartoffeln schälen und klein schneiden, in 2 TL Öl unter Wenden circa 15 Minuten braten. Restliche Zwiebeln nach 10 Minuten hinzufügen, würzen.

3 Sweetie schälen und filetieren. Schnitzel abspülen und trockentupfen. In 1 TL Öl in einer beschichteten Pfanne von beiden Seiten circa 5 Minuten braten und würzen. Fleisch herausnehmen und warm stellen. Sweetiefilets im Bratfett circa 1 Minute schmoren. Mit Fleisch, Kartoffeln und Kohl auf zwei Teller anrichten.

FITNESS-CHECK	
Für Aktive	Vitamine ☒
Für Denker	einfach ☒
Immunschutz	schnell ○
Pro Portion: 500 Kalorien, 10 g Fett	günstig ☒

Zutaten
für 2 Personen

500 g Grünkohl
3 Zwiebeln
4 TL Sonnenblumenöl
Jodsalz
weißer Pfeffer aus der Mühle
200 ml Gemüsebrühe
2 EL kernige Haferflocken
400 g Kartoffeln
1/2 Sweetie
2 Kalbsschnitzel (insges. 250 g)

Hauptgerichte

Zutaten
für 2 Personen

500 g Rosenkohl
Jodsalz
500 g Kartoffeln
1 Zwiebel
2 EL Sonnenblumenöl
schwarzer Pfeffer aus der Mühle
400 g Kabeljaufilet
Saft von 1 Zitrone
2 EL Crème fraîche
1 El körniger Dijon-Senf

slimline

Rosenkohl mit Kabeljau und Bratkartoffeln

1 Rosenkohl putzen, in etwas Salzwasser circa 20 Minuten dünsten. Kartoffeln schälen und in Scheiben schneiden. Zwiebel schälen und grob hacken. 1 EL Öl in einer beschichteten Pfanne erhitzen. Kartoffeln darin knusprig braun braten. Zwiebel nach 5 Minuten zugeben, würzen.

2 Fischfilets abspülen, trockentupfen und mit Zitronensaft beträufeln. Übriges Öl erhitzen. Filets darin von beiden Seiten circa 3 Minuten braten. Mit Salz und Pfeffer würzen.

3 Rosenkohl abtropfen lassen. Crème fraîche und Senf verrühren, zum Rosenkohl geben und untermischen. Fischfilets mit Kartoffeln und Rosenkohl anrichten.

FITNESS-CHECK	
Für Aktive (voll)	Vitamine ⊗
Für Denker (voll)	einfach ⊗
Immunschutz (voll)	schnell ○
Pro Portion: 420 Kalorien, 5 g Fett	günstig ⊗

Zutaten
für 2 Personen

30 g getrocknete Tomaten in Öl
2 Knoblauchzehen
500 g Schwarzwurzeln
Jodsalz
1 Msp. Cayennepfeffer
2 EL Zitronensaft
200 ml Gemüsebrühe (Instant)
150 g Orecchiette (Öhrchennudeln)
1 Bund Rauke

Orecchiette mit Schwarzwurzeln und Rauke

slimline

1 Tomaten abtropfen lassen, Öl dabei auffangen. Tomaten kleinschneiden. Knoblauch in Scheiben schneiden. In 1 EL Tomatenöl braten, herausnehmen. Schwarzwurzeln schälen und in dünne Scheiben schneiden. Im Bratfett andünsten. Mit Salz und Cayennepfeffer würzen. Mit Zitronensaft und Gemüsebrühe ablöschen. Circa 15 Minuten dünsten.

2 Nudeln in Salzwasser bißfest garen. Rauke in mundgerechte Stücke zupfen. Nudeln abgießen. Mit Schwarzwurzeln, Rauke, Tomaten und Knoblauch mischen.

FITNESS-CHECK	
Für Aktive (voll)	Vitamine ⊗
Für Denker (fast voll)	einfach ⊗
Immunschutz (voll)	schnell ⊗
Pro Portion: 440 Kalorien, 8 g Fett	günstig ⊗

Gemüsecurry mit Ingwer

1 Kartoffeln schälen, würfeln. Lauch in Ringe, Möhren in Scheiben schneiden. Knoblauch und Ingwer hacken. Nüsse ohne Fett in einer Pfanne rösten, herausnehmen.
2 Butter erhitzen. Knoblauch und Ingwer darin andünsten. Kartoffeln und Möhren zugeben. Mit Curry, Salz und Pfeffer würzen. Zitronengras kleinschneiden, zugeben. Brühe angießen. Circa 10 Minuten garen.
3 Lauch zugeben, weitere 10 Minuten garen. Mango würfeln, zufügen, weitere 5 Minuten garen. Das Curry nochmals abschmecken. Jogurt kurz vor dem Servieren unterrühren. Nüsse über das Curry streuen. Dazu paßt sehr gut Reis.

FITNESS-CHECK	
Für Aktive	Vitamine ☒
Für Denker	einfach ☒
Immunschutz	schnell ☒
Pro Portion: 280 Kalorien, 7 g Fett	günstig ○

Zutaten
für 2 Personen

300 g Kartoffeln
1/2 Stange Lauch
2 Möhren
1 Knoblauchzehe
1 kleines Stück frischer Ingwer
10 g Erdnüsse
1 EL Butter
1 EL Curry
Jodsalz
Pfeffer
1 Stück Zitronengras
250 ml Gemüsebrühe (Instant)
1 kleine Mango
75 g fettarmer Jogurt

Bunte Spieße mit Hähnchenfilet

1 Reis in Salzwasser gar kochen. Hähnchenfilet waschen, trockentupfen und in mundgerechte Würfel schneiden.
2 Knoblauch schälen und hacken, mit Sojasauce, Essig und Pfeffer verrühren. Hähnchenfilet in der Sojasauce circa 30 Minuten marinieren.
3 Lauchzwiebeln waschen und in Stücke schneiden. Champignons putzen, nach Belieben halbieren. Ananas in Stücke schneiden. Fleisch, Pilze, Lauch und Ananas abwechselnd auf Spieße stecken.
4 Spieße nacheinander jeweils circa 6 Minuten im heißen Öl braten. Kurkuma und Korianderblättchen unter den Reis mischen. Spieße mit Reis und Sambal-Dip anrichten.

FITNESS-CHECK	
Für Aktive	Vitamine ☒
Für Denker	einfach ☒
Immunschutz	schnell ○
Pro Portion: 340 Kalorien, 12 g Fett	günstig ☒

Zutaten
für 2 Personen

100 g Reis
Jodsalz
200 g Hähnchenfilet
1 Knoblauchzehe
2 EL Sojasauce
1 EL Reisessig
schwarzer Pfeffer
2 Lauchzwiebeln
50 g Champignons
100 g frische Ananas
2 EL Öl
1 TL Kurkuma
1/2 Bund Koriander
4 EL Sambal manis (Asia-Laden)

Desserts

Zutaten
für 2 Personen

1/4 l fettarme Milch
2 EL Honig
1 Prise Jodsalz
1 EL Mandelstifte
Mark von 1/2 Vanilleschote
20 g Speisestärke
1 Eigelb
1 Sweetie
1/2 kleiner Granatapfel
1 EL Grenadine-Sirup
1 EL Orangenlikör
6 Stiele Zitronenmelisse

Sweetie

Das Fleisch ist süß und saftig. Bevor man es genießen kann, gibt es zwei Hindernisse: die giftgrüne dicke Schale und die Trennhäute müssen mit einem scharfen Messer großzügig entfernt werden.

Vanillepudding mit Mandeln und Sweetie

1 Milch (bis auf 2 EL), Honig, Salz, Mandeln und Vanillemark aufkochen. Stärke, übrige Milch und Eigelb verquirlen und in die kochende Milchmischung rühren, bis sie cremig wird. In 2 Dessertförmchen füllen, abkühlen lassen.

2 Sweetie dick schälen (siehe Anleitung links). Filets zwischen den Trennhäuten herausschneiden. Granatapfel aufbrechen, Kerne herauslösen. Grenadinesirup und Orangenlikör verrühren und Obst damit marinieren.

3 Pudding auf Dessertteller stürzen. Mit Fruchtsauce und Zitronenmelisse anrichten.

FITNESS-CHECK	
Für Aktive	Vitamine ⊗
Für Denker	einfach ⊗
Immunschutz	schnell ○
Pro Portion: 240 Kalorien, 5 g Fett	günstig ⊗

Kokosreis mit Muskat und Kaki

1 Reis waschen und abtropfen lassen. Mit Orangensaft und 75 ml Wasser aufkochen. Circa 10 Minuten ausquellen lassen.
2 Kokosmilch, Milch und 1 Prise Salz aufkochen. Den Reis damit übergießen, abkühlen lassen.
3 Limette heiß abspülen, halbieren. 1 Hälfte auspressen. Saft mit Honig und etwas Muskat verrühren. Kaki abspülen, kleinschneiden und mit Honig-Limettensaft beträufeln. Auf zwei Tellern anrichten.

FITNESS-CHECK	
Für Aktive	Vitamine ☒
Für Denker	einfach ☒
Immunschutz	schnell ☒
Pro Portion: 330 Kalorien, 9 g Fett	günstig ○

Zutaten
für 2 Personen

100 g Klebreis oder Milchreis
75 ml Orangensaft
5 EL Kokosmilch (Dose)
5 EL fettarme Milch
Jodsalz
1 Limette
2 EL Honig
etwas Muskatnuss, gerieben
1 Kaki

Kardamom-Tarte mit Orange

1 Mehl, Salz und 1 EL Zucker mischen. Mit Eigelb, Butter, 2 EL kaltem Wasser und gemahlenen Kardamom verkneten. Teig circa 1 Stunde ruhen lassen. Ofen auf 200 Grad vorheizen.

2 Orangen dick schälen und dabei die weiße Haut entfernen. 2 in dünne Scheiben schneiden, die restlichen pürieren. Eine gefettete Tarteform (circa 20 cm Durchmesser) mit dem Teig auslegen, dabei einen etwa 1 cm hohen Rand formen. Teig mit einer Gabel einstechen.
3 Saure Sahne bis auf 2 EL Stärke und restlichen Zucker verrühren. Auf dem Boden verstreichen. Mit Orangenscheiben belegen, mit etwas Likör beträufeln. Im Ofen 20 bis 30 Minuten backen. Orangenpüree, restliche saure Sahne und Orangenlikör verrühren und dazu servieren.

FITNESS-CHECK	
Für Aktive	Vitamine ☒
Für Denker	einfach ○
Immunschutz	schnell ○
Pro Portion: 270 Kalorien, 12 g Fett	günstig ☒

Zutaten
für 2 Personen

100 g Mehl
1 Prise Jodsalz
2 EL Zucker
1 Eigelb
40 g weiche Butter
1 Prise Kardamom, gemahlen
4 Orangen
100 g flüssige saure Sahne
1 TL Speisestärke
1 EL Orangenlikör

Figur-Joker

Morgens

- 1 Sweetie
- 5 getrocknete Aprikosen
- 3 EL Kefir (1,5 % Fett)
- 1 EL Vollkornhaferflocken

Sweetie-Teller

Sweetie filetieren, mit Aprikosen und Kefir auf einem Teller anrichten. Haferflocken ohne Fett kurz anrösten und darüber streuen.

Zwischendurch
1 Apfel und 100 g Steckrüben raspeln. Mit Zitronensaft, Pfeffer, Petersilie und 1 TL Maiskeimöl würzen

Mittags

- 2 Scheiben Vollkornbrot
- 1 TL Meerrettich
- 3 Endivienblätter
- 4 Scheiben (à 5 g) Lachsschinken
- 1 Kaki
- 4–5 eingelegte grüne Pfefferkörner

Schinken-Sandwich mit Kaki

Brot mit Meerettich bestreichen.
Eine Scheibe mit Endivie, Schinken, gestiftelter Kaki und Pfefferkörnern belegen.
Mit der zweiten Brotscheibe bedecken.

Zwischendurch
1 Kaki

Abends

- 300 g Steckrüben
- 200 g Lauch
- 2 Lorbeerblätter
- 1 Zwiebel
- 1 Knoblauchzehe
- 2 EL Maiskeimöl
- 400 ml Brühe
- weißer Pfeffer
- 1 Scheibe Vollkornbrot
- 1/2 Bund Petersilie
- 1/2 Bund Schnittlauch
- 4 Zweige Majoran
- 1 Msp. Cayennepfeffer

Steckrübentopf mit Croûtons

Steckrüben würfeln, Lauch in Ringe schneiden. Mit Lorbeer, Zwiebel und Knoblauch in 1 EL Öl anbraten. Mit Brühe auffüllen und würzen. 20 Minuten garen. Brot würfeln. Im restlichen Öl knusprig braten. Kräuter hacken und zufügen und den Eintopf mit Cayennepfeffer bestäuben.

TAGESBILANZ
1220 Kalorien, 35 g Fett
Heute können Sie Ihre Vitamin-C-Speicher füllen

2 schlanke Tage

Kefir-Müsli

Banane in Scheiben schneiden. Mit Kefir, Müsli und Zitronenmelisse anrichten.

Zwischendurch
1 Scheibe Kasseler mit Curry bestäuben. Dazu 1 Apfel und 1 Mangospalte essen

Morgens

1 kleine Banane
100 g Kefir (1,5 % Fett)
2 EL Müsli
1 Zweig Zitronenmelisse

Harzer-Burger

Eine Brötchenhälfte mit Salat belegen. Darauf Kasseler und Harzer schichten. Gurke und Zwiebelringe darauf anrichten. Kräuter hacken, mit Zitronensaft, Tabasco und Öl verschlagen. Brötchen damit beträufeln, mit der anderen Hälfte abdecken.

Zwischendurch
100 g Mango mit dem Saft von 1 Sweetie und 1 EL Ahornsirup pürieren

Mittags

1 Roggenbrötchen
1 Eichblattsalat
1 Scheibe Kasseler (10 g)
100 g Harzer Käse
1 Gewürzgurke
1 rote Zwiebel
4 Zweige glatte Petersilie
4 Zweige Dill
1 EL Zitronensaft
2 Tropfen Tabasco
1 EL Weizenkeimöl

Schwarzwurzel mit Erdnuss-Pesto

Wurzeln schälen. Gleich in Zitronen-Salzwasser legen und darin 20 Minuten kochen. Fleisch mit Currypaste einreiben. Im Öl braten. Bratfond mit 1 EL Schwarzwurzelsud ablöschen. Mit Erdnüssen, Kürbiskernöl, Mango-Chutney und Gewürzen pürieren. Mangospalten mit Filet und Schwarzwurzeln anrichten. Pesto und Koriander darauf geben.

TAGESBILANZ
1190 Kalorien, 38 g Fett
Viel Vitamin E aus wertvollem Weizenkeimöl

Abends

400 g Schwarzwurzeln
Saft von 1 Zitrone
Jodsalz
100 g Hähnchenfilet
1 TL rote Currypaste
1 TL Öl, 1 EL Erdnüsse
1 EL Kürbiskernöl
1 EL Mango-Chutney
1 TL 5-Gewürze-Mischung
100 g Mango
2 Stiele Koriander

Power

im März

Der Frühling beginnt. Tanken Sie Kraft und Energie mit Vollkornprodukten, Hülsenfrüchte und knackigen Salaten. So schaffen Sie jeden Frühjahrssprint ins Büro.

10 Fitmacher des Monats

Jetzt frisch auf dem Markt

Kapstachelbeere

Praline im Lampion

Ihre Heimat ist zwar Südamerika, doch auch in Südafrika wird sie erfolgreich kultiviert. Vom Kap der Guten Hoffnung hat sie jedenfalls ihren Namen. Man nennt sie aber auch Physalis. Mit der Stachelbeere hat sie allerdings wenig zu tun, höchstens geschmacklich ein wenig. Ihre Liebhaber siedeln ihr Aroma jedoch eher bei der Ananas an – leicht säuerlich und fein süß. Das auffälligste an ihr ist die kleine bastartige Lampionverpackung, die jede einzelne Frucht wie eine Luxuspraline umhüllt. Öffnet man diese Hülle ein wenig, ohne sie zu verletzen kann man die Früchte säubern und mit ihnen Salate und Desserst dekorativ verzieren. Man kann sie aber auch ganz aus der Umhüllung lösen und für fruchtige Soßen, Kompott und Konfitüren verwenden.

▶ Einkaufs-Tipp:
Achten Sie auf intakte große gelbe Früchte; die Hüllen können leicht schimmeln.

▶ Aufbewahrung:
kühl, aber nicht kalt.

Kurzporträt

Top-Gehalt an:
Betacarotin, Vitamin C, B-Vitaminen, Eisen.
Haltbarkeit: 3–4 Tage.
Preis: ca. 4 Mark pro 100 Gramm.

Grüne Linse

Sattmacher mit Köpfchen

Für Fleischverweigerer sind die Samen dieser einjährigen buschigen Pflanze aus Zentralasien eine hochwertige Alternative, da sie zu einem Viertel aus Eiweiß bestehen. Hinzu kommen gute Werte bei den Kohlenhydraten, bei Lezithin und den B-Vitaminen. Sie sind wichtige Nährstoffe fürs Gehirn. Wem Linsen doch zu schwer verdaulich sind, der sollte sie pürieren und mit Kümmel, Curry oder Zitronensaft abschmecken.

▶ Einkaufs-Tipp:
Bei Linsen in Klarsichtverpackung können Sie die Qualität besser beurteilen.

▶ Aufbewahrung:
trocken und dunkel.

Kurzporträt

Top-Gehalt an:
Ballaststoffen, Vitamin B1, B6, Lezithin, Eisen.
Haltbarkeit: 3–4 Monate.
Preis: ca. 4,50 Mark pro Pfund.

Süßkartoffel

Luxus-Knolle für Genießer

In ihrer Heimat (Südamerika, Tropen, Subtropen) ist die Süßkartoffel oder Batate wichtiges Grundnahrungsmittel, bei uns verkauft sie sich eher als Luxusgemüse. Weil ihr Geschmack so herrlich mild ist und sie viel Vita-min A enthält, findet sie je-doch hierzulande immer mehr Anhänger. Köstlich schmecken Süßkartoffeln, wie knusprige Baked Potatoes im Ofen gebacken, oder als feines Gratin!

▶ Einkaufs-Tipp:
Die rotfleischigen Sorten (z. B. aus Israel) enthalten wesentlich mehr Carotin als die weißfleischigen.

▶ Aufbewahrung:
kühl, trocken und dunkel – wie Kartoffeln.

Kurzporträt

Top-Gehalt an:
Kohlenhydraten, Carotinoiden.
Haltbarkeit: ca. 1 Woche.
Preis: ca. 7 Mark pro Kilo.

Buchweizen

Krank? Ran ans Kraftfutter

Er gehört nicht wie die eigentlichen Getreide zu den Gräsern, sondern zu den Knöterichgewächsen. Das gereicht dem Buchweizen jedoch nicht zum Nachteil: Die biologische Wertigkeit seines Eiweißes übertrifft die aller Getreidesorten. Deshalb wird er Kranken zur Kräftigung empfohlen. Man bereitet aus Buchweizengrütze eine sättigende Beilage und das würzige Mehl eignet sich prima für feine Pfannkuchen.

▶ Einkaufs-Tipp:
Ökoware bevorzugen.

▶ Aufbewahrung:
luftdicht verpackt im Kühlschrank oder einem kühlen, trockenen Ort.

Kurzporträt

Top-Gehalt an:
Kohlenhydraten, Kalzium, Kieselsäure, Ballaststoffen.
Haltbarkeit: einige Monate.
Preis: ca. 4,50 Mark pro Pfund.

Fenchel

Liebe auf den zweiten Biß

Kinder mögen Fenchel mit seinem anisartigen Aroma meist nicht. Als Erwachsener sollte man diesem Fitmacher jedoch eine zweite Chance geben: Gedünstet schmeckt er zu Fisch, roh würzt er Salate, gebraten und mit etwas Safran gewürzt gibt er köstliche Antipasti ab. Von seinen inneren Werten ganz zu schweigen! Die getrockneten Samen der Fenchelstaude können auch als Gewürz oder Tee eingesetzt werden.

▶ Einkaufs-Tipp:
Lieber kleinere Knollen mit viel Grün kaufen. Daran erkennen Sie auch am besten, wie frisch die Knollen sind.

Profi-Tipp des FIT FOR FU
Küchenchefs Jörg Nöcker:

Probieren Sie Fenchel mal alla italiana: kurz gedünstet, „al dente", mit dünn gehobeltem Parmesan.

▶ Aufbewahrung:
im Gemüsefach des Kühlschranks.

Kurzporträt

Top-Gehalt an: ätherischen Ölen, Vitamin C.
Haltbarkeit: 1 Woche.
Preis: ca. 4 Mark pro Kilo.

Fitness-Tipp des Monats

Welche Nahrung brauchen Sie für Ihren Lieblingssport?

Joggen (Ausdauer): kohlenhydratbetont essen und viel trinken.
Biken (Ausdauer): Fruchtsäfte mit leicht löslichen Haferflocken.
Tennis (Schnelligkeit): regelmäßiges Trinken fördert die Konzentration.
Skilaufen (Koordination): üppig frühstücken mit viel Kohlenhydraten.
Golf (Koordination): Bananen und Fruchtschnitten für mentales Training.
Bodybuilding (Kraft): Kohlenhydrate und eiweißreiche Drinks.

im März

Noch blüht bei uns kaum was – wer aber geschickt kombiniert, wird die erste Welle der Frühjahrsmüdigkeit frisch gestärkt überstehen.

Zwiebel

Gesunde Schärfe

Ihre Intensität hat eine wohltuende, reinigende Wirkung. Und genau die Bestandteile, die dafür verantwortlich sind, daß uns die Tränen in die Augen schießen, macht die Zwiebel so gesund. Es handelt sich dabei um schwefelhaltige ätherische Öle, die antibakteriell und antiseptisch wirken und die Schleimhäute sowie die Darmflora aktivieren und schützen. Grund genug, die Scharfmacher häufig zu verwenden. Die jungen, frischen Zwiebeln, die jetzt geerntet werden, sind zudem noch besonders mild und saftig und können deshalb höher dosiert werden. Mehr über die kulinarische Vielfalt der Zwiebel lesen Sie unten rechts.

▸ Einkaufs-Tipp:
Zwiebeln lieber lose kaufen als im Netz, da die Knollen leicht schimmeln können. Auf keinen Fall gekeimte Zwiebeln nehmen!

▸ Aufbewahrung:
trocken und kühl. Oder klein gehackt auch eingefroren.

Kurzporträt

Top-Gehalt an:
ätherischen Ölen, Kalium, Zink, Selen, Betacarotin.
Haltbarkeit: 2–3 Wochen.
Preis: je nach Sorte 2–4 Mark pro Kilo.

Kapernapfel

Zu schade für Klopse

Für viele von uns ist die Kaper, heimisch am Mittelmeer, untrennbar mit dem Königsberger Klops verbunden – ein mit teils ungeliebter Regelmäßigkeit wieder aufgetischtes Gericht der 70er und frühen 80er. Zeit für eine neue Begegnung: Die eingelegten Kapernäpfel schmecken olivenähnlich, fein sauer, aromatisch und sind ein leckerer Appetitmacher vor dem Essen.

▸ Einkaufs-Tipp:
beim türkischen Feinkosthändler.

▸ Aufbewahrung:
im Glas oder in der Dose.

Kurzporträt

Top-Gehalt an:
antibakteriell wirkenden Senfölglykosiden.
Haltbarkeit: ca. 1 Woche.
Preis: ca. 4 Mark pro 100 Gramm.

Vanille

Lustelixier für den Gaumen

Wenn Sie Vanille bisher nur als synthetischen Vanillinzucker kennen, steht Ihnen eine Entdeckung bevor: Frische Vanille duftet nach Tabak und schmeckt herrlich weich und süß. Um Desserts zu verfeinern, schneidet man die Schoten auf und kratzt das Mark heraus oder kocht alternativ die ganze Schote mit, die man danach entfernt.

▸ Einkaufs-Tipp:
Dunkelbraune, schmale und etwas elastische Schoten sind die besten.

▸ Aufbewahrung:
kühl, trocken und luftdicht im Glasröhrchen.

Kurzporträt

Top-Gehalt an:
ätherischen Ölen.
Haltbarkeit:
mehrere Monate.
Preis: ca. 2 Mark pro Stück.

Jakobmuschel

Außen adrett, innen delikat

Zwar sind ihre Schalen besonders dekorativ, meist werden sie jedoch beim Fischhändler schon ausgelöst angeboten. Das mild-aromatische helle Muschelfleisch und der etwas kräftigere rote Rogen sind eine gesunde Delikatesse. Denn ihr Gehalt an Mineralstoffen und Spurenelementen ist beachtlich. Jakobsmuscheln schmecken gebraten, gegrillt, pochiert oder gratiniert.

▸ Einkaufs-Tipp:
im Zweifel dran schnuppern: frische Muscheln dürfen nur mild nach Seewasser riechen.

▸ Aufbewahrung:
im Kühlschrank.

Kurzporträt

Top-Gehalt an: Eisen, Zink, Magnesium, Jod.
Haltbarkeit: 1 Tag.
Preis: ca. 65 Mark pro Kilo.

Leinsamen

Meister Proper

Bei Leinsamen kommt man um das Thema Verdauung einfach nicht herum. Aufgrund ihres Schleim- und Ballaststoffgehalts sind die kleinen Samen ideale Stuhlgangregulateure. Das beste Rezept: 1 EL geschroteten Leinsamen und 1 TL Honig in ein Glas Buttermilch rühren und am besten jeden Morgen trinken! Ansonsten schmeckt die mineralstoffreiche Leinsaat auch auf Salaten, Broten, Suppen und in Dips.

▸ Einkaufs-Tipp:
im Reformhaus kaufen.

▸ Aufbewahrung:
trocken und dunkel.

Kurzporträt

Top-Gehalt an:
Magnesium, Eisen, Mangan, Vitamin E, Biotin.
Haltbarkeit: 2–3 Monate.
Preis: ca. 4 Mark pro Pfund.

Zwiebeln: Bitte wählen Sie!

Die großen Gemüsezwiebeln (1) schmecken besonders mild und sind für Salate oder zum Füllen gut geeignet. Unter der hellbraunen Schale verbirgt sich weiches, saftiges Fleisch. Rote Zwiebeln (2) stammen meist aus Italien und fallen durch ihre dünne, kräftigrote bis violette Schale auf. Sie sorgen bei Salaten für einen Farb-tupfer und schmecken süßlich-würzig. Weiße Zwiebeln (3) sind eine Variante der Haushaltszwiebel mit besonders feinem Aroma. Bei ihnen sind Pelle und Fleisch hell. Die Schalotte (4) mit ihrer knoblaucharttigen Form ist der Liebling der Feinschmecker. Sie weist das beste Aroma auf. Im ganzen geschmort, verleiht sie allen Fleischgerichten eine feine Würze.

1

2

3

4

Salate

Zutaten
für 2 Personen

- 1 unbehandelte Zitrone
- Jodsalz
- schwarzer Pfeffer aus der Mühle
- 1 TL Honig
- 1 EL Olivenöl
- 1 Knoblauchzehe
- 100 g feiner Blattspinat
- 2 Tomaten
- 60 g milder Schafkäse (Feta)
- 1 EL Leinsamen

Tomaten-Spinat-Salat mit Schafkäse

1 Zitrone heiß abspülen, etwas Schale in feinen Streifen abschälen, Saft auspressen. Zitronensaft, Salz, Pfeffer und Honig verquirlen. Dann das Öl kräftig darunterschlagen. Knoblauch schälen und dazupressen.

2 Spinat verlesen, gründlich waschen und gut abtropfen lassen. Tomaten achteln, Schafkäse würfeln.

3 Vorbereitete Salatzutaten auf zwei Tellern verteilen, Zitronenschalenraspel und Leinsamen darüberstreuen. Mit dem Dressing beträufeln.

FITNESS-CHECK		
Für Aktive		Vitamine ☒
Für Denker		einfach ☒
Immunschutz		schnell ☒
Pro Portion: 180 Kalorien, 12 g Fett		günstig ☒

Zutaten
für 2 Personen

- 1 Ei
- 2 kleine Süßkartoffeln
- 1 EL Sonnenblumenöl
- Jodsalz
- schwarzer Pfeffer aus der Mühle
- 1/2 Kopf Radicchio
- 4–5 Blätter Römersalat
- 1 Fenchelknolle
- 1 Msp. Curry
- 150 g fettarmer Jogurt

Römersalat mit gebratener Süßkartoffel

1 Ei hart kochen, abschrecken und pellen. Süßkartoffeln schälen und in kleine Würfel schneiden. Öl in einer Pfanne erhitzen, Süßkartoffelwürfel darin unter Wenden circa 7 Minuten braten, mit Salz und Pfeffer würzen und herausnehmen.

2 Salate waschen putzen, kleinzupfen. Fenchel in sehr feine Scheiben hobeln.

3 Ei in Spalten schneiden und mit den Salaten, Süßkartoffelwürfeln und dem Fenchel auf Tellern anrichten. Für das Dressing Salz, Pfeffer, Curry und Jogurt verrühren, mit den Salatzutaten vermischen und anrichten.

FITNESS-CHECK		
Für Aktive		Vitamine ☒
Für Denker		einfach ☒
Immunschutz		schnell ☒
Pro Portion: 260 Kalorien, 10 g Fett		günstig ☒

Zutaten
für 2 Personen

- 200 g Schweinefilet
- 1 TL Sonnenblumenöl
- 2 Zweige frischer Thymian
- Jodsalz
- schwarzer Pfeffer aus der Mühle
- 100 g Champignons
- 2 EL Himbeeressig
- 1 TL Dijonsenf
- 1 kleiner Kopf Friséesalat
- 100 g Kapstachelbeeren
- 4 Scheiben Vollkornbrot

Schweinefilet auf Frisée-Champignon-Salat

1 Filet trockentupfen. Öl in einer Pfanne erhitzen. Filet und Thymianblättchen darin bei mittlerer Hitze circa 10 Minuten unter Wenden braten. Salzen, pfeffern und herausnehmen.

2 Pilze putzen, nach Belieben halbieren. Im Bratfett schwenken. Würzen. Essig und Senf zu den Pilzen geben, nochmals mit Salz und Pfeffer abschmecken.

3 Salat waschen, putzen, kleinzupfen und auf Tellern anrichten. Filet in dünne Scheiben schneiden, auf dem Salat anrichten. Darüber Pilze in der lauwarmen Marinade löffeln. Mit den Früchten dekorieren (siehe Anleitung rechts). Dazu Vollkornbrot reichen.

FITNESS-CHECK	
Für Aktive	Vitamine ⊗
Für Denker	einfach ⊗
Immunschutz	schnell ⊗
Pro Portion: 310 Kalorien, 10 g Fett	günstig ○

Kapstachelbeere

Die Kapstachelbeere wird durch eine bastartige Hülle geschützt. Diese wird einfach mit den Händen entblättert und die Frucht herausgedreht. Nun waschen und nach Belieben halbieren.

Salate

Möhren-Rauke-Salat mit Mozzarella und Kapernäpfeln

Zutaten
für 2 Personen

- 80 g Büffel-Mozzarella
- 1 EL fertiges Pesto (Glas)
- 2 Möhren
- 100 g Rauke
- 3 EL Kapernäpfel (Glas)
- 2 EL Apfelessig
- 1 EL Olivenöl
- 1 TL Honig
- Jodsalz, Pfeffer
- 1 rote Zwiebel

1 Mozzarella abtropfen lassen, von allen Seiten mit Pesto bestreichen und zugedeckt circa 1 Stunde marinieren.

2 Möhren schälen und in feine Stifte schneiden, Rauke putzen und kleinzupfen. Kapernäpfel bis auf 1 EL entstielen und mit Essig, Öl, Honig, Salz und Pfeffer sehr fein pürieren.

3 Zwiebel schälen und in feine Ringe schneiden. Mozzarella in Scheiben schneiden, mit Zwiebeln, Möhren, Rauke und restlichen Kapernäpfeln auf Tellern verteilen. Kapern-Dressing darüber träufeln und servieren.

FITNESS-CHECK	
Für Aktive	Vitamine ☒
Für Denker	einfach ☒
Immunschutz	schnell ○
Pro Portion: 280 Kalorien, 18 g Fett	günstig ○

Lollo Rosso mit Jakobsmuscheln

slimline

Zutaten
für 2 Personen

- 1 EL Buchweizensamen
- 4 ausgelöste Jakobsmuscheln
- 2 EL Zitronensaft
- 2 EL Sojasauce
- weißer Pfeffer aus der Mühle
- 200 g Salatgurke
- 2 Stangen Bleichsellerie
- 30 g Radieschensprossen
- einige Blätter Lollo Rosso
- 2 EL Balsamessig
- Jodsalz
- 1 EL Ahornsirup
- 1 EL Olivenöl

1 Buchweizen in einer beschichteten Pfanne ohne Fett anrösten, herausnehmen. Muscheln mit Zitronensaft beträufeln. In der Pfanne von jeder Seite circa 1 Minute braten. Mit Sojasauce und Pfeffer würzen.

2 Gurke und Sellerie in feine Scheiben schneiden. Sprossen abspülen, Salat kleinzupfen. Alle vorbereiteten Salatzutaten auf Tellern verteilen. Essig, Salz, Pfeffer und Sirup verrühren, Öl darunterschlagen. Dressing über die Salatzutaten träufeln. Buchweizen darüberstreuen.

FITNESS-CHECK	
Für Aktive	Vitamine ☒
Für Denker	einfach ☒
Immunschutz	schnell ☒
Pro Portion: 150 Kalorien, 6 g Fett	günstig ○

Vorspeisen

Antipasti mit Süßkartoffeln

1 Süßkartoffeln schälen und in Stifte schneiden. Tomaten abtropfen lassen, dabei 1 El Öl auffangen. Tomaten mit Küchenpapier trockentupfen. Süßkartoffeln im Tomatenöl braten.

2 Mit Zitronensaft, Salz und Pfeffer marinieren und circa 1 Stunde ziehen lassen. Schalotte in Ringe schneiden, Petersilie hacken.

3 Auf einem Teller Süßkartoffelstifte, Kapernäpfel, Chorizo und Tomaten anrichten. Dazu Brot reichen.

FITNESS-CHECK	
Für Aktive	Vitamine ☒
Für Denker	einfach ☒
Immunschutz	schnell ○
Pro Portion: 450 Kalorien, 13 g Fett	günstig ○

Zutaten
für 2 Personen

400 g Süßkartoffeln
30 g getrocknete Tomaten (in Öl)
Saft von 1 Zitrone
Jodsalz, Pfeffer
1 kleine Schalotte
6 Stiele glatte Petersilie
60 g Kapernäpfel
40 g Chorizo (spanische Paprikawurst) in dünnen Scheiben
4 Scheiben italienisches Weißbrot

Cremige Fenchelsuppe mit Dill

1 Leinsamen in einer Pfanne ohne Fett anrösten, herausnehmen. Fenchel hacken, Zwiebeln in Ringe schneiden. Öl erhitzen. Zwiebeln darin anbraten. 2 EL Zwiebelringe beiseite stellen.

2 Fenchel zu den Zwiebeln in den Topf geben. Weitere 2 Minuten dünsten, salzen und pfeffern. Mit Brühe und Milch ablöschen. Alles zugedeckt circa 20 Minuten garen.

3 Gemüse in dem Fond fein pürieren. Abschmecken. Dill hacken. Suppe mit Leinsamen, Dill, Parmesan und restlichen Zwiebelringen anrichten.

FITNESS-CHECK	
Für Aktive	Vitamine ☒
Für Denker	einfach ☒
Immunschutz	schnell ☒
Pro Portion: 210 Kalorien, 11 g Fett	günstig ☒

Zutaten
für 2 Personen

2 TL Leinsamen
2 Fenchelknollen
4 Zwiebeln
1 EL Sonnenblumenöl
Jodsalz, Pfeffer
400 ml Gemüsebrühe
50 ml fettarme Milch
1/2 Bund Dill
20 g geriebener Parmesan

Vorspeisen

Zutaten
für 2 Personen

- 50 g grüne Linsen (Puy-Linsen)
- 400 ml Gemüsebrühe
- 300 g Kartoffeln
- 1 Stange Lauch
- 1 Möhre
- Jodsalz, Pfeffer
- 1 EL Honig
- 3 EL Zitronensaft
- 80 g Kapstachelbeeren
- 1/2 Bund Petersilie
- 4 Scheiben Knäckebrot

Tipps & Alternativen

Sushireis: Vom Gelingen des Reis hängt die Stabilität der Makirollen ab. Das sollten Sie beachten: Sorte: Der original japanische Reis (Kome) wird beim Kochen weich und klebrig, behält dabei jedoch etwas Biss. Er ist in Asia-Geschäften, Bioläden und großen Kaufhäusern erhältlich. Zubereitung: Sushireis mehrmals waschen, gut abtropfen lassen und mit der gleichen Menge Wasser (mit Tasse abmessen, plus 10 Prozent) im geschlossenen Topf aufkochen. Dann bei mittlerer Hitze weitergaren, bis das Wasser verkocht ist. 10 Minuten im offenen Topf ausdämpfen lassen. Würzen: Sushireis in eine flache Schüssel füllen, pro 100g etwa 1 EL Reisessig, je 1/2 TL Zucker und Salz unterheben, gut verteilen.

slimline

Pikant-fruchtige **Linsensuppe**

1 Linsen in der Brühe circa 20 Minuten garen. Kartoffeln schälen, würfeln. Lauch und Möhre putzen, kleinschneiden. Kartoffeln, Lauch und Möhre zu den Linsen geben, mit Salz und Pfeffer abschmecken. Abgedeckt circa 15 Minuten garen, bis die Zutaten weich sind.

2 Honig und Zitronensaft verrühren. Suppe pürieren. Nochmals mit Salz, Pfeffer und der Honig-Zitronensaft-Mischung abschmecken.

3 Kapstachelbeeren aus den Hülsen lösen, halbieren. Petersilie fein hacken. Suppe mit Kapstachelbeeren und Petersilie in tiefen Tellern anrichten. Dazu Knäckebrot reichen.

FITNESS-CHECK		
Für Aktive	■■■■■	Vitamine ⊗
Für Denker	■■■■■	einfach ⊗
Immunschutz	■■■■□	schnell ○
Pro Portion: 310 Kalorien, 1 g Fett		günstig ⊗

Curry-Blumenkohl-Suppe

1 Blumenkohl in Röschen teilen. Knoblauch und Zwiebel schälen und kleinschneiden. Öl in einem Topf erhitzen. Zwiebel und Knoblauch darin anbraten. Blumenkohl zufügen und mit Curry bestäuben. Circa 2 Minuten mitdünsten. Mit Brühe und Milch ablöschen. Etwa 10 Minuten sanft weiterköcheln lassen.

2 Die Hälfte der Blumenkohlröschen herausnehmen. Rest in der Brühe pürieren, salzen und pfeffern.

3 Forellenfilet in kleine Stücke, Schnittlauch in Röllchen schneiden. Forelle und Blumenkohl in die Suppe geben. Kurz erwärmen. Schnittlauchröllchen darüber streuen.

FITNESS-CHECK

Für Aktive	Vitamine ☒
Für Denker	einfach ☒
Immunschutz	schnell ○
Pro Portion: 200 Kalorien, 6 g Fett	günstig ☒

Zutaten
für 2 Personen

1 kleiner Blumenkohl
1 Knoblauchzehe
1 kleine Zwiebel
1 EL Sonnenblumenöl
2 TL Curry
150 ml Gemüsebrühe
150 ml fettarme Milch
Jodsalz
schwarzer Pfeffer aus der Mühle
125 g geräuchertes Forellenfilet
1 Bund Schnittlauch

Makirolle mit Fenchel und Jakobsmuscheln

1 Reis mit Salz nach Packungsanweisung garen, abdampfen lassen. Zucker und Essig verrühren und untermischen.

2 Leinsamen in einer beschichteten Pfanne anrösten, herausnehmen, beiseite stellen. Muscheln abspülen, gut abtupfen. Im heißen Öl circa 1 Minute braten, würzen und in Streifen schneiden. Fenchel in sehr feine Streifen schneiden.

3 Je ein halbes Nori-Blatt auf eine Bambusmatte legen. Zuerst eine dünne Schicht Reis, dann die vorbereiteten Zutaten und etwas Kresse darauf verteilen. Mit Hilfe der Matte aufrollen und in sechs Maki zerteilen. Sushi mit Wasabi, Sojasauce und fein geraspeltem Rettich anrichten.

FITNESS-CHECK

Für Aktive	Vitamine ☒
Für Denker	einfach ○
Immunschutz	schnell ○
Pro Portion: 160 Kalorien, 2 g Fett	günstig ☒

Zutaten
für 2 Personen

50 g Sushireis (Asia-Laden)
1/2 TL Jodsalz
1 TL Vollrohrzucker
2 EL Reisessig
4 extrafrische ausgelöste Jakobsmuscheln
1 TL Sojaöl
1/2 kleine Fenchelknolle
2 Nori-Blätter (japan. Algenart)
1 TL Wasabi (Meerrettichpaste)
1/2 Beet Kresse
2 TL Leinsamen
Sojasauce
1/4 kleiner Rettich

Hauptgerichte

slimline

Pikantes Linsen-Curry mit Kümmel und Minze

Zutaten
für 2 Personen

- 2 Süßkartoffeln
- 1 Zwiebel
- 1 Knoblauchzehe
- 1 EL Öl
- 200 g grüne Linsen
- Jodsalz, Pfeffer
- 1 TL Curry
- 1 EL Gemüsebrühe
- 1 Fenchel
- 2 Bleichsellerie
- 150 g fettarmer Jogurt
- 1 Msp. Cumin (Kreuzkümmel)
- 4 Stiele frische Minze
- 2 türkische Fladenbrote

1 Süßkartoffeln schälen und würfeln. Zwiebel und Knoblauch hacken. Süßkartoffeln im Öl anbraten, wieder herausnehmen. Dann Zwiebel und Knoblauch anbraten, die Linsen zugeben. Mit Salz, Pfeffer, Curry und Brühe würzen. Mit 400 ml Wasser ablöschen und circa 40 Minuten gar köcheln lassen.

2 Restliches Gemüse klein schneiden, nach circa 10 Minuten mitgaren. Jogurt mit Salz, Pfeffer, Kreuzkümmel und Minze würzen. Curry mit Süßkartoffeln und Jogurt-Dip anrichten. Fladenbrot dazu reichen.

FITNESS-CHECK	
Für Aktive	Vitamine ⊗
Für Denker	einfach ⊗
Immunschutz	schnell ○
Pro Portion: 610 Kalorien, 8 g Fett	günstig ⊗

Bandnudeln mit Garnelen

slimline

Zutaten
für 2 Personen

- 125 g Bandnudeln
- Jodsalz
- 1 Zwiebel
- 1 große Fenchelknolle
- 2 TL Öl
- 1 Msp. Safran
- 50 ml Gemüsebrühe (Instant)
- schwarzer Pfeffer aus der Mühle
- 4 ausgelöste Jakobsmuscheln
- 4 geschälte Riesengarnelen
- 2 EL Zitronensaft
- 2 EL Leinsamen
- 6 Stiele frischer Kerbel

1 Nudeln in reichlich Salzwasser bißfest garen. Zwiebel hacken. Fenchel putzen und sehr fein würfeln. 1 TL Öl erhitzen. Zwiebeln und Fenchel andünsten. Safran und Brühe zugeben, salzen und pfeffern. Zugedeckt circa 10 Minuten dünsten.

2 Restliches Öl in einer beschichteten Pfanne erhitzen. Garnelen und Muscheln darin von beiden Seiten je circa 1/2 Minute braten, würzen und mit Zitronensaft beträufeln. Nudeln abgießen. Mit Fenchel, Muscheln und Garnelen anrichten. Leinsamen und Kerbelblättchen darüberstreuen.

FITNESS-CHECK	
Für Aktive	Vitamine ⊗
Für Denker	einfach ⊗
Immunschutz	schnell ⊗
Pro Portion: 480 Kalorien, 11 g Fett	günstig ○

Jakobsmuscheln mit Fenchel und Möhren

Zutaten
für 2 Personen

1 große Fenchelknolle
2 Möhren
2 TL Olivenöl
Saft und Schale von 1/2
unbehandelten Orange
Jodsalz
weißer Pfeffer aus der Mühle
8 ausgelöste Jakobsmuscheln
2 TL feine Kapern (Glas)
1/2 Bund Dill
4 Scheiben Baguettebrot

1 Fenchel in feine Scheiben schneiden. Möhren schälen und in feine Streifen schneiden. 1 TL Öl in einer Pfanne erhitzen. Gemüse darin andünsten. Orangensaft und -schale zugeben. Bei schwacher Hitze circa 5 Minuten zugedeckt dünsten, Gemüse mit Salz und Pfeffer würzen.

2 Muscheln abspülen, trocken tupfen. Restliches Öl in einer Pfanne erhitzen. Muscheln darin unter Wenden circa 1 Minute braten und mit Salz und Pfeffer würzen.

3 Kapern zum Gemüse geben, kurz mit erhitzen, Gemüse abschmecken. Dill hacken und mit Muscheln und Gemüse auf Tellern anrichten. Dazu Baguettebrot reichen.

FITNESS-CHECK

Für Aktive	Vitamine ⊗
Für Denker	einfach ⊗
Immunschutz	schnell ⊗
Pro Portion: 330 Kalorien, 9 g Fett	günstig ○

Jakobs-muscheln

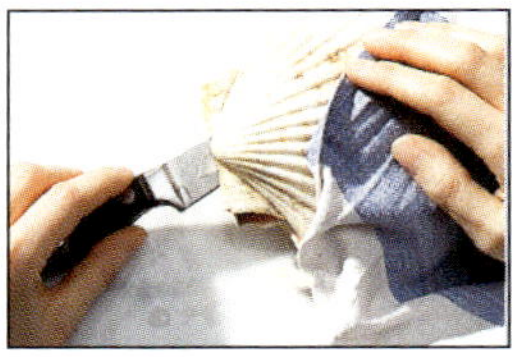

Ein stabiles, kurzes Messer zwischen die Schalen schieben. Obere Schale abheben. Weißes Muschelfleisch und orangefarbenen Rogen (Corail) säubern und vorsichtig voneinander trennen.

Hauptgerichte

Zutaten
für 2 Personen

- 500 g Süßkartoffeln
- Jodsalz
- etwas Muskatnuss, gemahlen
- ca. 100 g Mehl
- 1 EL Pinienkerne
- 2 EL Olivenöl
- 10 Blättchen frischer Salbei
- schwarzer Pfeffer aus der Mühle

Süßkartoffel-Gnocchi mit Salbei und Pinienkernen

1 Süßkartoffeln schälen und in Stücke schneiden. In wenig Salzwasser circa 15 Minu-ten garen. Abgießen, gut abdampfen lassen und noch heiß durch eine Kartoffelpresse drücken. Mit Salz und Muskat würzen.

2 Mehl unterkneten, sodass ein geschmeidiger Teig entsteht. Teig zu fingerdicken Rollen formen und in Stücke schneiden, dann flachdrücken. Gnocchi in reichlich kochendem Salzwasser ziehen lassen, bis sie oben schwimmen. Abtropfen lassen.

3 Pinienkerne ohne Öl anrösten, herausnehmen. Öl erhitzen, Salbei darin anbraten. Die Gnocchi mit Pinienkernen und Salbei anrichten und pfeffern.

FITNESS-CHECK		
Für Aktive	■	Vitamine ⊗
Für Denker	■	einfach ○
Immunschutz	■	schnell ⊗
Pro Portion: 570 Kalorien, 14 g Fett		günstig ⊗

Zutaten
für 2 Personen

- 500 g Kartoffeln
- Jodsalz
- 200 g Entenbrustfilet
- geschroteter schwarzer, grüner und weißer Pfeffer
- 3 Zwiebeln
- 1 rote Chilischote
- 400 g Sauerkraut
- 1 TL Öl
- 4 EL Balsamessig

Chili-Sauerkraut zu gebratener Entenbrust

1 Kartoffeln schälen und in Salzwasser garen. Entenbrust auf der Hautseite mit einem Messer einritzen. Mit Pfeffer einreiben und circa 1 Stunde ziehen lassen.

2 Zwiebeln in Spalten, Chili in Ringe schneiden. Mit Sauerkraut im Öl andünsten. 100 ml Wasser angießen, etwa 15 Minuten schmoren.

3 Entenbrust zuerst auf der Hautseite kräftig anbraten, dann unter Wenden circa 15 Minuten fertig braten. Sauerkraut mit Salz, etwas Bratensaft und Essig würzen. Filet in Scheiben schneiden, mit Kraut und Kartoffeln anrichten.

FITNESS-CHECK		
Für Aktive	■	Vitamine ⊗
Für Denker	■	einfach ⊗
Immunschutz	■□	schnell ⊗
Pro Portion: 480 Kalorien, 18 g Fett		günstig ○

Zitronengras-Spieße mit Hähnchen und Koriander

slimline

1 Reis garen. Rosinen 5 Minuten vor Ende der Garzeit zugeben.
2 Filet in Stücke, Zucchini in Scheiben, Paprika in Stücke und Zwiebeln in Spalten schneiden. Filet und Gemüse abwechselnd auf die Zitronengrasstiele stecken, würzen. Spieße unter Wenden circa 15 Minuten im Öl braten. Herausnehmen und warm stellen.
3 Kapstachelbeeren halbieren. Im Bratfett andünsten. Mit Limettensaft, Korianderkörnern und Honig ablöschen, würzen. Alles auf zwei Teller anrichten und Korianderblättchen darüberstreuen.

FITNESS-CHECK		
Für Aktive		Vitamine ⊗
Für Denker		einfach ⊗
Immunschutz		schnell ⊗
Pro Portion: 390 Kalorien, 6 g Fett		günstig ○

Zutaten
für 2 Personen

100 g Basmatireis
1 EL Rosinen
175 g Hähnchenfilet
1 Zucchini
1 rote Paprika
2 Zwiebeln
4 Zitronengrasstiele
Jodsalz, Pfeffer
1 EL Sojaöl
100 g Kapstachelbeeren
2 EL Limettensaft
1/2 TL Korianderkörner
1 EL Honig
3 Stiele frischer Koriander

Rinderfilet mit Buchweizenpolenta

1 Brühe in einem Topf erhitzen. Polenta und Buchweizengrütze unter Rühren einstreuen. Bei schwacher Hitze circa 15 Minuten ausquellen lassen.
2 Schalotten schälen, eventuell halbieren. Öl in einer Pfanne erhitzen. Schalotten darin andünsten, Honig und Rotwein zugeben. Mit Salz, Pfeffer und Thymian würzen. Zugedeckt bei schwacher Hitze circa 10 Minuten schmoren.
3 Filet trocken tupfen. In einer beschichteten Pfanne ohne Fett oder auf dem heißen Grill von allen Seiten circa 8 Minuten rosa braten, würzen. Polenta mit Salz, Pfeffer und Parmesan würzen. Mit Filet und Rotweinzwiebeln anrichten.

FITNESS-CHECK		
Für Aktive		Vitamine ⊗
Für Denker		einfach ○
Immunschutz		schnell ⊗
Pro Portion: 670 Kalorien, 15 g Fett		günstig ○

slimline

Zutaten
für 2 Personen

500 ml Gemüsebrühe (Instant)
80 g grober Maisgrieß (Polenta)
50 g Buchweizengrütze
300 g Schalotten
1 EL Olivenöl
1 EL Honig
150 ml trockener Rotwein
Jodsalz, schwarzer Pfeffer
1 EL frischer Thymian
200 g Rinderfilet
30 g fein geriebener Parmesan

Desserts

Zutaten
für 2 Personen

200 g Kapstachelbeeren
Saft von 3 Limetten
200 ml heller Traubensaft
2 EL Honig
3 Blatt Gelatine
30 g frische Pistazien, geschält
Mark von 1/2 Vanilleschote
100 ml fettarme Milch
4 Stiele frische Pfefferminze

Vanille

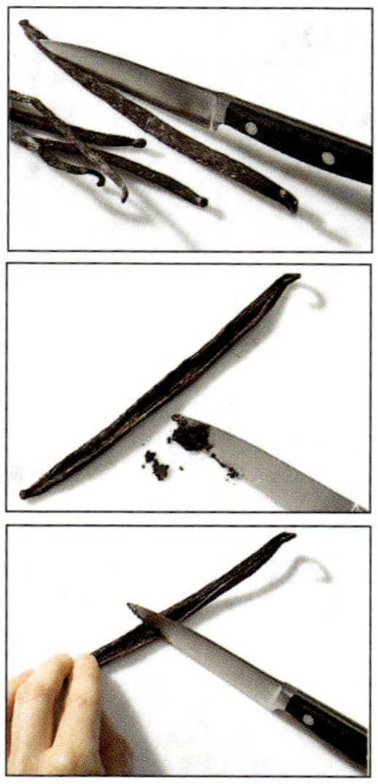

Die Vanilleschote wird mit einem scharfen Messer der Länge nach aufgeschnitten. Dann läßt sich die Schote etwas aufklappen, sodass man das Mark leicht herausschaben kann.

Kapstachelbeer-Gelee mit Vanillesauce

1 Kapstachelbeeren putzen, waschen, halbieren. Limetten- und Traubensaft mischen, mit 1 TL Honig abschmecken. Gelatine in kaltem Wasser einweichen.

2 Kapstachelbeeren in 2 kleine Förmchen verteilen. Gelatine auflösen, mit dem Saft verrühren und über die Kapstachelbeeren gießen. Idealerweise über Nacht, mindestens aber 3 Stunden fest werden lassen.

3 Pistazien bis auf 1 TL fein mahlen. Mit Vanillemark und Milch aufkochen und etwas einköcheln lassen. Mit restlichem Honig abschmecken. Gelee auf Dessertteller stürzen. Mit der Vanillesauce anrichten und den restlichen Pistazien und Minzeblättchen garnieren.

FITNESS-CHECK	
Für Aktive	Vitamine ☒
Für Denker	einfach ○
Immunschutz	schnell ○
Pro Portion: 200 Kalorien, 6 g Fett	günstig ○

Limettensorbet mit Melisse

1 Zitronen und Limetten sorgsam waschen und trockenreiben. Von der Schale mit einem Zestenreisser hauchdünne Streifen abreissen oder abraspeln.

2 Zitronen und Orange halbieren, auspressen. Limetten halbieren und zum Garnieren vier hauchdünne Scheiben abschneiden. Limetten ebenfalls auspressen.

3 Zitrussaft und Zucker verrühren, bis sich der Zucker aufgelöst hat. Limetten-Zucker-Masse ca. vier Stunden ins Gefrierfach stellen. Mit einem Schneebesen durchrühren.

4 Limettensorbet aus dem Gefrierfach nehmen, Nocken abstechen und auf Tellern anrichten. Mit Limettenscheiben, Schalenstreifen, Melisseblättchen und Biskuits anrichten.

FITNESS-CHECK	
Für Aktive	Vitamine ☒
Für Denker	einfach ☒
Immunschutz	schnell ○
Pro Portion: 280 Kalorien, 2 g Fett	günstig ☒

Zutaten
für 2 Personen

2 unbehandelte Zitronen
2 unbehandelte Limetten
1 Orange
100 g Vollrohrzucker
1 Zweig Zitronenmelisse
4–6 Löffelbiskuits

Bananen und Feigen in Sherry-Sauce

1 Zucker in einer Pfanne ohne Fett goldbraun schmelzen lassen. Haferflocken darin anrösten, herausnehmen, abkühlen lassen und grob zerstossen.

2 Bananen schälen und in Scheiben schneiden. Feigen halbieren. Früchte in Orangensaft und Sherry mindestens 30 Minuten marinieren. Orangenschale in hauchdünne Streifen schneiden.

3 Jogurt mit Zimt abschmecken. Bananenscheiben und Feigen auf einem großen Teller anrichten. Jogurt in die Mitte löffeln. Haferflocken darüber streuen. Mit Orangenschale dekorieren.

FITNESS-CHECK	
Für Aktive	Vitamine ☒
Für Denker	einfach ☒
Immunschutz	schnell ○
Pro Portion: 300 Kalorien, 3 g Fett	günstig ☒

Zutaten
für 2 Personen

2 EL Vollrohrzucker
4 EL kernige Haferflocken
2 Bananen
4 getrocknete Feigen
Saft und Schale von 1 Orange
1–2 EL trockener Sherry
150 g fettarmer Jogurt
1 Msp. gemahlener Zimt

im **März**

1. Tag

Figur-Joker

Morgens

1 Vanilleschote
100 g Jogurt (1,5 %)
1 TL Ahornsirup
1 Feige
100 g Kapstachelbeeren
1 EL Leinsamenschrot

Früchte-Jogurt

Vanillemark unter den Jogurt heben. Mit Ahornsirup süßen. Feige und Kapstachelbeeren mit dem Jogurt anrichten, mit Leinsamen bestreuen.

Zwischendurch

1 Birne waschen, in wenig Wasser mit 1 EL Zitronensaft und 1 Zimtstange 7 Minuten dünsten. 50 g Jogurt mit 1 EL Preiselbeeren verrühren, beides zusammen anrichten

Mittags

1 rote Paprika
1 Fenchel
2 Zwiebeln
1 EL Olivenöl
1 Msp. Piment
1 Stiel Rosmarin
1 EL Balsamessig
5 Kapernäpfel
50 ml Gemüsebrühe (Instant)
1 EL Pinienkerne
1 Bund Petersilie
1 TL Parmesan
1 Scheibe Baguette

Bratgemüse mit Pesto

Gemüse in breite Streifen, Zwiebeln in Spalten schneiden. Alles im Öl anbraten. Mit Piment und Rosmarin würzen. Mit Essig ablöschen, mit Kapernäpfeln auf einer Platte anrichten. Brühe in den Bratfond rühren. Pinienkerne, Kräuter und Parmesan zufügen und pürieren. Mit dem Baguette zum Gemüse servieren.

Zwischendurch

100 g Kapstachelbeeren (Physalis) und 1 Vollkornkeks

Abends

250 g Kartoffeln
6 Blätter Salbei
2 Knoblauchzehen
1 EL Olivenöl
5 Jakobsmuscheln
Saft und Schale von 1/2 Zitrone
Jodsalz, weißer Pfeffer
1/2 Bund Dill
25 g Feldsalat
1 TL Honig
1 Msp. Korianderpulver

Salbeikartoffeln mit Jakobsmuscheln

Kartoffeln schälen, in dünne Scheiben schneiden. Mit Salbei und Knoblauch im Öl braten. Muscheln in der Pfanne 4 bis 5 Minuten mitbraten, dann den roten Rogen 2 Minuten braten. Mit Zitrone, Salz, Pfeffer und Dill würzen. Feldsalat mit Zitronensaft, -schale, Honig und Koriander marinieren und dazu servieren.

TAGESBILANZ

1230 Kalorien, 43 g Fett

Heute können Sie Ihre Vitamin-C-Speicher füllen

2 schlanke Tage

Asia-Brot und Minzetee

Brot mit Chutney bestreichen. Mit Salat, Aufschnitt, Gurke und Rettich belegen. Tee und Minze in eine Kanne geben, mit 2 Tassen sehr heißem Wasser übergießen und 6 Minuten ziehen lassen.

Zwischendurch
1 Scheibe Vollkorntoast mit 1/2 Grapefruit und etwas Honig

Linsensalat mit Ei

Linsen mit fein gewürfelter Petersilienwurzel in gut 100 ml Wasser garen. Ei hart kochen. Rettich und Möhren in Scheiben, Lauchzwiebeln in Ringe schneiden. Linsen etwas abkühlen lassen, auf dem Gemüse anrichten. Eischeiben zufügen. Für die Marinade die entkernte, feingehackte Chili mit Austernsauce, beiden Ölen, Schnittlauchröllchen und Sesam verrühren.

Zwischendurch
10 g Marzipan mit 100 ml Milch (1,5 %) und dem Mark einer Vanilleschote mixen

Batate-Chips und Grapefruitsalat

Salatblätter und Grapefruit kleinschneiden, mit Essig, Kresse, Honig, Koriander und Öl anmachen. Süßkartoffeln schälen und in hauchdünne Scheiben schneiden. Würzen und im Öl knusprig braun braten. Mit der Salsa zum Salat essen.

TAGESBILANZ
1190 Kalorien, 37 g Fett
Grüner Tee sorgt für einen belebenden Tagesanfang

2. Tag

Morgens

1 Scheibe Vollkornbrot
1 EL Mango-Chutney
2 Blätter Eichblattsalat
1 Scheibe Putenbrust
50 g Gurkenscheiben
50 g Rettichscheiben
2 TL grüner Tee
2 Stiele Minze

Mittags

40 g grüne Linsen
1 Petersilienwurzel
1 Ei, 100 g Rettich
2 Bundmöhren
4 Lauchzwiebeln
1 Chilischote
1 EL Austernsauce
je 1 TL Sesam- und Weizenkeimöl
1 Bund Schnittlauch
1 TL Sesam

Abends

30 g Eichblattsalat
1/2 Grapefruit
1 EL Apfelessig
1 Beet Kresse
1 TL Honig
1 TL Koriander
1 TL Walnussöl
200 g Süßkartoffeln
Jodsalz
1 Msp. Piment
1 EL Pflanzenöl
2 EL pikante Salsa

Mineralstoffe zum Auftauchen

im April

Für stabile Knochen, starke Nerven, ausgeglichenen Blutdruck und Stoffwechsel brauchen Sie Mineralstoffe wie Eisen, Kalzium und Jod. Frischer Lachs, Tofu und Rhabarber bieten dafür schmackhaften Anreiz.

10 Fitmacher des Monats

Jetzt frisch auf dem Markt

Alge

Gemüse aus dem Meer

Die eßbaren Wasserpflanzen werden in Japan seit über tausend Jahren angebaut (in Europa an der irischen und französischen Küste). Sie versorgen die Japaner mit Kalzium und Jod. Die bekanntesten Sorten: Nori (unentbehrlich für Sushi, wird meistens getrocknet oder als geröstete gefaltete Blätter oder in Stücken angeboten. Sehr gute Nori glänzt grün und ist leicht brüchig), Wakame (frisch als Gemüse mit länglichen riesigen gezackten Blättern oder getrocknet als Gewürz) und Kombu (als große Gemüsepflanze mit flachen, weichen Wedeln, die sich verdicken und sehr breit werden).

▶ Einkaufs-Tipp:
Frische und getrocknete Algen gibt es beim Gemüse- oder Fischhändler, in Asia-Läden (müssen vorbestellt werden) oder im Naturkostladen.

▶ Aufbewahrung:
frisch mit Folie abgedeckt im Kühlschrank, getrocknet trocken und kühl.

Kurzporträt

Top-Gehalt an:
Nori: Vitamin A, Wakame: Kalzium, Kombu: Jod, Kalzium, Eisen, Kalium

Haltbarkeit: frisch 1 Tag, getrocknet 2–3 Monate.

Preis: ca. 15 Mark pro Kilo.

Ingwer

Eine scharfe Knolle

Von allen Gewürzen vermutlich das vielseitigste: Ingwer gibt es eingelegt, getrocknet, kandiert oder mit Schokolade umhüllt. Angebaut in fast allen tropischen Ländern, wächst dies altbewährte Würz- und Heilmittel aber auch im gemässigteren Klima. Frisch schmeckt die knorrige Wurzel zitronenähnlich und ist angenehm scharf.

▶ Einkaufs-Tipp:
Die frische Knolle sollte prall aussehen und möglichst viele zarte Seitensprossen haben.

▶ Aufbewahrung:
im Gemüsefach des Kühlschranks.

Kurzporträt

Top-Gehalt an:
ätherischen Öle wie Gingerol oder Curcumen.

Haltbarkeit: frisch ca. 1 Woche, eingelegt ca. 6 Monate

Preis: ca. 3 Mark pro Knolle.

Rhabarber

Genuß von der Stange

Gemüse oder Frucht? Botanisch ist Rhabarber, aus Tibet oder der Mongolei (!) stammend, ein Gemüse. Doch die roten Stangen werden meist wie Obst als Kompott oder Kuchenbelag zubereitet. Köstlich sind die Stangen aber auch mit Ingwer und Chili als Chutney. Da das Fruchtgemüse roh viel zu sauer ist, muß es mit etwas Zucker oder Honig gedünstet werden. Achtung: Blätter sind ungenießbar, da stark abführende Wirkung.

▶ Einkaufs-Tipp:
Bevorzugen Sie feste, saftige, nicht zu dicke Stangen.

▶ Aufbewahrung:
im Kühlschrank (Gemüsefach).

Kurzporträt

Top-Gehalt an:
Kalium, Jod, Magnesium, Ballaststoffen.

Haltbarkeit: ca. 5–6 Tage.

Preis: ca. 4 Mark pro Pfund.

Lachs

Langstrecken-Schwimmer

Einige Arten pendeln zwischen Flüssen und dem Meer. Dabei legen sie riesige Strecken zurück. Beliebt ist Lachs wegen seines zarten Aromas und der rosa Farbe. Er enthält wertvolle Fettsäuren, die die Gefäße schützen. Leider wird er häufig in großen Farmen gezüchtet. Dadurch ist er zwar günstig, muß aber oft mit Antibiotika behandelt werden.

▶ Einkaufs-Tipp:
Am besten schmeckt Wildlachs. Garantiert ohne Antibiotika, aber leider teuer.

▶ Aufbewahrung:
in Folie gewickelt oder im Gefrierbeutel im Kühlschrank.

Kurzporträt

Top-Gehalt an:
ungesättigten Fettsäuren, Kalium, Vitamin D, B6, B12.

Haltbarkeit: frisch 1 Tag, gefroren höchstens 3 Monate.

Preis: ca. 60 Mark pro Kilo.

Reis

Stark unter der Schale

Lang-, Rund- oder Mittelkornreis, in Rot, Weiß oder Schwarz. Dieses Korn gibt es in unendlich vielen Sorten, Formen und Farben. Allen gemeinsam: Reis enthält sehr viel Vitamine und Mineralstoffe. Die ungeschälten Sorten schneiden dabei etwas besser ab, da die meisten Nährstoffe direkt unter der Schale sitzen.

▶ Einkaufs-Tipp:
Für jedes Essen gibt es die passende Sorte. Nehmen Sie nicht die günstigste Packung. Da kann jede Menge Bruchreis drinstecken.

Profi-Tipp des FIT FOR FU[N] Küchenchefs Jörg Nöcker:
Für perfekte Sushi: den klebrigen Reis möglichst lauwarm und mit feuchten Händen verarbeiten

▶ Aufbewahrung:
in luftdichten Behältern, bei Zimmertemperatur.

Kurzporträt

Top-Gehalt an:
Eisen, Kalium, Jod, Selen, Zink, Vitamin B6, Niacin.

Haltbarkeit: ca. 1 Jahr.

Preis: zwischen 2 und 5 Mark pro Pfund.

Fitness-Tipp des Monats

Laufen: Die ersten vier Wochen für Einsteiger mit 3 x 7 Kilometer pro Woche (Optimale Pulsfrequenz: 220 minus Lebensalter)

	Dienstag	Freitag	Sonntag
1.	10 Minuten Eingehen – 4 Minuten Joggen (70 % der max. Herzfrequenz) – 8 Minuten Ausgehen	10 Minuten Eingehen – 5 Minuten Joggen (65 % der mHf) – 8 Minuten Ausgehen	10 Minuten Eingehen – 6 Minuten Joggen (70 % der mHf) – 8 Minuten Ausgehen
2.	10 Minuten Eingehen – 7 Minuten Joggen (70 % der mHf) – 8 Minuten Ausgehen	6 min Eingehen – 5 min Laufen – 5 min Gehen – 5 min Laufen (70 % der mHf) – 3 min Ausgehen	10 Minuten Eingehen – 8 Minuten Joggen (60 % der mHf) –8 Minuten Ausgehen
3.	5 Minuten Eingehen – 8 Minuten Joggen (75 % der mHf) – 5 Minuten Ausgehen	3 min Eingehen - 7 min Laufen – 5 min Gehen – 6 min Laufen (70 % der mHf) – 3 min Ausgehen	5 Minuten Eingehen – 10 Minuten Joggen (60 % der mHf) – 5 Minuten Ausgehen
4.	5 Minuten Eingehen – 10 Minuten Joggen (70 % der mHf) – 5 Minuten Ausgehen	5 Minuten Eingehen – 12 Minuten Joggen (65 % der mHf) – 5 Minuten Ausgehen	5 Minuten Eingehen – 15 Minuten Joggen (65 % der mHf) – 5 Minuten Ausgehen

im April

Diese Lebensmittel sollten Sie möglichst oft essen. Darin stecken die Nährstoffe, die Sie jetzt brauchen, um Ihren Stoffwechsel für einen sportlichen Frühling anzukurbeln.

Tofu

Dieser Quark will Würze

Tofu ist der japanische Name für Sojamilchquark. Pürierte Sojabohnen werden mit Wasser mehrmals gekocht und ausgepreßt. Die aufgefangene „Milch" läßt man mit Hilfe eines Meersalzextrakts gerinnen. Daraus werden Blöcke geformt, fertig ist Tofu. Der neutrale Geschmack verlangt nach kräftiger Würze.

▸ Einkaufs-Tipp:
Es gibt ihn naturbelassen, geräuchert, getrocknet oder tiefgefroren.

▸ Aufbewahrung:
mit Wasser bedeckt im Kühlschrank.

Kurzporträt

Top-Gehalt an:
Kalzium, Kalium, Eisen, Magnesium, Vitamin E.
Haltbarkeit: ca. 1 Woche.
Preis: ca. 5 Mark pro Pfund.

Wildkräuter

Ein Strauß voller Aromen

Zugegeben, einen Teil der Wildkräuter wie Bärlauch, Löwenzahn und Brunnenkresse gibt es schon auf dem Markt zu kaufen. Brennesseln (nur mit Handschuhen anfassen) und junge Löwenzahntriebe sollten Sie selbst sammeln, am besten abseits des Weges.

▸ Einkaufs-Tipp:
Da die Kräuter nicht zum Standard der Gemüsehändler zählen, müssen sie auf jeden Fall vorbestellt werden.

▸ Aufbewahrung:
locker in dünne Plastikfolie gewickelt im Gemüsefach des Kühlschranks.

Kurzporträt

Top-Gehalt an:
Carotinen, Bioflavonoiden wie Alliin.
Haltbarkeit: 1 Tag.
Preis: ca. 2 Mark pro Bund.

Kiwi

Reife müssen weich sein

Nach ihrem flügellosen Nationalvogel Kiwi haben die Neuseeländer die kleine haarige, süß-säuerliche Frucht benannt. Sie schmeckt roh, direkt aus der Schale gelöffelt, am besten. Ihr hoher Fruchtzuckergehalt und ihre doppelte Menge an Vitamin C wie Orangen und Zitronen macht sie zum idealen Pausensnack, da sie Leistungstiefs überwindet.

▸ Einkaufs-Tipp:
Richtig reife Früchte geben auf Fingerdruck leicht nach.

▸ Aufbewahrung:
im Gemüsefach des Kühlschranks.

Kurzporträt

Top-Gehalt an:
Carotinen, Kalium, Vitamin C, Magne-sium, Eisen.
Haltbarkeit: ca. 5–6 Tage.
Preis: ca. 0,50 Mark pro Stück.

Sauerampfer

Ab in die Suppe

Die spinatähnlichen Blätter haben einen angenehm säuerlichen Geschmack. Sie sind köstlich als Suppe oder gedünstet als Gemüse. Nicht zu verachten: der hohe Gehalt an Chlorophyll und anderen sekundären Pflanzenstoffen. Blätter am besten erst unmittelbar vor Gebrauch kurz in kaltem Wasser schwenken, damit die wertvollen Vitamine nicht verloren gehen.

▸ Einkaufs-Tipp:
möglichst junge, zarte Blätter wählen.

▸ Aufbewahrung:
locker in dünne Plastikfolie eingeschlagen, im Gemüsefach des Kühlschranks.

Kurzporträt

Top-Gehalt an:
Betacarotin, Vitamin E, Vitamin C, Eisen, Jod.
Haltbarkeit: ca. 3–4 Tage.
Preis: ca.1,60 Mark pro Bund.

Lamm

Frisch, zart und vielseitig

Frisches grünes Gras und viel Platz auf saftigen Wiesen: Die artgerechte Haltung der Schafe und Lämmer ist die ideale Voraussetzung für aromatisches und vor allem gesundes Fleisch. Je nach Region – ob Nordfriesland oder Lüneburger Heide – ist es unverwechselbar mild bis würzig im Geschmack. Reichlich wertvolle Nährstoffe machen Lammfleisch darüber hinaus zu einen gesunden Genuß: Eisen, wichtig für den Sauerstofftransport im Blut, Jod zum Ankurbeln der Schilddrüsenfunktion und Vitamin B12, das als Bestandteil von Enzymen an wichtigen Stoffwechselprozessen beteiligt ist.

▸ Einkaufs-Tipp:
Bevorzugen Sie frische Ware direkt vom Metzger.

▸ Aufbewahrung:
mit Frischhaltefolie oder einem Teller abgedeckt in einer Schale im Kühlschrank.

Kurzporträt

Top-Gehalt an:
Eisen, Niacin, Vitamin B12, Zink, Thiamin, Jod.
Haltbarkeit: ca. 2–3 Tage.
Preis: je nach Teilstück zwischen 30 Mark pro Kilo (Keule) und 69 Mark pro Kilo (Filet).

Sushi – fettarmes Power-Food

Who is who beim Sushi-Clan? Hier die drei wichtigsten Mitglieder:

1 Nigiri heißt übersetzt „drückend". Genau so stellt man diese Sorte auch her: Aus einer kleinen Portion Reis formt man ein Rechteck. Darauf wird ein Stück Fisch mit Wasabi (Meerrettichpaste) gesetzt, noch mal festdrücken, fertig.

2 Maki (Bild) sind gerollte Sushi. Ein Blatt Nori (getrocknetet Alge) wird mit ein wenig Reis bestrichen. In die Mitte legt man etwas Fisch oder Gemüse und Wasabi. Mit Hilfe einer Bambusmatte wird alles fest zusammengerollt und in Stücke geschnitten.

3 Sashimi ist im Grunde Sushi ohne Reis. Der Fisch ist roh, gekocht oder mariniert.

Salate

Zutaten
für 2 Personen

Schale und Saft von
1/2 unbehandelten Zitrone
1 EL Weißweinessig
Jodsalz, Pfeffer
1 EL Olivenöl
1/2 Bund Radieschen
1 kleiner Apfel
40 g Radieschensprossen
100 g Sauerampfer
4 dünne Scheiben Emmentaler Käse
2 Scheiben Brot

Sauerampfer-Salat mit Apfel

1 Zitronenschale fein abreiben, Saft auspressen. Mit Essig, Salz und Pfeffer verquirlen. Öl mit einer Gabel kräftig darunter schlagen.

2 Radieschen waschen, trockentupfen und vierteln. Apfel halbieren, Kerngehäuse entfernen und die Frucht in Spalten schneiden. Sofort in die Marinade geben, damit er nicht braun wird.

3 Sprossen kalt abspülen und gut abtropfen lassen. Sauerampfer ebenfalls abspülen und trockenschütteln.

4 Vorbereitete Zutaten und Emmentaler-Scheiben auf großen Tellern anrichten. Marinade darüber geben. Dazu Brot reichen.

FITNESS-CHECK	
Für Aktive	Vitamine ⊗
Für Denker	einfach ⊗
Immunschutz	schnell ⊗
Pro Portion: 260 Kalorien, 14 g Fett	günstig ⊗

Löwenzahn-Salat mit Nusscroûtons

slimline

1 Tomaten abtropfen lassen. 1 TL vom Öl auffangen. Tomaten klein schneiden. Brot in kleine feine Würfel schneiden. Tomatenöl in einer Pfanne erhitzen. Brot darin goldbraun rösten, herausnehmen. Leicht salzen.

2 Schalotte schälen und fein hacken. Mit Essig, Salz, Senf und Pfeffer verrühren. Öl darunter schlagen. Die Tomaten und Kapern unterrühren.

3 Löwenzahn waschen und trockentupfen. Blätter in mundgerechte Stücke zupfen. Mit den Oliven und Brotwürfeln anrichten. Marinade darüber träufeln. Mit den Kapuzinerkresseblüten dekorieren.

FITNESS-CHECK

Für Aktive	(Balken, ca. 3/4 gefüllt)	Vitamine ⊗
Für Denker	(Balken, ca. 1/3 gefüllt)	einfach ⊗
Immunschutz	(Balken, voll gefüllt)	schnell ⊗
Pro Portion: 170 Kalorien, 10 g Fett		günstig ○

Zutaten
für 2 Personen

3 getrocknete Tomaten in Öl
1 Scheibe Nussbrot
Jodsalz
1 Schalotte
2 El Weißweinessig
1/2 TL Dijonsenf
schwarzer Pfeffer aus der Mühle
1 EL Olivenöl
1 TL Kapern
100 g Löwenzahnsalat
20 g entsteinte schwarze Oliven
4 Kapuzinerkresseblüten

Asia-Reissalat mit Krebsfleisch

1 Reis in Salzwasser garen. Pilze in Wasser einweichen. Sprossen kurz in kochendem Wasser blanchieren. Salatgurke schälen, halbieren, entkernen und längs in Streifen schneiden.

2 Chilischote in Ringe schneiden. Knoblauch, Schalotte und Ingwer schälen und sehr fein hacken. Alles mit Essig, Sojasauce, Zucker und Ölen verrühren.

3 Krebsfleisch in Stücke teilen. Alle Zutaten mit dem Reis anrichten und mit der Marinade beträufeln. Dazu Sesamknäckebrot reichen.

slimline

FITNESS-CHECK

Für Aktive	(Balken, voll gefüllt)	Vitamine ⊗
Für Denker	(Balken, ca. 3/4 gefüllt)	einfach ⊗
Immunschutz	(Balken, ca. 1/3 gefüllt)	schnell ○
Pro Portion: 380 Kalorien, 10 g Fett		günstig ○

Zutaten
für 2 Personen

100 g Langkornreis
Jodsalz
10 g Muerr-Pilze (Asialaden)
30 g Sojasprossen
1/2 Salatgurke
1 Chilischote
1 Knoblauchzehe
1 Schalotte
1 kleines Stück Ingwer
3 EL Reisessig
1 EL Sojasauce
1 Prise Zucker
1 TL Sesamöl
1 EL Sojaöl
150 g Krebsfleisch
(ersatzweise Surimi)
2 Scheiben Sesamknäckebrot

Salate

Couscous-Salat mit Curry-Tofu

Zutaten
für 2 Personen

100 ml Gemüsebrühe (Instant)
50 g vorgegarter Couscous (türkischer Lebensmittelladen oder Naturkostladen)
100 g fester Tofu
2 EL Sojasauce
1/2 TL Curry
1 Lauchzwiebel
1 Möhre
2 EL Weißweinessig
Jodsalz, Pfeffer
1 EL Olivenöl
einige Stiele frischer Koriander
6 Blätter Römersalat
1 TL Sojaöl

1 Von der Brühe 2 EL für das Dressing beiseite stellen. Couscous mit übriger Brühe mischen. Circa 5 Minuten quellen lassen. Tofu in Scheiben schneiden. Sojasauce und Curry mischen. Tofu damit beträufeln.

2 Lauchzwiebel in Ringe schneiden. Möhre längs in Scheiben hobeln. Essig, Brühe, Salz, Pfeffer und Zwiebel mischen. Öl unterrühren. Korianderblättchen zugeben. Salat zerzupfen.

3 Tofu im heißen Sojaöl von beiden Seiten etwa 1 Minute braten. Alles anrichten. Marinade darüber geben und servieren.

FITNESS-CHECK		
Für Aktive	▇▇▇▇▇▇▇▇▢▢	Vitamine ⊗
Für Denker	▇▇▇▢▢▢▢▢▢▢	einfach ⊗
Immunschutz	▇▇▇▇▇▇▇▇▢▢	schnell ⊗
Pro Portion: 240 Kalorien, 11 g Fett		günstig ⊗

Radicchio mit Grapefruit und Kiwis

Zutaten
für 2 Personen

1 rosa Grapefruit
150 g fettarmer Jogurt
Jodsalz , Pfeffer
1/2 TL milder Senf
1 EL Walnussöl
2 Kiwis
1 kleiner Kopf Radicchio
50 g Feldsalat
etwas frische Zitronenmelisse
1 Baguette-Brötchen

1 Grapefruit halbieren. 1 Hälfte auspressen, Saft mit Jogurt, Salz, Pfeffer, Senf und Öl verrühren.

2 Von der zweiten Hälfte die Schale dick abschälen, so daß die weiße Haut mit entfernt wird. Grapefruit in Scheiben schneiden. Kiwis schälen und ebenfalls in Scheiben schneiden.

3 Salate putzen, waschen und trockenschütteln. Radicchio in mundgerechte Stücke teilen. Alles anrichten. Dressing darüber träufeln. Melisse darüber streuen. Baguette-Brötchen dazu reichen.

FITNESS-CHECK		
Für Aktive	▇▇▇▇▇▇▇▢▢▢	Vitamine ⊗
Für Denker	▇▇▇▢▢▢▢▢▢▢	einfach ⊗
Immunschutz	▇▇▇▇▇▇▇▇▇▇	schnell ⊗
Pro Portion: 170 Kalorien, 7 g Fett		günstig ⊗

Vorspeisen

Misosuppe mit Tofu

Zutaten
für 2 Personen

- 2 Stücke Wakame (Algengemüse, Asia-Laden, ersatzweise Mangoldblätter)
- 2 Stiele Bleichsellerie
- 2 Möhren
- 1 Knoblauchzehe
- 150 g fester Tofu
- 1 EL Sesamöl
- 1/2 l Gemüsebrühe (Instant)
- 1 EL Zitronensaft
- 1 EL Miso (Gewürzpaste, Asia-Laden)

1 Wakame circa 10 Minuten in kaltem Wasser einweichen (Mangoldblätter circa 5 Minuten in kochendem Wasser blanchieren). Selleriegrün beiseite legen. Sellerie und Möhren in feine Stifte schneiden. 2 EL davon beiseite stellen. Knoblauch abziehen und klein hacken.

2 Tofu würfeln. Sesamöl erhitzen. Tofu darin anbraten. Herausnehmen. Knoblauch und Gemüse im heißen Bratfett andünsten. Mit der Brühe ablöschen. Zitronensaft und Miso zufügen. Alles etwa 5 Minuten köcheln lassen. Dann pürieren.

3 Algen (Mangold) klein schneiden. Algen, Tofu, restliches Gemüse und Selleriegrün zur Suppe geben.

FITNESS-CHECK

Für Aktive	Vitamine ⊗
Für Denker	einfach ⊗
Immunschutz	schnell ⊗
Pro Portion: 130 Kalorien, 9 g Fett	günstig ○

Sauerampfer-Suppe mit Parmaschinken

Zutaten
für 2 Personen

- 1 Bund Suppengrün
- 500 g Kartoffeln
- 1 TL Öl
- 400 ml Gemüsefond (Glas)
- Jodsalz, Pfeffer
- 1 Msp. Muskat
- 1 Bund Sauerampfer
- 100 ml fettarme Milch
- 4 hauchdünne Scheiben Parmaschinken

1 Lauch, Möhre und Sellerie klein schneiden. Kartoffeln schälen und würfeln. Öl erhitzen. Vorbereitetes Gemüse und Kartoffeln darin andünsten. Mit Fond ablöschen. Mit Salz, Pfeffer und Muskat würzen. Zugedeckt circa 15 Minuten köcheln lassen.

2 Sauerampfer verlesen, waschen. Bis auf ein paar Stiele zur Suppe geben. 2 EL Gemüsewürfel aus dem Fond heben, beiseite legen. Restliches Gemüse, Kartoffeln und Sauerampfer in der Suppe fein pürieren. Milch zugießen.

3 Restlichen Sauerampfer in Streifen schneiden, Parmaschinken zerzupfen. Mit restlichen Gemüsewürfeln zur Suppe geben.

FITNESS-CHECK

Für Aktive	Vitamine ⊗
Für Denker	einfach ⊗
Immunschutz	schnell ⊗
Pro Portion: 300 Kalorien, 5 g Fett	günstig ○

Vorspeisen

Zutaten
für 2 Personen

2 EL Kürbiskerne
1 kleine Knoblauchzehe
1 Bund frische Wildkräuter (z. B. Bärlauch, Sauerampfer, Kerbel)
2 TL Olivenöl
1 kleine Chilischote
1 kleiner, junger Kohlrabi
einige Blätter Kopfsalat
2 EL Weißweinessig
Jodsalz
schwarzer Pfeffer aus der Mühle
etwas Honig

Kohlrabi-Carpaccio mit Wildkräuter-Pesto

1 Kürbiskerne in einer beschichteten Pfanne ohne Fett rösten, herausnehmen. Knoblauch schälen. Einige Kräuterstiele zum Garnieren aufheben. Den Rest mit 1 TL Öl und der Hälfte der Kürbiskerne pürieren.

2 Chilischote halbieren, entkernen und in Ringe schneiden. Kohlrabi schälen und in hauchdünne Scheiben hobeln. Kohlrabi, Chili, restliche Kürbiskerne, Kräuter-Pesto und abgezupfte Kräuter auf Tellern anrichten. Salat in mundgerechte Stücke zupfen und dazugeben.

3 Restliches Öl, Essig, Salz und Pfeffer verquirlen. Mit Honig abschmecken und darüber träufeln. Dazu schmeckt frisches Baguette.

FITNESS-CHECK	
Für Aktive	Vitamine ⊗
Für Denker	einfach ⊗
Immunschutz	schnell ⊗
Pro Portion: 140 Kalorien, 11 g Fett	günstig ○

Bruschetta mit Brokkoli und Knoblauch

slimline

1 Knoblauch pellen und fein hacken. Brokkoli in sehr feine Röschen teilen, Stiele schälen und fein würfeln. 1 TL Öl in einem Topf erhitzen und den Knoblauch darin anbraten. Brokkoliröschen und 2 EL Wasser zugeben, mit Salz und Pfeffer würzen. Zugedeckt bei schwacher Hitze 3–4 Minuten garen.

2 Kapern und Petersilie fein hacken. Brotscheiben in wenig Olivenöl braten. Brokkoli abtropfen lassen. Kapern und Petersilie untermischen. Mit Salz und Cayennepfeffer abschmecken und auf den Broten verteilen. Restliches Olivenöl darüber träufeln und die Brote in Stücke schneiden. Heiß auf zwei Teller servieren.

FITNESS-CHECK	
Für Aktive	Vitamine ☒
Für Denker	einfach ☒
Immunschutz	schnell ☒
Pro Portion: 210 Kalorien, 8 g Fett	günstig ☒

Zutaten
für 2 Personen

- 1 Knoblauchzehen
- 125 g Brokkoli
- 3 TL Olivenöl
- Jodsalz, Pfeffer
- 1 EL feine Kapern (Glas)
- etwas glatte Petersilie
- 2 Scheiben herzhaftes Roggen-Landbrot
- 1 Msp. Cayennepfeffer

Nigiri-Sushi mit Wildlachs

1 Reis waschen, abtropfen lassen. Mit 300 ml kaltem Wasser und 1 Prise Salz in einem Topf etwa 30 Minuten quellen lassen. Dann den Reis aufkochen, circa 15 Minuten ausquellen lassen. Etwas abkühlen lassen.

slimline

2 Essig mit je einer Prise Zucker und Salz erwärmen. Über den Reis träufeln und durchmischen. Reis auf Handwärme abkühlen lassen.

3 Lachsfilet in mundgerechte Stücke schneiden. Hände anfeuchten. Für jedes Sushi eine Portion Reis (circa 1 EL) mit den Händen zu einer kleinen Rolle formen. Fisch mit etwas Wasabi bestreichen und leicht auf den Reis drücken. Rettich in feine Stifte raspeln. Rettich, Ingwer und Sojasauce zum Sushi reichen. Nach Belieben auf Salat anrichten.

FITNESS-CHECK	
Für Aktive	Vitamine ☒
Für Denker	einfach ○
Immunschutz	schnell ○
Pro Portion: 390 Kalorien, 7 g Fett	günstig ○

Zutaten
für 2 Personen

- 150 g Sushireis
- Jodsalz
- 25 ml Reisessig
- 1 Prise Zucker
- 100 g Wildlachsfilet
- 1/2 TL Wasabi (Meerrettichpaste)
- 1/2 kleiner Rettich
- 1 EL eingelegter Ingwer
- Sojasauce

Hauptgerichte

Zutaten
für 2 Personen

150 g Wildreis-Mischung
Jodsalz
2 EL Pinienkerne
2 Hähnchenkeulen
1 Hähnchenbrust mit Knochen
1 Knoblauchzehe
3 Zwiebeln
30 g getrocknete Tomaten in Öl
200 ml Geflügelfond
Pfeffer
1 Bund gemischte Wildkräuter

Geschmortes Hähnchen mit frischen Wildkräutern

1 Reis in Salzwasser garen. Pinienkerne ohne Fett anrösten, herausnehmen. Hähnchenteile abspülen und trockentupfen, Brust halbieren. Knoblauch und Zwiebeln klein schneiden. 1 EL Öl von den Tomaten abnehmen, erhitzen. Fleisch darin von allen Seiten anbraten. Knoblauch und Zwiebeln kurz darin anbraten.

2 Tomaten, Fond, Pinienkerne und 100 ml Wasser zu den Hähnchen zu geben. Mit Pfeffer und wenig Salz würzen. Zugedeckt circa 30 Minuten schmoren lassen.

3 Kräuter abspülen, trockenschütteln und grob hacken. Zum Hähnchen geben und kurz erhitzen. Nochmals abschmecken. Hähnchen mit Kräutersud und Reis anrichten.

FITNESS-CHECK		
Für Aktive		Vitamine ☒
Für Denker		einfach ☒
Immunschutz		schnell ○
Pro Portion: 590 Kalorien, 15 g Fett		günstig ○

Pochiertes **Schweinefilet** mit Sauerampfer

slimline

1 Zwiebel pellen und in Spalten schneiden. Möhre und Lauch zerkleinern. Vorbereitete Zutaten mit Gewürzen, Salz, Fond und 125 ml Wasser in einen weiten Topf geben und aufkochen. Filet darin bei schwacher Hitze zugedeckt ca. 25 Minuten garen.

2 Zitrone auspressen. Meerrettich schälen und auf einer Reibe fein reiben. Damit er sich nicht verfärbt sofort mit Zitronensaft mischen. Sauerampfer verlesen.

3 Filet aus dem Fond nehmen und warm stellen. 200 ml Fond durch ein Sieb in einen großen weiten Topf gießen. Bei starker Hitze einige Minuten einkochen lassen. Sauerampfer zugeben und im Fond pürieren. Sahne schlagen und unterziehen. Sauce mit Meerrettich, Salz und Pfeffer abschmecken. Filet in Scheiben schneiden und mit der Sauce anrichten. Dazu passen neue Kartoffeln.

FITNESS-CHECK	
Für Aktive	Vitamine ☒
Für Denker	einfach ☒
Immunschutz	schnell ○
Pro Portion: 290 Kalorien, 12 g Fett	günstig ☒

Zutaten
für 2 Personen

- 1 kleine Zwiebel
- 1 kleine Möhre
- 1 kleine Stange Lauch
- 1/2 unbehandelte Zitrone
- 1 Gewürznelke
- 1 Lorbeerblatt
- 2 weiße Pfefferkörner
- 1 Pimentkorn
- Jodsalz
- 200 ml Gemüsebrühe (Instant)
- 250 g Schweinefilet
- etwas frischer Meerrettich,
- 1/2 Bund Sauerampfer
- 50 ml Schlagsahne
- weißer Pfeffer aus der Mühle

Lammnüsschen mit Frühlingszwiebeln

1 Salzkartoffeln kochen. Fleisch waschen und trockentupfen. Im heißen Öl rundherum anbraten. Würzen. Schalotten und Möhren klein schneiden, zum Fleisch geben, kurz mit andünsten. Mit Wein und Brühe ablöschen. Zugedeckt circa 30 Minuten schmoren.

2 Frühlingszwiebeln klein schneiden. Mit den Thymianblättchen im Öl andünsten. 2 EL Wasser zugeben und 3 Minuten weiterdünsten. Gemüse mit Salz, Pfeffer und Muskat abschmecken.

3 Fleisch herausnehmen, vor dem Anschneiden kurz ruhen lassen. Bratenfond durch ein Sieb streichen. Salzen und pfeffern. Petersilie hacken und mit den Kartoffeln mischen. Fleisch aufschneiden. Alles zusammen auf zwei Teller anrichten.

FITNESS-CHECK	
Für Aktive	Vitamine ☒
Für Denker	einfach ☒
Immunschutz	schnell ○
Pro Portion: 500 Kalorien, 17 g Fett	günstig ○

Zutaten
für 2 Personen

- 300 g Kartoffeln
- Jodsalz
- 300 g Lammnüsschen aus der Keule
- 1 EL Sonnenblumenöl
- Pfeffer
- 2 Schalotten
- 2 kleine Möhren
- 50 ml Rotwein
- 250 ml Gemüsebrühe
- 1/2 Bund Frühlingszwiebeln
- 1 Stiel frischer Thymian
- 1 TL Olivenöl
- gemahlene Muskatblüte (Macis)
- 1/2 Bund Petersilie

Hauptgerichte

slimline

Möhren-Flan mit Kerbelschaum

Zutaten
für 2 Personen

- 200 g Möhren
- 150 g geräucherte Tofuwürfel
- Saft von 1/2 Limette
- Jodsalz, Pfeffer
- 1 Msp. Muskat
- 2 Eier
- 150 g 7-Korn-Equilinia-Reismischung
- 1 Schalotte
- 1 TL Öl
- 100 ml fettarme Milch
- 100 ml Gemüsebrühe (Instant)
- 1 TL Saucenbinder
- 1 Bund Kerbel

1 Möhren kleinschneiden. In 4 EL Wasser circa 5 Minuten dünsten. Tofu zugeben. Pürieren. Mit Limettensaft, Salz, Pfeffer und Muskat abschmecken.

2 Eier trennen. Eiweiß steif schlagen. Eigelb unter das Möhrenpüree ziehen. Eischnee unterheben. Masse in 2 feuerfeste Förmchen füllen. Einen Topf etwa 4 cm hoch mit Wasser füllen. Förmchen hineinsetzen. Etwa 30 Minuten garen lassen.

3 Reismischung garen. Schalotte hacken. Im Öl dünsten. Milch und Brühe zufügen, etwas einkochen lassen. Saucenbinder einrühren. Kerbel zugeben und in der Brühe pürieren. Salzen und pfeffern. Förmchen aus dem Topf nehmen, Flan stürzen. Mit Reismischung und Sauce anrichten.

FITNESS-CHECK		
Für Aktive		Vitamine ⊗
Für Denker		einfach ⊗
Immunschutz		schnell ○
Pro Portion: 480 Kalorien, 12 g Fett		günstig ⊗

Frühlingseintopf mit Spargel

slimline

Zutaten
für 2 Personen

- 400g kleine Kartoffeln
- 200 g grüner Spargel
- 1/2 kleiner Spitzkohl
- 1 Möhre
- 1 Zwiebel
- 1 EL Sonnenblumenöl
- 400 ml Gemüsebrühe (Instant)
- 2 Pfefferkörner
- 1 Lorbeerblatt
- Jodsalz, Pfeffer
- 1/2 Bund Petersilie
- 50 g Schafskäse

1 Kartoffeln schälen und vierteln. Vom grünen Spargel die holzigen Enden abschneiden. Spargel klein schneiden. Spitzkohl in Streifen, Möhre in Scheiben, Zwiebel in Ringe schneiden.

2 Öl erhitzen. Kartoffeln, Möhre und Zwiebel darin andünsten. Mit Brühe und 200 ml Wasser ablöschen. Gewürze zugeben. Circa 10 Minuten garen. Spargel und Spitzkohl zugeben. Gut 5 Minuten weitergaren. Mit Salz und Pfeffer abschmecken.

3 Petersilie abspülen, trockenschütteln und hacken. Gemüseeintopf in Tellern anrichten. Schafkäse darüber bröckeln. Petersilie darüber streuen und sofort servieren.

FITNESS-CHECK		
Für Aktive		Vitamine ⊗
Für Denker		einfach ⊗
Immunschutz		schnell ⊗
Pro Portion: 170 Kalorien, 7 g Fett		günstig ⊗

Lachsfilet in Pergament

1 Reis in Salzwasser garen. Schalotten schälen und würfeln. Möhren und Lauch waschen und in feine Streifen schneiden. Ingwer und Knoblauch hacken. Korianderblättchen von den Stielen zupfen.
2 Lachsfilets waschen, trockentupfen und mit Zitronensaft beträufeln. Salzen und pfeffern. Je ein Filet auf ein Stück Pergamentpapier setzen. Vorbereitetes Gemüse und die Hälfte vom Koriander gleichmäßig darum verteilen. Mit Sesamöl beträufeln. Papier fest zusammendrehen.
3 Fisch auf ein Backblech setzen und im Ofen bei 200 Grad circa 15 Minuten backen. Reis abgießen. Fisch aus dem Ofen nehmen, im Pergament mit Reis und restlichem Koriander anrichten.

FITNESS-CHECK	
Für Aktive	Vitamine ⊗
Für Denker	einfach ⊗
Immunschutz	schnell ○
Pro Portion: 480 Kalorien, 18 g Fett	günstig ○

Zutaten
für 2 Personen

- 100 g Wildreismischung
- Jodsalz
- 2 Schalotten
- 2 Möhren
- 1/2 Stange Lauch
- 1 haselnussgroßes Stück Ingwer
- 1 Knoblauchzehe
- 1/2 Bund frischer Koriander
- 2 Wildlachsfilets (insges. 300 g)
- Saft von 1 Zitrone
- Pfeffer
- 2 Stücke festes Pergamentpapier
- 2 TL Sesamöl

Maki-Sushi mit Zander

1 Reis waschen, mit etwas Salz in 400 ml Wasser 30 Minuten quellen lassen. Dann aufkochen und weitere 15 Minuten quellen lassen. Essig und Zucker erwärmen, zum Reis geben.
2 Zander waschen, trockentupfen und in Streifen schneiden. Algen auf einer Bambusmatte auslegen. Hände anfeuchten. Etwas Reis zur Rolle formen, auf dem Nori-Blatt flachdrücken. Etwas Wasabi darauf streichen. Mit Zander, Zitronenschale und Sesam belegen. Mit Hilfe der Bambusmatte fest aufrollen. Rolle mit einem superscharfen Messer in Stücke schneiden. Restliche Zutaten genauso verarbeiten. Mit Sojasauce, Wasabi und Ingwer anrichten.

FITNESS-CHECK	
Für Aktive	Vitamine ⊗
Für Denker	einfach ○
Immunschutz	schnell ○
Pro Portion: 520 Kalorien, 4 g Fett	günstig ○

Zutaten
für 2 Personen

- 200 g Sushireis
- Jodsalz
- 35 ml Reisessig
- 1/2 TL Zucker
- 250 g Zanderfilet
- 5 Nori-Blätter (japan. Algenart)
- 1/2 TL Wasabi (Meerrettichpaste)
- Schale von 1 unbehandelten Zitrone
- 1 El Sesam
- Sojasauce
- 2 EL eingelegter Ingwer

Desserts

Zutaten
für 2 Personen

400 g Rhabarber
4 TL Honig
200 g Magerquark
50 ml fettarme Milch
2 Tropfen Bittermandel-Aroma
6 EL frisch gepreßter Orangensaft
80 g Löffelbiskuits
1 EL gehackte Pistazien
etwas Zitronenmelisse

Quark-Trifle mit Biskuits und Rhabarber

1 Rhabarber putzen und in Stücke schneiden. Mit 3 TL Honig mischen. Kurz ziehen lassen, dann unter Rühren erhitzen. Köcheln, bis ein Kompott entsteht, abkühlen lassen.

2 Quark, Milch, Mandel-Aroma, Orangensaft und restlichen Honig glattrühren. Eine kleine Schüssel am Boden mit Biskuitkeksen auslegen. Zuerst eine dünne Schicht Quark, dann eine Schicht Fruchtkompott darauf verteilen. Dicht an dicht mit Keksen belegen. Dann mit übrigem Quark und Fruchtkompott abschließen. Zugedeckt im Kühlschrank circa 4 Stunden ziehen lassen.

3 Quark-Trifle mit Pistazien und Zitronenmelisse anrichten.

FITNESS-CHECK		
Für Aktive		Vitamine ☒
Für Denker		einfach ☒
Immunschutz		schnell ○
Pro Portion: 290 Kalorien, 5 g Fett		günstig ☒

Kiwi-Gelee mit Kokoscreme

1 Gelatine in reichlich kaltem Wasser einweichen. Kiwis schälen und grob zerkleinern. Mit dem Apfelsaft in einem kleinen Topf aufkochen und bei schwacher Hitze circa 3 Minuten dünsten. Dann die Kiwis im Apfelsaft fein pürieren. Mit Honig leicht süß abschmecken. Gelatine in dem heißen Kiwipüree auflösen.

2 Kiwipüree in zwei kleine Dessertförmchen füllen. Im Kühlschrank fest werden lassen.

3 Kokosraspel ohne Fett anrösten, herausnehmen. Kokoscreme und Milch unter Rühren erhitzen. Kiwigelee auf Teller stürzen. Mit Kokosraspeln, Kokoscreme und Minzeblättchen anrichten. Nach Belieben mit Granatapfelkernen garnieren.

FITNESS-CHECK	
Für Aktive	Vitamine ☒
Für Denker	einfach ☒
Immunschutz	schnell ○
Pro Portion: 210 Kalorien, 9 g Fett	günstig ○

Zutaten
für 2 Personen

3 Blatt Gelatine
4 Kiwis
1/8 l Apfelsaft
2–3 TL flüssiger Honig
1 EL Kokosraspel
25 g stichfeste Kokoscreme
125 ml fettarme Milch
etwas frische Pfefferminze
einige Granatapfelkerne zum Garnieren nach Belieben

Camembert mit Ingwer-Apfel

1 Nüsse ohne Fett rösten, bis sich ihr Aroma entfaltet. Herausnehmen. Ingwer schälen, fein hacken. Öl in einer Pfanne erhitzen, Ingwer darin andünsten. Apfel halbieren, entkernen und in Spalten schneiden.

2 Apfelspalten zum Ingwer geben und bei schwacher Hitze circa 2 Minuten dünsten, herausnehmen. Dünstfond mit Apfelsaft, Essig und Honig ablöschen, leicht pfeffern.

3 Nüsse, Apfel und Estragon auf Tellern anrichten, Honig-Vinaigrette darüber träufeln. Mit dem Käse anrichten. Kräftiges Brot dazu reichen.

FITNESS-CHECK	
Für Aktive	Vitamine ☒
Für Denker	einfach ☒
Immunschutz	schnell ☒
Pro Portion: 170 Kalorien, 10 g Fett	günstig ○

Zutaten
für 2 Personen

4 Walnusskernhälften
1 kleines Stück frischer Ingwer
1 TL Walnussöl
1 Apfel (z. B. Boskop)
2 EL Apfelsaft
2 EL Balsamessig
1 TL flüssiger Honig
schwarzer Pfeffer aus der Mühle
75 g reifer Rohmilch-Camembert
etwas frischer Estragon

Figur-Joker

1. Tag

Morgens

1 Ei
1/2 Vollkornbrötchen
1 EL Frischkäse (10% Fett)
etwas Brunnenkresse
Jodsalz, Pfeffer

Kressebrötchen mit gekochtem Ei

Ei in ca. 7 Minuten hart kochen, abschrecken, pellen. Brötchenhälfte mit Käse bestreichen, mit Kresse belegen. Ei in Scheiben schneiden, darauf verteilen. salzen und pfeffern.

Zwischendurch
Cool Melon: 200 g Galia-Melone schälen, Fruchtfleisch mit 1 EL Limettensaft und 1 TL Ahornsirup pürieren. In ein hohes Glas füllen, mit Minze dekorieren.

Mittags

1 kleine Aubergine
1 kleine Zucchini
2 Tomaten
1 kleine Zwiebel
2 Stiele Bärlauch
100 g Lammfilet
1 TL Olivenöl
Jodsalz, Pfeffer
etwas frischer Rosmarin
100 ml Gemüsebrühe (Instant)
100 g Hirse
1 Msp. Cayennepfeffer
einige Spritzer Zitronensaft

Ratatouille mit Lamm

Aubergine, Zucchini und Tomaten putzen, waschen und klein schneiden. Zwiebel und Bärlauch hacken. Filet im heißen Öl 5-8 Minuten braten, salzen und pfeffern. Herausnehmen und warm halten. Gemüse, Zwiebel, Bärlauch und Rosmarinnadeln im Bratfett andünsten. Mit der Brühe ablöschen und 10 Minuten garen. Hirse in kochendem Salzwasser etwa 10 Minuten ausquellen lassen. Gemüse mit Cayennepfeffer und Zitronensaft abschmecken, mit Filet und Hirse anrichten.

Zwischendurch
Rhabarberkompott mit Limette: 1/2 Limette und 1 Stück Ingwer in Scheiben schneiden, mit 50 ml Apfelsaft erhitzen, 300 g Rhabarber in Stücken und 1 TL Honig zugeben, kurz aufkochen lassen.

Abends

2 Stiele Bärlauch
50 g Magerquark
1/2 TL Kümmel
Jodsalz, Pfeffer
1 Bund Radieschen
2 Haferknäcke

Radieschen mit Bärlauchquark

Bärlauch abbrausen, hacken, mit dem Quark verrühren. Mit Kümmel, Jodsalz und Pfeffer würzen. Radieschen waschen, Stielansatz entfernen, mit dem Quark und Haferknäcke anrichten.

TAGESBILANZ
1170 Kalorien, 30 g Fett
Viel Eisen aus Hirse und Lamm

2 schlanke Tage

Amaranthcreme mit Rhabarber

Amaranth in 100 ml Wasser mit Zimt, Zitronenschale und Rosinen ca. 30 Minuten garen. Quark unterziehen. Rhabarber putzen und in Stücke schneiden. Mit Vanillemark und Schote in 3 EL Wasser dünsten, Honig unterrühren. Feigen in dünne Scheiben schneiden, Amaranth und Rhabarber darauf anrichten. Mit Melisseblättchen bestreuen.

Zwischendurch
Krabbenbrot:100 g Salatgurke in Scheiben schneiden, etwas Dill hacken, beides mit 50 g Nordseekrabben mischen, pfeffern. Auf 1 Scheibe Pumpernickel anrichten.

Paprikasalat mit Mango-Chutney

Paprikaschote waschen, in Streifen schneiden. Schalotte vierteln, in einer beschichteten Pfanne im heißen Öl ca. 2 Minuten dünsten. Chilischote entkernen und in feine Streifen schneiden. Mit Limettensaft und Chutney verrühren, würzen. Zu den Schalotten geben. Salate waschen, mit den Paprikastreifen auf einem Teller anrichten. Schalotten und Sauce darüber geben. Schnittlauch in Röllchen schneiden, darüber streuen.

Zwischendurch
Früchte-Snack: 2 Kiwis löffeln.

Zanderfilet mit Asia-Gemüse

Reis in Salzwasser ca. 15 Minuten garen. Sojasoße, 1 EL Limettensaft und Chili verrühren. Fisch darin ca. 30 Minuten marinieren. Lauchzwiebel, Spitzkohl und Champignons putzen und klein schneiden. Fisch aus der Marinade nehmen, trockentupfen, im heißen Öl ca. 10 Minuten braten und würzen. Gemüse und Ananaswürfel kurz dünsten. Restlichen Limettensaft und Honig zufügen. Mit Koriander abschmecken und 5 bis 8 Minuten garen.

TAGESBILANZ
1200 Kalorien, 17 g Fett
Krabben liefern Jod

2. Tag

Morgens

40 g Amaranth
1 Zimtstange
1 Stück unbehandelte Zitronenschale
1 EL Rosinen
50 g Magerquark
200 g Rhabarber
1 Vanilleschote
1 EL Honig
2 Feigen
etwas Zitronenmelisse

Mittags

1 Paprika
1 Schalotten
1/2 TL Sonnenblumenöl
1 rote Chilischote
1 TL Limettensaft
etwas Mango-Chutney im Glas
Jodsalz, Pfeffer
einige Blätter Lollo Rosso und Feldsalat
etwas Schnittlauch

Abends

20 g Basmati-Reis
1 TL Sojasoße
2 EL Limettensaft
1/2 gehackte Chilischote
80 g Zanderfilet
1 Lauchzwiebel
100 g Spitzkohl
100 g Champignons
1 TL Öl
Jodsalz, Pfeffer
300 g Ananaswürfel
1 TL Honig
1/2 TL gemahlener Koriander

Jung und *schön*

im Mai

Gönnen Sie sich eine Beauty-Stunde im Obst- und Gemüsegarten: leckeren Spargel für Ihre Figur und köstliche Erdbeeren für eine samtweiche Haut. Wahre Jungbrunnen sind Salate mit Pflanzenöl.

10 Fitmacher des Monats

Jetzt frisch auf dem Markt

Erdbeere

Spaß mit der Scheinfrucht

Wenn es auf dem Wochenmarkt nach Erdbeeren duftet, wissen wir: Jetzt hat die gute Zeit des Jahres begonnen. Im Sortenbuch schnöde als Scheinfrucht mit fleischig verdickter Blütenachse und winzigen Samen beschrieben, ist die Erdbeere doch in Wirklichkeit ein Lebensgefühl. Ihr Aroma und das leichte Knacken beim Kauen, sind untrennbar mit dem Beginn des Sommers verbunden. Leider reagieren manche empfindliche Menschen auf ihr Genuß mit einem Hautausschlag. Alternative und Steigerung des Sommergefühls: die Vorfahren der Kulturerdbeeren, die Walderdbeeren! Ihr Aroma setzt sich aus über 600 verschiedenen Stoffen zusammen und ist deshalb so unvergleichlich köstlich.

▸ Einkaufs-Tipp:
Am besten schmecken die glänzenden und leuchtend roten Beeren.

▸ Aufbewahrung:
ungewaschen und mit Stiel 2 bis 3 Tage im Kühlschrank oder ganze Früchte (Vitamin C bleibt erhalten) tiefgefrieren.

Kurzporträt

Top-Gehalt an:
Fruchtsäuren, Vitamin C.
Haltbarkeit: sofort essen oder 1 Tag im Kühlschrank
Preis: circa 4 Mark pro Pfund.

Scholle

Viel „meer" als nur platt

Ein bißchen eigenartig sieht der berühmteste der Plattfische schon aus: Die graubraune Tarn-Oberseite trägt ein einziges Auge. Mit der völlig farblosen Unterseite schmiegt sich die Scholle an den Meeresboden. Feinschmecker sind besonders im Mai hinter ihr her, weil sie jetzt so zart ist. Normalerweise wird sie gebraten oder gegrillt. Am besten schmeckt die Scholle einfach zubereitet; so bleibt ihr feines Aroma erhalten.

▸ Einkaufs-Tipp:
da sehr viele Gräten, am besten als Filets kaufen oder eingefroren.

▸ Aufbewahrung:
luftdicht im Kühlschrank.

Kurzporträt

Top-Gehalt an:
Vitamin D, B 12, Jod, Fluor.
Haltbarkeit: 1 Tag.
Preis: circa 18 Mark pro Kilo.

Basilikum

Kraut mit Temperament

Vor wenigen Jahren war Basilikum noch nahezu unbekannt. Doch der Italo-Trend hat das pfeffrig-süße Kraut populär gemacht, obwohl es eigentlich aus Indien stammt. Der Name kommt jedoch aus dem griechischen: „basilikon", was königlich heißt. Der Clou des vielseitigen Krauts: Es paßt auch zu Süßspeisen.

▸ Einkaufs-Tipp:
Kräuter im Töpfchen halten sich länger, man braucht immer nur ein paar Blättchen abzuzupfen.

▸ Aufbewahrung:
Bünde ins Wasser stellen bzw. Topf häufig gießen. Nicht zum Einfrieren geeignet, Blätter werden schwarz.

Kurzporträt

Top-Gehalt an:
ätherischen Ölen (Kampfer, Anethol), Gerbsäuren.
Haltbarkeit: einige Tage.
Preis: circa 2 Mark pro Topf.

Schnittknoblauch

Schlank und mild

Die schnittlauchähnlichen Halme sind eine besondere Frühlingsdelikatesse, die vielen Gerichten Raffinesse und Würze verleiht. In China gedeiht das Liliengewächs als Wildpflanze, es sprießt aber auch als Kulturpflanze. Geschmacklich liegt die Wurzelstaude zwischen Knoblauch und Schnittlauch und kann deshalb auch roh gegessen werden. Sogar die kleinen Blütenköpfe können mitverwendet werden.

▸ Einkaufs-Tipp:
in Asia-Läden.

▸ Aufbewahrung:
etwas befeuchtet, in Plastikfolie im Kühlschrank.

Kurzporträt

Top-Gehalt an:
ätherischen Ölen (Senfölen), Saponinen, Vitamin C, Kalium.
Haltbarkeit: einige Tage.
Preis: circa 3 Mark pro Bund.

Aprikose

Für samtweiche Haut

Mit ihrer streichelzarten Haut ist die Aprikose, die ursprünglich aus China stammt, selbst eine Schönheit, und sie gilt darüber hinaus als wahre Beauty-Frucht. Das liegt an dem Spezialcocktail ihrer Inhaltsstoffe aus Eisen, Kalium sowie Kieselsäure, B-Vitaminen und Carotinoiden: Stoffe, die wichtig für schöne Haut, Haare und Nägel sind. Auch getrocknete Aprikosen (ungeschwefelt!) enthalten diesen Mix.

▸ Einkaufs-Tipp:
Bevorzugen Sie reife, weiche Früchte.

Profi-Tipp des FIT FOR FUN Küchenchefs Jörg Nöcker:

Als Salatzutat, zum Beispiel zu Feldsalat, Löwenzahn oder Rauke, setzt die Aprikose süße Akzente.

▸ Aufbewahrung:
kühl, aber nicht zu kalt. Einfrieren nur ohne Haut.

Kurzporträt

Top-Gehalt an:
Mineralstoffen (siehe oben), Niacin, Pantothensäure, Folsäure, Betacarotin, Lycopin.
Haltbarkeit: reife Früchte bis zu 1 Woche im Kühlschrank.
Preis: circa 5 Mark pro Pfund.

Fitness-Tipp des Monats

Machen Sie sich Luft: Atmen Sie richtig durch!

Die meisten Menschen atmen falsch. Oberflächliche Atmung sorgt für Sauerstoffmangel. Dazu kommt: wer hektisch lebt, dem geht auch schnell die Puste aus. Die Zauberformel des natürlichen Luftholens heißt: entspanntes Bauchatmen bis ins Zwerchfell. Atmen Sie möglichst immer durch die Nase. Sie bringt die Luft auf lungenfreundliche Temperatur und reinigt sie von Schmutz. Stehen oder sitzen Sie beim Atmen aufrecht, nach dem Motto: unten fest, oben locker bleiben. Beim „gesunden" Luftholen werden Bauch-, Lenden- und Rückenmuskulatur mittrainiert. Wichtig: Atmen Sie immer gründlich aus!

im Mai

Wonnemonat Mai lässt die Salatschüsseln überquellen. Kräuter, Früchte und Frühjahrsgemüse sorgen für gut gefüllte Vitaminspeicher.

Möhre

Nicht nur für Hasen

Wer Möhren den Hasen überläßt, ist selber schuld. Die zarte Wurzel schmeckt unvergleichlich mild, fast schon süß und ist in der Küche ausgesprochen pflegeleicht: schnell geputzt, vielseitig zu verwenden, leckerer Farbtupfer für viele Gerichte. Darüber hinaus sind die „gelben Rüben" reine Gesundheitskost: Ihr größtes Plus ist der hohe Gehalt an Betacarotin, einer Vorstufe von Vitamin A, das auch die Bildung von Immunstoffen anregt. Am besten können Carotinoide mit ein wenig Fett aus zerkleinertem, erhitztem Gemüse verwertet werden. Optimal also: pürierte Möhrensuppe mit etwas Crème fraîche oder Olivenöl.

▸ Einkaufs-Tipp:
Wenn Sie Bundmöhren mit Grün kaufen, entfernen Sie es gleich. Sonst zieht das Grünzeug den Saft und die Nährstoffe aus der Möhre.

▸ Aufbewahrung:
im Gemüsefach des Kühlschranks.

Kurzporträt

Top-Gehalt an:
Betacarotin, Ballaststoffen, Kalium, Kalzium.
Haltbarkeit: 4 bis 5 Tage.
Preis: circa 2 Mark pro Bund bzw. 4 Mark pro Kilo.

Spargel

Grün würzig, weiß delikat

Der ursprüngliche Spargel ist der grüne. Doch hier wollen wir ausnahmsweise mal von unserer Bevorzugung des Naturbelassenen abweichen, denn weißer Spargel ist einfach delikater! Das unterschiedliche Aussehen der beiden verwandten Sorten entsteht durch den Anbau: Der weiße Spargel wächst in den Erdhügeln, vollständig von Erde bedeckt und bleibt deshalb bleich. Der grüne gedeiht oberirdisch im Sonnenlicht. Chlorophyll verleiht ihm die kräftige Farbe. Die Sonne sorgt auch für höheren Vitamingehalt und mehr Würze bei den grünen Stangen. Am besten also, Sie essen beide Sorten so oft wie möglich. Für Genuß und Gesundheit.

▸ Einkaufs-Tipp:
Achten Sie auf die Schnittstellen: Sie zeigen die Frische. Mißtrauen Sie an den Enden verhüllter Ware!

▸ Aufbewahrung:
in ein feuchtes Tuch gewickelt, im Kühlschrank.

Kurzporträt

Top-Gehalt an:
Kalium, Ballaststoffen. Grünspargel: Carotin, Vitamin C, B-Vitaminen.
Haltbarkeit: circa 4 Tage.
Preis: 10 bis 16 Mark pro Kilo.

Mispelfrucht

Frucht für Entdecker

Ihre eigentliche Heimat ist Japan, sie wächst jedoch auch in Mitteleuropa. „Níspero" nennen sie die Spanier, „Loquat" die Israelis. Ihr festes Fruchtfleisch ist saftig, erinnert an Apfel und Birne. Fruchtsalaten und Desserts gibt die Mispelfrucht eine feinsäuerliche Note.

▸ Einkaufs-Tipp:
Da die Mispelfrucht nur gut ausgereift und frisch schmeckt, fragen Sie am besten Ihren Gemüsehändler, ob er Sie probieren läßt.

▸ Aufbewahrung:
im Kühlschrank.

Kurzporträt

Top-Gehalt an: Carotin.
Haltbarkeit: 2 bis 3 Tage.
Preis: circa 4 Mark pro Kilo.

Quinoa

Zauberkorn der Inkas

Quinoa war das wichtigste Grundnahrungsmittel der Inkas und stand in dem Ruf, für deren legendäre Gesundheit verantwortlich zu sein. Die spanischen Eroberer verboten sofort den Anbau. Wenige versteckte Pflanzen „überlebten", sodass wir uns heute wieder mit Quinoa stärken können. Sie schmeckt nussig und wird wie Reis verwendet.

▸ Einkaufs-Tipp:
gibt es im Reformhaus.

▸ Aufbewahrung:
luftdicht, trocken und dunkel.

Kurzporträt

Top-Gehalt an:
Magnesium, Eisen, Kalium, Kupfer, Zink und Phosphor.
Haltbarkeit: 2–3 Monate.
Preis: circa 5 Mark pro Pfund.

Erdbeeressig selbstgemacht

Wer die Erdbeerzeit noch ein wenig verlängern möchte, kann Marmelade kochen – oder Erdbeeressig selber machen. Das geht so: **1.** Für etwa 1 Liter Essig 250 g einwandfreie, verlesene, gewaschene und geputzte Erdbeeren leicht zerdrücken, sodass der Fruchtsaft austritt. **2.** Mit einem Liter Weißweinessig übergießen und langsam auf 40 Grad erwärmen. Den Essigansatz in Flaschen füllen, verschließen und 10 bis 14 Tage ziehen lassen. **3.** Dann durchsieben und in hübsche Karaffen umfüllen, Einige frische, saubere Früchte zugeben. Karaffen luftdicht verschließen, am besten mit einem Korken. Angebrochene Flaschen innerhalb von 6 bis 8 Monaten verbrauchen. Köstlich zu herzhaften Blattsalaten wie Feldsalat und Rauke,

Löwenzahn

Feines Unkraut

Franzosen lieben diese Pflanze mit den scharf gezackten löwenzahnartigen Blättern auch. Deswegen wird sie gelegentlich „Franzosensalat" genannt. Schon sehr früh wurden die Blätter aufgrund ihrer harntreibenden und blutreinigenden Heilwirkung geschätzt. Wer eigenhändig ernten möchte, sollte nur geschützte Standorte aufsuchen d.h. weit weg von Straßen, öffentlichen Plätzen und gespritzten Äckern. Auf Märkten ist Löwenzahn bundweise, zum Teil auch in der gebleichten Zuchtvariante erhältlich. Bleichlöwenzahn schmeckt milder, enthält jedoch – wie der weiße Spargel – wesentlich weniger gesundheitsfördernde Pflan-zenstoffe als der grüne klassische Verwandte.

▸ Einkaufs-Tipp:
am besten beim Gemüsehändler vorbestellen.

▸ Aufbewahrung:
etwas befeuchtet, in Folie oder in eine Tüte eingeschlagen, im Kühlschrank. Vor dem Einfrieren blanchieren.

Kurzporträt

Top-Gehalt an:
Vitamin C, Vitamin A, Kalium, Carotinoid.
Haltbarkeit: 1 bis 2 Tage
Preis: circa 3 Mark pro Bund.

Salate

Zutaten
für 2 Personen

300 g grüner Spargel
200 g weißer Spargel
Jodsalz
1/2 Bund Schnittknoblauch
1 EL Weißweinessig
1 EL Zitronensaft
weißer Pfeffer
1 EL Olivenöl
200 g Lammfilet
1 Frühlingszwiebel
1/2 TL schwarzer Sesam
1/2 TL weißer Sesam

slimline

Spargel

Grüner und weißer Spargel: ein feines Duo. Von beiden Sorten die holzigen Enden großzügig entfernen. Den grünen nur unten schälen, beim weißen direkt unterhalb der Köpfchen beginnen.

Salat von zweierlei **Spargel mit Lammfilet**

1 Beide Spargelsorten vorbereiten (siehe Anleitung links). Dann in sehr feine Scheibchen schneiden. In wenig Salzwasser circa 3 Minuten dünsten. Schnittknoblauch in Röllchen schneiden. Mit Essig, Zitronensaft, Salz, Pfeffer, Öl und 2 EL Spargelsud verquirlen.

2 Filet in einer beschichteten Pfanne von beiden Seiten circa 5 Minuten braten, würzen, herausnehmen, warm stellen.

3 Frühlingszwiebel kleinschneiden und kurz im Bratfett andünsten. Mit der Vinaigrette ablöschen. Zutaten anrichten. Vinaigrette darüber träufeln. Mit Sesam bestreuen.

FITNESS-CHECK	
Für Aktive	Vitamine ⊗
Für Denker	einfach ⊗
Immunschutz	schnell ⊗
Pro Portion: 240 Kalorien, 13 g Fett	günstig ○

Frühlings-Kartoffelsalat mit Limetten-Vinaigrette

slimline

1 Eier hartkochen. Kartoffeln als Pellkartoffeln garen. Eier pellen und halbieren, Eigelb vom Eiweiß trennen, mit Senf, Salz, Pfeffer und Limettensaft verquirlen.

2 Kartoffeln pellen und in Scheiben schneiden. Schalotte hacken, beides mit der Brühe mischen, würzen und ziehen lassen. Sprossen abspülen, Tomate in Spalten, Radieschen in Scheiben schneiden. Salat kleinzupfen, alles anrichten. Senfdressing darüber träufeln.

FITNESS-CHECK	
Für Aktive	Vitamine ⊗
Für Denker	einfach ⊗
Immunschutz	schnell ○
Pro Portion: 300 Kalorien, 5 g Fett	günstig ⊗

Zutaten
für 2 Personen

- 2 kleine Eier (Größe S)
- 500 g festkochende Kartoffeln
- 1 TL Senf
- Jodsalz, Pfeffer
- Saft von 1 Limette
- 1 Schalotte
- 100 ml Gemüsebrühe (Instant)
- 30 g Radieschensprossen
- 1 große Tomate
- 1/2 Bund Radieschen
- einige Blätter Löwenzahnsalat

Asia-Hähnchen mit Zuckerschoten

1 Schalotte schälen und fein hacken. Zitronengras klein schneiden. Beides mit 150 ml Wasser, 5 EL Zitronensaft, Salz und Pfeffer aufkochen. Das Hähnchenfilet im siedenden Wasser circa 10 Minuten garen lassen.

2 Filet herausnehmen. Zuckerschoten in der Brühe circa 3 Minuten blanchieren, Flüssigkeit abgießen.

3 Ingwer schälen, würfeln, durch die Knoblauchpresse drücken. Frühlingszwiebeln sehr fein hacken. Beides mit 3 EL Zitronensaft, Pfeffer, Salz und Ölen verrühren. Hähnchen, Zuckerschoten und Kresse auf Tellern anrichten. Dressing darüber träufeln.

FITNESS-CHECK	
Für Aktive	Vitamine ⊗
Für Denker	einfach ⊗
Immunschutz	schnell ⊗
Pro Portion: 240 Kalorien, 6 g Fett	günstig ○

slimline

Zutaten
für 2 Personen

- 1 Schalotte
- 2 Stengel Zitronengras
- 8 EL Zitronensaft
- Jodsalz
- Pfeffer aus der Mühle
- 200 g Hähnchenfilet
- 300 g Zuckerschoten
- 1 haselnussgroßes Stück Ingwer
- 2 Bund Frühlingszwiebeln
- 1 TL Sesamöl
- 1 TL Sojaöl
- 1/2 Beet Kresse

Salate

Löwenzahnsalat mit Schafkäse

Zutaten
für 2 Personen

- 1/2 Bund Schnittknoblauch
- 1/2 rote Zwiebel
- 2 EL Zitronensaft
- 1 EL Weißweinessig
- Jodsalz
- weißer Pfeffer aus der Mühle
- 1 TL flüssiger Honig
- 1 EL Olivenöl
- 1/2 Bund Löwenzahnsalat
- 2 Tomaten
- 40 g schwarze Oliven mit Stein
- 50 g Schafkäse
- 2 Scheiben Vollkornbrot

1 Schnittknoblauch fein hacken. Zwiebel in Ringe schneiden. Zitronensaft, Essig, Salz, Pfeffer, Honig und Öl verrühren. Schnittknoblauch und Zwiebel unterrühren.

2 Löwenzahn verlesen, waschen, putzen und klein zupfen. Tomaten klein schneiden. Beides auf einem Teller verteilen.

3 Salat mit Oliven und Schafkäsewürfeln anrichten. Dressing darüber träufeln. Dazu Vollkornbrot reichen.

FITNESS-CHECK	
Für Aktive	Vitamine ⊗
Für Denker	einfach ⊗
Immunschutz	schnell ⊗
Pro Portion: 230 Kalorien, 13 g Fett	günstig ⊗

Quinoa-Minze-Salat mit Aprikosendressing

Zutaten
für 2 Personen

- 100 g Quinoa
- 1 EL Rosinen
- Jodsalz
- 2 Möhren
- 3 Aprikosen
- Saft von 1/2 Limette
- schwarzer Pfeffer
- 1 Msp. Cumin (Kreuzkümmel)
- 1 TL Olivenöl
- 1 EL Pinienkerne
- 4–5 Blätter Römersalat
- einige Minzeblätter

1 Quinoa und Rosinen nach Packungsanweisung in leicht gesalzenem Wasser garen, abgießen.

2 Möhren schälen, in feine Streifen schneiden. Aprikosen und Limettensaft pürieren. Mit Salz, Pfeffer und Cumin abschmecken. Öl unterrühren.

3 Pinienkerne rösten. Römersalat putzen, waschen und klein schneiden. Vorbereitete Zutaten auf Tellern anrichten. Aprikosendressing darüber träufeln, mit Minze anrichten.

FITNESS-CHECK	
Für Aktive	Vitamine ⊗
Für Denker	einfach ⊗
Immunschutz	schnell ○
Pro Portion: 290 Kalorien, 7 g Fett	günstig ○

Vorspeisen

Kohlrabi-Basilikum-Flan mit Räucherlachs

1 Kohlrabi schälen und bis auf ein Viertel würfeln. Rest fein raspeln. Gewürfelten Kohlrabi in Milch circa 10 Minuten zugedeckt dünsten lassen.

2 Basilikumblättchen abzupfen, zum Kohlrabi geben. Pürieren, mit Salz, Pfeffer und der Hälfte des Zitronensafts würzen. Ei trennen. Eigelb unterrühren. Eiweiß steifschlagen und unterziehen.

3 Masse in zwei mit Öl gefettete Förmchen füllen. Parmesan darüberstreuen. Bei 175 Grad circa 15 Minuten backen. Flan auf Teller stürzen, mit Lachs und Kohlrabiraspeln anrichten. Mit Zitrone, Salz und Pfeffer würzen.

FITNESS-CHECK

Für Aktive	Vitamine ⊗
Für Denker	einfach ○
Immunschutz	schnell ○
Pro Portion: 230 Kalorien, 13 g Fett	günstig ⊗

Zutaten
für 2 Personen

1 großer Kohlrabi
50 ml fettarme Milch
1/2 Bund Basilikum
Jodsalz
schwarzer Pfeffer
Saft von 1 Zitrone
1 Ei
1 TL Olivenöl
20 g geriebener Parmesan
50 g Räucherlachs

Pilzcarpaccio mit Radieschen

slimline

1 Nüsse fein hacken, in einer Pfanne ohne Fett rösten, bis sich ihr Aroma entfaltet, herausnehmen. Schnittknoblauch fein hacken. Zitronensaft, Salz, Pfeffer, Öl und Honig verrühren. Nüsse und Schnittknoblauch unterrühren.

2 Champignons putzen, nur kurz unter kaltem Wasser abspülen, gut trockentupfen. Radieschen putzen und mit den Champignons in hauchdünne Scheiben schneiden, auf zwei Tellern anrichten.

3 Dressing darüber träufeln, mit Kresseblättchen bestreuen. Knäckebrot dazu reichen.

FITNESS-CHECK

Für Aktive	Vitamine ⊗
Für Denker	einfach ⊗
Immunschutz	schnell ⊗
Pro Portion: 160 Kalorien, 8 g Fett	günstig ⊗

Zutaten
für 2 Personen

1 EL Haselnußkerne
2 Stiele Schnittknoblauch
Saft von 1/2 Zitrone
Jodsalz
weißer Pfeffer aus der Mühle
1 EL Olivenöl
1/2 TL Honig
40 g frische weiße Champignons
1/2 Bund Radieschen
etwas frische Kresse
4 Scheiben Knäckebrot

Vorspeisen

Zutaten
für 2 Personen

1 EL gehobelte Mandelblättchen
1 Zwiebel
400 g junge Bundmöhren
1 EL Olivenöl
300 ml Gemüsebrühe (Instant)
Jodsalz
weißer Pfeffer aus der Mühle
4 Aprikosen
3 EL Zitronensaft
1/2 Bund Brunnenkresse

Möhren

Bei den Frühlingsmöhren genügt es, die Wurzeln mit einer Gemüsebürste unter fließendem Wasser abzuschrubben. Die zarten Blattspitzen des Grüns können Sie wie ein Gewürz verwenden.

slimline

Fruchtige **Möhrensuppe**

1 Mandeln in einer beschichteten Pfanne ohne Fett anrösten, herausnehmen. Zwiebel putzen, schälen und fein hacken. Möhren abbürsten und klein schneiden (siehe Anleitung links). Öl in einem Topf erhitzen, Zwiebel und Möhren darin goldgelb andünsten.

2 Möhren mit der Gemüsebrühe ablöschen. Mit Salz und Pfeffer würzen. Circa 10 Minuten köcheln lassen. Aprikosen mit kochendem Wasser überbrühen und die Haut abziehen. Danach halbieren, entsteinen und klein schneiden. Zu den Möhren geben. Alles mit einem Pürierstab fein pürieren. Suppe mit Zitronensaft, Salz und Pfeffer abschmecken. Brunnenkresse fein schneiden. Suppe mit Mandeln und Kresse bestreuen.

FITNESS-CHECK		
Für Aktive	▮▯	Vitamine ☒
Für Denker	▮▮▯	einfach ☒
Immunschutz	▮▮▮	schnell ☒
Pro Portion: 170 Kalorien, 9 g Fett		günstig ☒

Geflügelleber auf Löwenzahn mit Sherry-Sauce

1 Schalotte hacken. Löwenzahn und Spinat putzen, abspülen, abtropfen lassen. Nísperos in Spalten schneiden. Leber sorgsam abspülen und trockentupfen.

2 Öl in einer Pfanne erhitzen. Leber darin 3 Minuten braten, würzen und herausnehmen. Schalotte im Bratfett andünsten, mit Sherry, Zitronensaft und Honig ablöschen.

3 Salatzutaten auf Tellern anrichten. Das lauwarme Dressing mit Cayennepfeffer abschmecken und darüber träufeln.

FITNESS-CHECK	
Für Aktive	Vitamine ⊗
Für Denker	einfach ⊗
Immunschutz	schnell ⊗
Pro Portion: 290 Kalorien, 10 g Fett	günstig ○

Zutaten
für 2 Personen

- 1 Schalotte
- 30 g Löwenzahn
- 30 g junge Spinatblätter
- 3 Nísperos (oder Loquats)
- 300 g Geflügelleber
- 1 TL Sonnenblumenöl
- Jodsalz
- schwarzer Pfeffer
- 2 EL trockener Sherry
- 2 EL Zitronensaft
- 1 TL Honig
- 1 Msp. Cayennepfeffer

Makirolle mit gebratenem Spargel

1 Reis mit Salz nach Packungsanweisung garen, abdampfen lassen. Zucker und Essig verrühren und untermischen.

2 Reis abkühlen lassen. Spargel putzen und circa 6 cm lange Stücke schneiden. Öl in einer Pfanne erhitzen, Spargel darin bei schwacher Hitze circa 10 Minuten braten. Ein halbes Nori-Blatt auf eine Bambusmatte (Asia-Laden) legen, eine dünne Schicht Reis darauf verteilen. Dünn mit Wasabi bestreichen. Mit Spargel, Zanderfilet und Zitronenschale belegen. Mit Hilfe der Matte aufrollen und in mundgerechte Stücke schneiden.

3 Zweite Rolle genauso herstellen. Makiröllchen mit Sojasauce, Wasabi auf Tellern anrichten.

FITNESS-CHECK	
Für Aktive	Vitamine ⊗
Für Denker	einfach ○
Immunschutz	schnell ⊗
Pro Portion: 150 Kalorien, 4 g Fett	günstig ○

Zutaten
für 2 Personen

- 50 g Sushireis (Asia-Laden)
- 1/2 TL Jodsalz
- 1 TL Vollrohrzucker
- 2 EL Reisessig
- 2–3 Stangen grüner Spargel
- 1 TL Sojaöl
- 1 Nori-Blatt (japan. Algenart)
- 30 g extrafrisches Zanderfilet in hauchdünnen Scheiben
- 1/2 TL abgeriebene Schale von 1 ungespritzten Zitrone
- 1/2 TL Wasabi (Meerrettichpaste)
- Sojasauce

Hauptgerichte

Zutaten
für 2 Personen

500 g neue Kartoffeln
3 TL Olivenöl
1/2 unbehandelte Zitrone
Jodsalz
weißer Pfeffer aus der Mühle
300 g grüner Spargel
Saft von 1 Orange
4 Schollenfilets (insges. 300 g)
2 TL Pesto (aus dem Glas)
4 kleine Holzspieße
einige Kräuter (z.B. Dill und Basilikum)

Schollen-Röllchen zubereiten

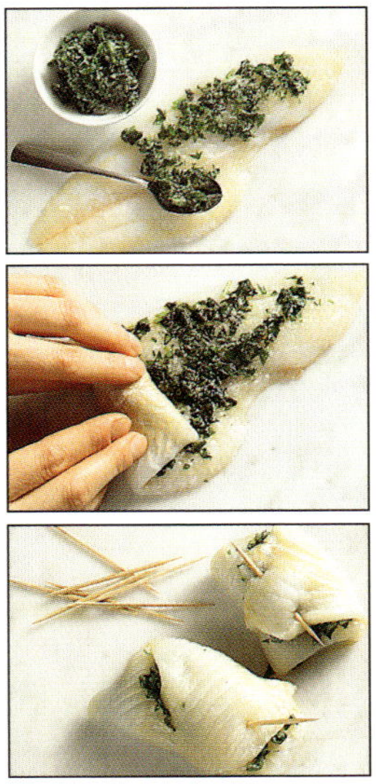

Schollenfilets mit Pesto bestreichen. Dabei einen Rand freilassen, damit die Füllung beim Aufrollen nicht herausquillt. Mit Holzspießchen feststecken. So hält das Röllchen beim Garen.

Schollen-Röllchen mit Spargel und Pesto

1 Kartoffeln gründlich abbürsten, halbieren. 2 TL Öl erhitzen, Kartoffeln darin bei schwacher Hitze circa 20 Minuten braten. Zitrone in Scheiben schneiden und circa 3 Minuten mitbraten. Kräftig salzen und pfeffern.

2 Holzige Enden vom Spargel abschneiden. Spargelstangen in Orangensaft und 5 EL Wasser mit etwas Salz und Pfeffer ungefähr 10 Minuten dünsten.

3 Filets abspülen und trockentupfen. Mit Pesto bestreichen, würzen und aufrollen. Restliches Öl erhitzen, Schollen-Röllchen darin circa 3 Minuten anbraten. Mit Kartoffeln und Spargel anrichten. Nach Belieben mit Basilikumblättchen und Dill bestreuen.

FITNESS-CHECK	
Für Aktive	Vitamine ⊗
Für Denker	einfach ⊗
Immunschutz ■	schnell ○
Pro Portion: 390 Kalorien, 11 g Fett	günstig ○

Wildlachsfilet mit Meerrettich-Apfel-Kruste

1 Apfel und Meerrettich grob raspeln. Schnittlauch in feine Röllchen schneiden. Alles mit Limettensaft, Sojaöl, Salz und Pfeffer mischen.

2 Wildlachsfilets waschen, trockentupfen und würzen, Apfel-Meerrettich-Masse darauf verteilen. In eine Auflaufform legen. Bei 200 Grad circa 10 Minuten überbacken.

3 Salat waschen und zerzupfen, Tomaten fein würfeln. Auf Tellern anrichten. Essig, Salz, Pfeffer und Olivenöl verrühren, darüber träufeln. Mit dem Lachsfilet anrichten.

FITNESS-CHECK	
Für Aktive / Für Denker / Immunschutz	Vitamine ☒
	einfach ☒
	schnell ☒
Pro Portion: 370 Kalorien, 23 g Fett	günstig ○

Zutaten
für 2 Personen

- 1 Apfel
- 1 Stück (ca. 2 cm) frischer Meerrettich
- 1/2 Bund Schnittlauch
- 2 EL Limettensaft
- 1 TL Sojaöl
- Jodsalz
- Pfeffer
- 2 Wildlachsfilets (insges. 250 g)
- 1/2 Kopf Frisée-Salat
- 2 Tomaten
- 2 EL Apfelessig
- 1 TL Olivenöl

Zuckerschoten-Risotto mit Parmesan

1 Schalotte schälen und in Ringe schneiden. Im heißen Öl andünsten. Reis und Thymian zugeben und kurz anschwitzen. Reis mit Wein und 150 ml Brühe ablöschen. Circa 30 Minuten garen, dabei nach und nach die restliche Brühe bis auf 50 ml hinzufügen.

2 Zuckerschoten kleinschneiden, in der Brühe circa 2 Minuten dünsten und ebenfalls zugeben. Milch unterrühren. Salzen und pfeffern. Parmesan darüber hobeln.

FITNESS-CHECK	
Für Aktive / Für Denker / Immunschutz	Vitamine ☒
	einfach ☒
	schnell ○
Pro Portion: 580 Kalorien, 12 g Fett	günstig ☒

slimline

Zutaten
für 2 Personen

- 1 Schalotte
- 1 EL Olivenöl
- 200 g Rundkornreis (Avorio)
- 1 Zweig Thymian
- 1/8 l Weißwein
- 400 ml Gemüsebrühe (Instant)
- 200 g Zuckerschoten
- 4 EL fettarme Milch
- Salz
- weißer Pfeffer aus der Mühle
- 40 g Parmesan im Stück

Hauptgerichte

slimline

Zutaten
für 2 Personen

- 4 Bundmöhren
- 1/2 Bund Frühlingszwiebeln
- 2 TL Sojaöl
- Jodsalz
- Pfeffer
- etwas abgeriebene Schale und Saft von 1/2 Limette
- 100 ml Gemüsefond
- 150 g Bandnudeln
- 200 g Schweinefilet
- 50 g fettarmer Frischkäse
- 1/2 Bund Kerbel

Schweinefilet mit Frischkäse-Möhren

1 Möhren waschen, putzen, schälen und in Scheiben schneiden. Zwiebeln in Ringe schneiden. Beides in 1 TL Öl andünsten, salzen und pfeffern. Limettenschale und -saft zugeben, mit dem Gemüsefond ablöschen. Weitere 8 Minuten dünsten.

2 Nudeln in Salzwasser bissfest garen. Filet im restlichen Öl rundherum knusprig anbraten (circa 10 Minuten), würzen und warm halten.

3 Frischkäse unter das Gemüse heben. Mit Salz und Pfeffer abschmecken. Kerbel grob hacken. Nudeln abgießen. Schweinefilet aufschneiden, mit Nudeln und Gemüse anrichten. Kerbel darüber streuen.

FITNESS-CHECK	
Für Aktive	Vitamine ⊗
Für Denker	einfach ⊗
Immunschutz	schnell ⊗
Pro Portion: 530 Kalorien, 15 g Fett	günstig ⊗

Zutaten
für 2 Personen

- 200 g fettarmer Jogurt
- 4 EL fertige Tandoori-Paste (Asia-Laden)
- 300 g Lammgulasch
- 3 Schalotten
- 1 EL Olivenöl
- Jodsalz
- schwarzer Pfeffer
- 80 g rote Linsen
- 200 ml Gemüsebrühe (Instant)
- 200 g frischer Blattspinat
- 4 Aprikosen

Mariniertes Tandoori-Lamm mit Linsen

1 Jogurt und Tandoori-Paste verrühren. Lammgulasch darin circa 2 Stunden marinieren. Schalotten schälen, hacken. Öl erhitzen, Schalotten darin andünsten. Gulasch zugeben, anbraten. Würzen und mit 300 ml Wasser ablöschen, circa 45 Minuten schmoren.

2 Linsen in der Brühe circa 5 Minuten garen. Spinat verlesen, waschen. Tropfnaß zu den Linsen geben und zusammenfallen lassen. Linsen circa 5 Minuten fertig garen und würzen.

3 Aprikosen in Spalten schneiden, zu den Linsen geben. Tandoori-Lamm und Linsen anrichten.

FITNESS-CHECK	
Für Aktive	Vitamine ⊗
Für Denker	einfach ⊗
Immunschutz	schnell ○
Pro Portion: 540 Kalorien, 17 g Fett	günstig ○

Hähnchen-Pfanne mit Quinoa

slimline

Zutaten
für 2 Personen

- 100 g Quinoa
- 1 Zwiebel
- 1/2 Bund Schnittknoblauch
- 1 EL Öl
- 250 ml Gemüsebrühe (Instant)
- 200 g Hähnchenfilet
- 200 g weißer Spargel
- 2 Frühlingszwiebeln
- 200 g Salatgurke
- 2 Tomaten
- Jodsalz
- Pfeffer
- etwas frische Minze

1 Quinoa mit kochendem Wasser überbrühen. Zwiebel und Knoblauch hacken, in 1 TL Öl andünsten. Quinoa und Brühe zugeben, ausquellen lassen.

2 Hähnchenfilet waschen, trockentupfen und klein schneiden. Spargel schälen und in Scheiben, Frühlingszwiebeln in Ringe schneiden. Alles im restlichen Öl circa 10 Minuten braten.

3 Gurke in Schnitze, Tomaten in Spalten schneiden, zugeben und kurz miterhitzen. Salzen und pfeffern. Gemüse-Fleisch-Pfanne und Getreide auf einen Teller geben. Mit Minze anrichten.

FITNESS-CHECK	
Für Aktive	Vitamine ⊗
Für Denker	einfach ⊗
Immunschutz	schnell ⊗
Pro Portion: 370 Kalorien, 8 g Fett	günstig ⊗

Kohlrabi-Gratin mit Kräuterquark

slimline

Zutaten
für 2 Personen

- 1 Kohlrabi
- 400 g Kartoffeln
- 2 Möhren
- Jodsalz
- weißer Pfeffer
- etwas Muskatnuss, gerieben
- 1 Ei
- 200 g Magerquark
- 4 EL fettarme Milch
- 1/2 Bund gemischte Kräuter (z.B. Petersilie, Kerbel, Estragon)
- 2 EL Kürbiskerne

1 Kohlrabi, Kartoffeln und Möhren waschen, putzen, schälen und in feine Scheiben schneiden. Vorbereitetes Gemüse in eine Auflaufform schichten. Mit Salz, Pfeffer und Muskat würzen.

2 Ei trennen. Quark mit Eigelb, Salz, Pfeffer und Milch verrühren. Kräuter fein hacken und unter die Quarkmasse rühren. Eiweiß steifschlagen und vorsichtig unterziehen. Quark auf dem Gemüse verteilen.

3 Das Gratin bei 150 Grad im Backofen circa 45–60 Minuten backen (eventuell mit Alufolie abdecken). Kürbiskerne circa 5 Minuten vor Ende der Garzeit über den Auflauf streuen und fertigbacken.

FITNESS-CHECK	
Für Aktive	Vitamine ⊗
Für Denker	einfach ⊗
Immunschutz	schnell ○
Pro Portion: 380 Kalorien, 8 g Fett	günstig ⊗

Desserts

Zutaten
für 2 Personen

50 ml guter Balsamessig
3 EL Apfeldicksaft
Saft und fein abgeriebene Schale von 1/2 unbehandelten Orange
500 g frische Erdbeeren
etwas Zitronenmelisse

Tipps & Alternativen

Balsamessig: Aus Italien kommt Aceto Balsamico. Der teuerste Weinessig reift mindestens 12 Jahre in unterschiedlichen Holzfässern. Im Supermarkt finden Sie eine preisgünstigere - weil kürzer gelagert-, dennoch aromatische Variante. Der sirupartige, sehr dunkle Balsamessig würzt bereits mit geringen Mengen und sollte sparsam dosiert werden. Falls Sie Lust haben, Balsamessig selber herzustellen, brauchen Sie nur einige frische Basilikumblätter abbrausen, trockenschütteln, mit einem breiten Messer quetschen und mit 1/4 Liter Weißweinessig in einer Flasche etwa 3 Wochen ziehen lassen. Dann gießen Sie den Essig durch eine Stoffwindel oder ein sehr feines Sieb und füllen ihn in Flaschen ab.

slimline

Marinierte Erdbeeren in Balsamessig

1 Balsamessig, Apfeldicksaft und Orangensaft in einem kleinen Topf mischen. Aufkochen und bei schwacher Hitze unter Rühren circa 5 Minuten sirupartig einkochen lassen.

2 Erdbeeren abspülen, vorsichtig trocken tupfen und putzen. Die Früchte je nach Größe halbieren oder vierteln.

3 Balsamessigsirup etwas abkühlen lassen, mit den Erdbeeren mischen und circa 10 Minuten ziehen lassen. Mit Orangenschale und Melisseblättchen auf Tellern anrichten.

FITNESS-CHECK	
Für Aktive	Vitamine ⊗
Für Denker	einfach ⊗
Immunschutz	schnell ⊗
Pro Portion: 130 Kalorien, 1 g Fett	günstig ⊗

Aprikosen-Crumble mit Quinoa

slimline

1 Ahornsirup, Quark und Mineralwasser verrühren. Aprikosen mit kochendem Wasser überbrühen, häuten, halbieren und würfeln. Erdbeeren ebenfalls würfeln. Früchte unter den Quark heben. Fruchtquark in eine Auflaufform geben.
2 Quinoa im Mixer fein mahlen. Mit Mandeln, Milch, Honig und Orangensaft mischen.
3 Quinoa-Mischung über den Quark bröseln. Bei 200 Grad 5 Minuten überbacken. Mit Minze anrichten.

FITNESS-CHECK	
Für Aktive / Für Denker / Immunschutz	Vitamine ⊗ einfach ⊗ schnell ⊗ günstig ⊗
Pro Portion: 250 Kalorien, 6 g Fett	

Zutaten
für 2 Personen

- 1 EL Ahornsirup
- 100 g Magerquark
- 2 EL Mineralwasser
- 2 Aprikosen
- 400 g Erdbeeren
- 30 g Quinoa
- 2 EL gemahlene Mandeln
- 1 EL fettarme Milch
- 1 TL Honig
- 2 EL Orangensaft
- frische Pfefferminze

Buchweizen-Pancakes mit Erdbeeren und Minze

1 Nísperos entkernen und in Spalten schneiden. Erdbeeren halbieren. Minzeblättchen in Streifen schneiden. Mit 1 EL Limettensaft und 1 EL Ahornsirup verrühren. Früchte darin 10 Minuten marinieren.
2 Ei trennen. Eigelb, Milch, Mehl, 1 EL Ahornsirup und Salz verrühren, circa 5 Minuten quellen lassen.
3 Eiweiß steifschlagen und unterheben. In einer beschichteten Pfanne 4 kleine Pancakes backen. Restlichen Sirup und Limettensaft verrühren. Alles zusammen auf zwei Teller anrichten.

slimline

FITNESS-CHECK	
Für Aktive / Für Denker / Immunschutz	Vitamine ⊗ einfach ⊗ schnell ⊗ günstig ⊗
Pro Portion: 220 Kalorien, 4 g Fett	

Zutaten
für 2 Personen

- 2 Nísperos (Mispelfrüchte)
- 250 g Erdbeeren
- etwas frische Pfefferminze
- Saft von 1/2 Limette
- 4 EL Ahornsirup
- 1 Ei
- 6 EL fettarme Milch
- 3 EL Buchweizenmehl
- 1 Prise Salz

im **Mai**

1. Tag

Morgens

1 Scheibe Vollkornbrot
4 sehr dünne Scheiben Lachsschinken
1 kleiner Kohlrabi
5 Radieschen
1 TL Weizenkeimöl
1/2 TL Sambal oelek
3 Stiele Schnittknoblauch

Mittags

40 g Wildreis
200 g Spargel
5 Bundmöhren
Jodsalz
etwas Muskat, gerieben
1/4 Eisbergsalat
2 EL Limettensaft
1 TL Akazienhonig
1 Msp. Kardamom
1 Msp. Piment
1 EL Walnußöl
3 Stiele Basilikum

Abends

1 kleine, tafelfertige Forelle
3 Stiele Basilikum
1 unbehandelte Zitrone
Jodsalz, weißer Pfeffer
2 TL Olivenöl
150 g kleine, neue Kartoffeln
2 Stiele Dill
1 kleine Möhre

Figur-Joker

Schinken-Schnitte

Brot mit Schinken und Kohlrabischeiben belegen. Radieschen fein würfeln, mit Öl und Sambal verrühren. Auf dem Brot verteilen. Mit Schnittknoblauch anrichten.

Zwischendurch
Erdbeerdrink: 150 ml Buttermilch, 50 g Erdbeeren und 1 TL Honig pürieren. Mit Zitronenmelisse garnieren.

Wildreis- Möhren-Salat

Reis kochen. Spargel und Möhren schälen, in Stücke schneiden. Mit Gewürzen in wenig Wasser dünsten. Mit dem Reis mischen. Salat in Streifen schneiden und unterheben. Restliche Zutaten zu einer Vinaigrette verrühren und zufügen. Mit Basilikum garnieren.

Zwischendurch
150 g Loquats

Kräuterforelle mit Dillkartoffeln

Forelle mit Basilikum und Zitronenscheiben füllen und würzen. Mit Öl bestreichen. In der Pfanne unter Wenden circa 10 Minuten braten. Kartoffeln abbürsten, in Salzwasser kochen. Mit Dill und gehackter Möhre bestreuen. Mit restlichem Öl beträufeln.

TAGESBILANZ
1230 Kalorien, 38 g Fett
Viel Vitamin A, wichtig für Augen und Sehkraft

2 schlanke Tage

2. Tag

Erdbeer-Jogurt

Erdbeeren halbieren. Mit Jogurt und Cornflakes mischen.

Zwischendurch

Mini-Sandwich: 20 g Mozzarella und 1 Tomate in Scheiben schneiden. Mit Basilikum zwischen 2 kleinen, runden Pumpernickelscheiben aufschichten. Pfeffer darübermahlen.

Morgens

200 g Erdbeeren
150 g Jogurt
(1,5 % Fett)
4 EL Cornflakes

Aprikosen-Mozzarella

Mozzarella in Scheiben, Aprikosen in Spalten schneiden. Essig, Basilikumstreifen, Honig und Öl verrühren, darüber träufeln. Pfeffern. Mit Pumpernickel anrichten.

Zwischendurch

Honigtoast: 1 Vollkorntoast rösten, mit 1 TL Honig bestreichen. Dazu 1 Tasse schwarzen Tee mit etwas Zitronensaft und 1 TL Honig trinken.

Mittags

80 g Mozzarella
3 Aprikosen
1 EL Himbeeressig
2 Stiele Basilikum
1/2 TL Honig
1 EL Traubenkernöl
grober Pfeffer
2 kleine, runde Pumpernickel

Quinoa-Plätzchen

Quinoa in der Brühe 30 Minuten garen. Mit Mehl, gehackter Petersilie, Muskat und Eiweiß zu einem Teig verrühren. Zwiebeln in Ringe schneiden. Tomaten abziehen und würfeln. Aus dem Quinoateig im Öl kleine Plätzchen backen. Anschließend warm stellen. Zwiebelringe im Bratfett bräunen, zu den Plätzchen geben. Für die Sauce Tomaten mit dem Bratfond und den gehackten Kräutern pürieren. Mit Tabasco abschmecken.

TAGESBILANZ
1110 Kalorien, 44 g Fett
Viele Kräuter, Früchte und Gemüse machen heute fit

Abends

40 g Quinoa
100 ml Gemüsebrühe
3 EL Mehl
1/2 Bund Petersilie
etwas Muskat, gerieben
1 Eiweiß
2 Zwiebeln
4 Tomaten
1 EL Olivenöl
etwas Thymian und Basilikum
3 Tropfen Tabasco

Aktiv *im Juni* *und fit*

Der Strand ruft! Damit Sie dort eine gute Figur machen, empfehlen wir viel Bewegung und frisches Gemüse, Obst und Vollkornprodukte. Ausreichend Flüssigkeit entschlackt den Körper zusätzlich.

10 Fitmacher des Monats

Jetzt frisch auf dem Markt

Johannisbeere

Als Doppel beerenstark

Unglaublich, welche Auswirkungen diese kleinen Beeren auf uns haben können! Beide Sorten – ob schwarz oder rot – haben die Fähigkeit, Gefäßwände zu stärken, bieten Schutz vor Arteriosklerose, Schlaganfall, Diabetes und Erkältungskrankheiten. Hinzu kommt, daß sie auch noch le-cker sind! Die roten sind herrlich erfrischend. Wer sie zu sauer findet, mischt zum Beispiel ein paar Himbeeren unter. Die schwarzen sind etwas milder und süßlicher im Geschmack. Also: ab mit den kleinen Power-Paketen ins Müsli, in die rote Grütze oder in die Quarkspeise. Leicht gesüßt sind sie auch pur ein Genuss.

▸ Einkaufs-Tipp:
Die Früchte sollten glänzend und prall aussehen. Achtung vor Schimmelbildung an den grünen Rispen!

▸ Aufbewahrung:
im Kühlschrank zwischen zwei Tüchern.

Kurzporträt

Top-Gehalt an:
Fruchtsäuren (besonders in den roten Johannisbeeren); Vitamin C, Kalium, Mangan, Eisen (besonders in den schwarzen Johannisbeeren).
Haltbarkeit: circa 2 Tage.
Preis: circa 3–4 Mark pro Pfund.

Minze

Heilkraut mit Frische-Aroma

Man könnte dieses Gewürz leicht für ein Unkraut halten. Doch die harmlos aussehende Pflanze hat es in sich. Neben ihrem starken, frischen Aroma weist die aus China stammende Minze eine endlose Reihe von heilenden Effekten auf. Sie paßt zu Sommersalaten, Desserts, gibt Drinks eine spritzige Note. Aber bitte sparsam verwenden. Das Aroma ist sehr intensiv.

▸ Einkaufs-Tipp:
Minze im Topf wächst sehr gut nach.

▸ Aufbewahrung:
Bund ins Wasser stellen.

Kurzporträt

Top-Gehalt an:
Eisen, Folsäure, Menthol.
Haltbarkeit: einige Tage.
Preis: circa 2 Mark pro Bund oder Topf.

Hüttenkäse

Kombiniere: alles Quark

Dieser weiche und körnige Frischkäse, ein Mitglied der Quarkfamilie, ist ein kreativer Zeitgenosse. Ob pur oder aber mit Früchten, Kräutern und Gewürzen – sein milder Geschmack erlaubt viele Kombinationen. Und weil es ihn auch als fettarme Variation (die Magerstufe hat unter 3 Prozent Fettgehalt) zu kaufen gibt, paßt er optimal in jeden Diätplan.

▸ Einkaufs-Tipp:
im Kühlregal zu finden.

▸ Aufbewahrung:
im Kühlschrank.

Kurzporträt

Top-Gehalt an:
Kalzium, Eiweiß.
Haltbarkeit:
ungeöffnet circa 3 Wochen, geöffnet ca. 1 Woche
Preis: circa 2 Mark pro 200-Gramm-Becher.

Eichblatt

Rot mit Nussgeschmack

Ganz klar, woher der Name stammt: Die Blätter dieses Salats gleichen in ihrer Form denen der Amerikanischen Eiche. Seine Anbaugebiete liegen vor allem in Italien und Frankreich. Da Eichblattsalat keine Bitterstoffe enthält, ist sein Eigengeschmack besonders mild und erinnert sogar ein bißchen an Haselnüsse.

▸ Einkaufs-Tipp:
Auch die äußeren Blätter müssen knackig sein.

▸ Aufbewahrung:
Salat leicht anfeuchten. In einer Plastiktüte oder Frischhaltedose ins Gemüsefach des Kühlschranks legen.

Kurzporträt

Top-Gehalt an:
Carotinoiden, Kalium.
Haltbarkeit: circa 3–4 Tage.
Preis: circa 2 Mark pro Kopf.

Zander

Edles vom Fischerhaken

Er gehört zu den feinsten seiner Art. Dieser Süßwasserfisch, der in Seen und großen Flüssen zu Hause ist, hat einiges zu bieten: Er ist sehr mild im Geschmack. Sein Fleisch ist sehr fest und mager: Es enthält nur 0,7 Gramm Fett pro 100 Gramm. Also ist dieser Raubfisch ein echter Schlankmacher. Wegen des weitverbreiteten Jodmangels sollte Fisch möglichst zweimal pro Woche auf dem Speiseplan stehen. Wer einmal Zander probiert hat, dem fällt es nicht schwer, diese Regel einzuhalten.

▸ Einkaufs-Tipp:
beim Fischhändler filetieren lassen.

Profi-Tipp des FIT FOR FU
Küchenchefs Jörg Nöcke

Wer gerne grillt, sollte sta Würstchen mal ein Zande filet auf der Hautseite kn sprig anbraten.

▸ Aufbewahrung:
im Kühlschrank.

Kurzporträt

Top-Gehalt an:
Vitamin D, Jod, Eisen, Selen.
Haltbarkeit: frischen Fisch am gleichen Tag verarbeiten.
Preis: circa 25 Mark pro Kilo.

Fitness-Tipp des Monats

Vom Bier-Bauch zum Beach-Body

1. **Becken-Beine-Heben**: Für den geraden Bauchmuskel. Rückenlage. Arme neben dem Körper, Beine nacheinander hochstrecken. Becken anheben und Füße langsam Richtung Decke strecken.
2. **Seitliches Beinpendeln**: Rückenlage, Arme seitwärts ausgestreckt. Beine nacheinander anheben, schließen und leicht beugen. Beine zunächst zur einen Seite, dann zur anderen schwingen. Schultern müssen dabei immer am Boden bleiben.
3. **Crunch**: Für den geraden Bauchmuskel. Rückenlage. Hände in den Nacken legen. Beine anheben und leicht beugen. Kopf anheben und langsam Wirbel für Wirbel vom Boden abrollen und wieder absenken, jedoch mit dem Kopf nicht den Boden berühren. Für die seitlichen Bauchpartien Grundposition einnehmen und beim Kopf heben den Ellenbogen zur Gegenseite führen. Knie muß nicht berührt werden.

im Juni

Richtig erfrischend und kräftig grün kommt der Juni daher. Hier die Auswahl für ein sommerliches Essvergnügen.

Majoran

Für Lust, gegen Frust

Die Göttin Venus soll diese aromatische Pflanze erschaffen haben. Sie gilt nicht nur als Gegenmittel für Liebeskummer, sondern auch als Turbo für die Manneskraft. Verantwortlich für die Wirkung sind ihre ätherischen Öle. Sie beruhigen einerseits die Nerven und fördern andererseits die Durchblutung. Außerdem erleichtert Majoran nachweislich die Fettverdauung. Deshalb werden Wurst und Fleisch kräftig mit dem Kraut gewürzt. Der blumige pfeffrige Geschmack paßt aber auch zu Kartoffeln und anderen Gemüsegerichten. Um das Aroma zu schützen, frischen Majoran immer erst zum Ende der Garzeit zugeben. Bitte nicht mitkochen!

▶ Einkaufs-Tipp:
Majoran im Töpfchen hält sich länger.

▶ Aufbewahrung:
Frische Kräuter ins Wasser stellen oder als Topf auf die Fensterbank (nicht zu kühl!).

Kurzporträt

Top-Gehalt an:
ätherischen Ölen, wie etwa Sabinenhydrat.
Haltbarkeit: einige Tage.
Preis: circa 2,50 Mark pro Topf; circa 1,50 Mark pro Bund.

Stachelbeere

Haariges Früchtchen

Etwas borstig sind diese kugelrunden Heckenbeeren, ja schon, die besonders in England beliebt sind. Das sollte Sie vom Genuß jedoch nicht abhalten. Interessanterweise können Stachelbeeren sehr unterschiedlich schmecken. Dafür ist der Reifegrad verantwortlich. Die grünen sind eher säuerlich und eignen sich eher für Kompott oder Marmelade. Die rötlichen, vollreifen Beeren hingegen sind herrlich süß im Geschmack und können ungezuckert gegessen werden. Hinzu kommt, daß in den vollreifen Früchten Schutzstoffe wie etwa Vitamin C in höherer Dosis enthalten sind.

▶ Einkaufs-Tipp:
am besten frisch auf dem Wochenmarkt kaufen (Saure Beeren reifen nicht nach!).

▶ Aufbewahrung:
im Gemüsefach des Kühlschranks. Grüne können gut eingefroren werden.

Kurzporträt

Top-Gehalt an:
Vitamin C, Pektin, Fruchtsäuren, Kalium.
Haltbarkeit:
1–2 Tage (grüne länger).
Preis: grüne circa 3 Mark, reife circa 5 Mark pro Pfund.

Stangensellerie

Dip, dip hurra!

Wegen seiner aphrodisierenden Wirkung wurden siegreiche Gladiatoren in der Antike mit Selleriekranzblättern statt mit Lorbeer gekrönt. Seine Heilkraft vermag jedoch noch mehr: er beruhigt die Nerven. Denn Stangensellerie enthält das ätherische Öl Appiin und insulinähnliche Hormone. Wegen der praktischen Form eignet sich Stangensellerie prima zum Dippen! Das zarte saftige Grün kann mitgegessen werden.

▶ Einkaufs-Tipp:
Er soll fest sein und glänzen.

▶ Aufbewahrung:
im Kühlschrank.

Kurzporträt

Top-Gehalt an:
Kalium, Kalzium, Mangan.
Haltbarkeit: circa 1 Woche.
Preis: circa 2,50 Mark pro Bund.

Spitzkohl

Sommer, Sonne, Kohl

Mit der sommerlichen Art des Weißkohls treiben wir den Winter endgültig aus. Eine Besonderheit ist der hohe Gehalt an Ascorbigen, das sich beim Garen in wertvolles Vitamin C umwandelt. Typisch für den kegelförmigen Spitzkohl ist der milde, aromatische Geschmack – perfekt für einen sommerlichen Gemüseeintopf oder für leckere Krautwickel.

▶ Einkaufs-Tipp:
je dunkelgrüner, desto besser. Blätter sollen glänzend und knackig sein.

▶ Aufbewahrung:
befeuchtet im Gemüsefach des Kühlschranks oder in Streifen geschnitten tiefgefroren .

Kurzporträt

Top-Gehalt an:
Vitamin C, Ballaststoffen.
Haltbarkeit: 3–4 Tage.
Preis: circa 2 Mark pro Kilo.

Mairübchen

Junge Rüben mit Historie

Zu Goethes Zeiten waren die „Mai-Rübchen" oder „Navetten" so bekannt wie Radieschen heute. Man liebte sie wegen ihres rettichähnlichen, doch milden Geschmacks und schätzte sie wegen ihrer sättigende Wirkung. Servieren Sie sie jedoch immer gedünstet oder blanchiert. Nur die kleinen, zarten schmecken auch roh.

▶ Einkaufs-Tipp:
die kleinen sind die besten.

▶ Aufbewahrung:
ungewaschen in einen perforierten Klarsichtbeutel im Kühlschrank oder an einem kühlen, feuchten Ort.

Kurzporträt

Top-Gehalt an:
Vitamin C, Kalium, Kohlenhydraten.
Haltbarkeit: circa 1 Woche.
Preis: circa 2,50 Mark pro Bund.

Rübchen: zart, aber oho!

Wer's gerne ein bißchen scharf und deftig mag, sollte sich mal durch die Familie der Rübchen futtern. Da gibt es einige kulinarische Überraschungen zu entdecken: Am bekanntesten sind wohl die Teltower Rübchen (siehe Bild rechts). Dieses feine Gemüse wurde ursprünglich nur in Teltow in der Mark Brandenburg angebaut. Es schmeckt besonders mild, fast etwas süßlich. Ähnlich zart sind die weißen Mai-Rübchen (Bild siehe oben). Etwas größer und derber im Geschmack ist die Herbstrübe. Sie verleiht deftigen Eintöpfen einen Hauch von Schärfe. Auch Stielmus zählt zu den Speiserüben, obwohl man bei diesem Blattkohlgemüse nicht die Wurzel isst, sondern nur das Grün. Fein geschnitten eignet es sich gut für Salate. Gedünstet ist Stielmus eine besondere Gemüsebeilage.

Zutaten
für 2 Personen

- 250 g Stangensellerie
- 1/2 Honigmelone
- 1/2 Lollo bianco
- 100 g rote Johannisbeeren
- 1 Chili
- 1 Knoblauchzehe
- 4 Garnelenschwänze mit Schale
- 1 EL Olivenöl
- Jodsalz
- 1 EL Sherryessig
- etwas frische Minze

Sellerie

Von der würzigen Staude wird die leicht holzige Wurzel großzügig entfernt. Mit einem Messer werden zähe Fäden von den Stielen senkrecht abgezogen. Danach in dünne Stücke schneiden.

Sommersalat mit Beeren und Garnelen

1 Sellerie vorbereiten (siehe Anleitung links), Melone in Spalten schneiden, Salat in mundgerechte Stücke zupfen, Johannisbeeren von den Stielen zupfen. Chili und Knoblauch fein hacken.

2 Garnelen bis auf die Schwanzflossen schälen, entdarmen und kalt abspülen. Trockentupfen und im heißen Öl circa 6 Minuten braten. Chili und Knoblauch mitbraten, salzen.

3 Garnelen herausnehmen. Essig an das Bratfett geben, mit Salz abschmecken, erkalten lassen. Salat mit Garnelen anrichten, Vinaigrette darüberträufeln. Mit Minze bestreuen.

FITNESS-CHECK

Für Aktive	■■■■□	Vitamine ☒
Für Denker	■■■■□	einfach ☒
Immunschutz	■■■■■	schnell ☒
Pro Portion: 180 Kalorien, 7 g Fett		günstig ○

Mai-Rübchen mit Rauke

1 Navetten putzen, waschen und halbieren. Im heißen Öl von allen Seiten einige Minuten braten. Mit Weißwein und Zitronensaft ablöschen, kurz aufkochen lassen. Mit Honig, Salz und Pfeffer abschmecken. Tomaten vierteln und in feine Würfel schneiden. Schalotten schälen und fein hacken. Beides zu den Navetten geben.

2 Rauke verlesen und kalt abspülen. Feta mit den Händen zerbröckeln. Minzeblättchen von den Stielen zupfen. Rauke und Minze mischen, auf Tellern verteilen. Lauwarme Navetten und Tomaten-Marinade darauf verteilen. Fetastücke darüber streuen.

FITNESS-CHECK

Für Aktive	Vitamine ☒
Für Denker	einfach ☒
Immunschutz	schnell ☒
Pro Portion: 250 Kalorien, 13 g Fett	günstig ☒

Zutaten
für 2 Personen

1 Bund Mini-Navetten
1 TL Olivenöl
4 EL Weißwein
2 EL Zitronensaft
1 EL Honig
Jodsalz
Pfeffer aus der Mühle
2 Tomaten
2 Schalotten
1 Bund Rauke
100 g Feta
1/2 Bund Minze

Bulgur-Salat mit Johannisbeeren und Melone

1 Bulgur kalt abspülen, mit 200 ml kochendem Salzwasser übergießen. Circa 30 Minuten darin ausquellen lassen. Zwischendurch mehrmals umrühren. Erkalten lassen.

2 Paprika fein würfeln, Melone schälen und würfeln. Johannisbeeren von den Rispen streifen. Gurke gründlich waschen und längs in dünne Scheiben hobeln.

3 Schnittlauch in Röllchen schneiden. Öl, Zitronensaft, Salz, Pfeffer und eine Prise Korianderpulver kräftig verquirlen. Schnittlauch zufügen. Bulgur, Paprika, Melone und Johannisbeeren mit der Vinaigrette vermengen. Mit Gurken- und Putenbrustscheiben anrichten.

slimline

FITNESS-CHECK

Für Aktive	Vitamine ☒
Für Denker	einfach ☒
Immunschutz	schnell ☒
Pro Portion: 300 Kalorien, 7 g Fett	günstig ☒

Zutaten
für 2 Personen

100 g Bulgur (Weizengrütze)
Jodsalz
1/2 gelbe Paprika
1/2 Galia-Melone
100 g rote Johannisbeeren
1 Mini-Salatgurke
1/2 Bund Schnittlauch
1 EL Sojaöl
2 EL Zitronensaft
Pfeffer aus der Mühle
1 Msp. gemahlener Koriander
4 dünne Scheiben geräucherte Putenbrust

Salate

Zutaten
für 2 Personen

- 250 g junge Möhren
- 1 Bund Mini-Navetten
- 1/4 Eichblattsalat
- 1/4 Kopfsalat
- 4 EL Alfalfasprossen
- 1 EL Sojaöl
- 1 EL Weißweinessig
- 1TL grobkörniger Dijon-Senf
- 50 ml Apfelsaft
- Jodsalz
- schwarzer Pfeffer aus der Mühle

Möhrensalat mit Sprossen

1 Möhren putzen, waschen, schälen und schräg in Scheiben schneiden. Navetten putzen, waschen und hauchdünn hobeln.

2 Salate putzen, waschen und trockentupfen. In mundgerechte Stücke zupfen. Sprossen kalt abspülen.

3 Für die Vinaigrette Öl, Essig, Senf und Apfelsaft kräftig verquirlen. Mit Salz und Pfeffer würzen. Vorbereitete Zutaten auf zwei Tellern verteilen. Mit der Senfvinaigrette beträufeln und sofort servieren.

FITNESS-CHECK	
Für Aktive	Vitamine ☒
Für Denker	einfach ☒
Immunschutz	schnell ☒
Pro Portion: 100 Kalorien, 6 g Fett	günstig ☒

Zutaten
für 2 Personen

- 100 g Zuckerschoten
- 200 g Staudensellerie
- 2 Lauchzwiebeln
- etwas Eichblattsalat
- 250 g Zanderfilet
- 2 EL Limettensaft
- Jodsalz, Pfeffer
- 2 TL Olivenöl
- 1 kleine gekochte Pellkartoffel
- 1 EL Weißweinessig
- 2 Knäckescheiben

Gebratener Zander auf Zuckerschoten

1 Zuckerschoten blanchieren, kalt abschrecken. Sellerie in dünne Scheiben, Lauchzwiebeln in Ringe schneiden. Salat waschen und abtropfen lassen.

2 Fisch kalt abspülen, trockentupfen und in grobe Stücke schneiden. Mit Limettensaft beträufeln. Salzen und pfeffern, in 1 TL heißem Öl braten.

3 Kartoffel pellen und durch eine Presse drücken. Mit restlichem Öl, Essig, Salz und Pfeffer verrühren. Salatzutaten mit Fisch auf Tellern anrichten, Kartoffel-Vinaigrette darüber träufeln. Dazu Knäckebrot reichen.

FITNESS-CHECK	
Für Aktive	Vitamine ☒
Für Denker	einfach ☒
Immunschutz	schnell ☒
Pro Portion: 290 Kalorien, 7 g Fett	günstig ○

Klare Sommer-gemüse-Suppe

slimline

1 Spitzkohl putzen, Strunk herausschneiden. Kohl in in breite Streifen, Möhren in dünne Stifte schneiden. Champignons säubern und halbieren.

2 Schalotten und Ingwer schälen und hacken. Im heißen Öl glasig dünsten. Spitzkohl, Möhrenstifte und Champignons zufügen und kurz mitbraten.

3 Brühe zugeben. Mit Salz, Pfeffer und Koriander würzen und circa 10 Minuten garen. Auf zwei Suppentellern anrichten und mit Korianderblättchen bestreuen.

FITNESS-CHECK	
Für Aktive	Vitamine ☒
Für Denker	einfach ☒
Immunschutz	schnell ☒
Pro Portion: 150 Kalorien, 5 g Fett	günstig ☒

Vorspeisen

Zutaten
für 2 Personen

1/2 Spitzkohl
2 Möhren
150 g roséfarbene Champignons
2 Schalotten
1 walnussgroßes Stück Ingwer
1 TL Sonnenblumenöl
400 ml Gemüsebrühe (Instant)
Jodsalz
Pfeffer aus der Mühle
1 Msp. gemahlener Koriander
etwas frischer Koriander

Hüttenkäse-Dip mit Sellerie und Radieschen

slimline

1 Sellerie putzen, waschen und in fingerlange Stücke schneiden. Radieschen putzen und hauchdünn hobeln. Sprossen kalt abspülen und gut abtropfen lassen.

2 Öl, Zitronensaft und Senf verrühren. Mit Salz und Pfeffer würzen. Vinaigrette unter den Hüttenkäse rühren. Sellerie, Radieschen und Hüttenkäse anrichten. Sprossen darüberstreuen und servieren.

FITNESS-CHECK	
Für Aktive	Vitamine ☒
Für Denker	einfach ☒
Immunschutz	schnell ☒
Pro Portion: 140 Kalorien, 4 g Fett	günstig ☒

Zutaten
für 2 Personen

1/2 Bund Stangensellerie
1 Bund Radieschen
50 g Rettichsprossen
1 TL Olivenöl
1 TL Zitronensaft
1 TL mittelscharfer Senf
Jodsalz
Pfeffer aus der Mühle
200 g körniger Frischkäse (Hüttenkäse)

Vorspeisen

Zutaten
für 2 Personen

1 kleiner Spitzkohl
2 Schalotten
50 g getrocknete Tomaten in Öl
Jodsalz
weißer Pfeffer aus der Mühle
1 Msp. gemahlener Cumin (Kreuzkümmel)
1 unbehandelte Zitrone
1 EL Kapern aus dem Glas
Dillblüten zum Garnieren

Spitzkohl

Vom zarten Sommerkohl nur die äußeren Blätter entfernen. Den Kohlkopf halbieren. Mit einem scharfen Messer den harten Strunk herausschneiden. So läßt sich Spitzkohl leicht hobeln.

Spitzkohlröllchen mit Tomaten und Kapern

1 Vom Spitzkohl sechs größere Blätter abtrennen, den Rest fein hobeln (siehe Anleitung links). Schalotten fein hacken. Tomaten abtropfen lassen (Öl dabei auffangen), in Streifen schneiden.

2 Etwas Tomatenöl erhitzen. Kohlraspel, Schalottenwürfel und Tomatenstreifen darin kurz schwenken. Mit Salz, Pfeffer und Cumin würzen.

3 Füllung auf den Kohlblättern verteilen, aufrollen und mit Holzstäbchen feststecken.

4 Zitrone in Spalten schneiden. Röllchen im restlichen Öl rundum anbraten. Mit etwas Zitronensaft ablöschen, restliche Spalten und Kapern zugeben, kurz mitgaren. Auf einem Teller anrichten und mit Dill garnieren.

FITNESS-CHECK	
Für Aktive	Vitamine ☒
Für Denker	einfach ○
Immunschutz	schnell ☒
Pro Portion: 130 Kalorien, 8 g Fett	günstig ☒

Gefüllte Pfannkuchen mit Räucherlachs

1 Ei, Milch, Mehl und 1 Prise Salz verrühren. Teig etwas quellen lassen. Minzeblättchen abzupfen und in Streifen schneiden. Frischkäse, Minze und Saft von einer halben Limette verrühren. Mit Salz und Pfeffer abschmecken.

2 Öl in einer Pfanne erhitzen. Aus dem Teig zwei dünne Pfannkuchen backen. Mit dem Minze-Frischkäse füllen und aufrollen. Jeweils mit einer Scheibe Lachs und Limettenscheiben anrichten. Mit Minzeblättchen und Dill garnieren.

FITNESS-CHECK		
Für Aktive	▮▯	Vitamine ☒
Für Denker	▮▯	einfach ☒
Immunschutz	▮▯	schnell ☒
Pro Portion: 340 Kalorien, 12 g Fett		günstig ○

Zutaten
für 2 Personen

1 Ei
1/8 l fettarme Milch
60 g Mehl
Jodsalz
1/2 Bund Minze
150 g körniger Frischkäse
1 Limette
Pfeffer aus der Mühle
1 TL Sonnenblumenöl
2 Scheiben Räucherlachs
Minze und Dill zum Garnieren

California Roll mit Sprossen

1 Reis mit Salz nach Packungsanweisung garen, abdampfen lassen. Zucker und Essig verrühren und untermischen. Reis abkühlen lassen.

2 Avocado in Streifen, Möhre in feine Stifte schneiden. Sprossen abspülen und trockenschütteln. Eine dünne Schicht Reis auf einer Bambusmatte verteilen, ein halbes Nori-Blatt darauflegen und eine weitere Schicht Reis darauf verteilen.

3 Avocado, Sprossen, Frischkäse und etwas Wasabi in die Mitte legen. Alles zusammen mit Hilfe der Matte aufrollen. Matte vorsichtig entfernen. Rolle in Stücke schneiden. Mit Koriander, Sojasauce, Ingwer und Möhrenstiften anrichten.

slimline

FITNESS-CHECK		
Für Aktive	▮▯	Vitamine ☒
Für Denker	▮▯	einfach ○
Immunschutz	▮▯	schnell ○
Pro Portion: 160 Kalorien, 5 g Fett		günstig ○

Zutaten
für 2 Personen

50 g Sushireis (Asia-Laden)
1/2 TL Jodsalz
1 TL Vollrohrzucker
2 EL Reisessig
1/4 Avocado
1 Möhre
2 EL Rettichsprossen
1 Nori-Blatt (japan. Algenart)
2 EL körnigen Frischkäse
etwas Wasabi (Meerrettichpaste)
etwas frischer Koriander
Sojasauce
eingelegter Ingwer

im Juni

Hauptgerichte

Zutaten
für 2 Personen

- 1 Knoblauchzehe
- 1 TL Korianderkörner
- 1/2 unbehandelte Zitrone
- 4 EL gehackte Mischkräuter
- 400 g Zanderfilet mit Haut
- Jodsalz, Pfeffer
- 2 EL Sesamöl
- 1 nußgroßes Stück Ingwer
- 1 Chilischote
- 1/2 Paprika
- 2 Stangen Staudensellerie
- 1 Bund Navetten
- 1 Stange Lauch
- 2 EL Sojasauce
- 4 Scheiben Baguette

Den Zander zubereiten

Zander in Stücke schneiden. Auf der Hautseite mit einem scharfen Messer kreuzweise einschneiden. Vorbereitete Kräuter in die Einschnitte füllen. Immer zuerst auf der Hautseite knusprig braun braten.

slimline

Knuspriges Zanderfilet mit Wildkräutern

1 Knoblauch hacken, Koriander zerstoßen. Zitronenschale abreiben und Saft auspressen. Gewürze, Kräuter und Zitrone vermischen. Fischfilet kalt abspülen und trockentupfen. In vier Stücke schneiden.

2 Hautseite mehrmals diagonal einschneiden. Kräutermischung hineinfüllen (siehe Anleitung links). Filets salzen und pfeffern und im heißen Öl unter Wenden circa 12 Minuten braten. Ingwer und Chili hacken.

3 Gemüse klein schneiden. Fisch aus der Pfanne nehmen und warm stellen. Gemüse, Ingwer und Chili im Bratfett kurz anschmoren. Mit Sojasauce, Salz und Pfeffer würzen. Fisch auf dem Gemüse anrichten. Dazu Brot reichen.

FITNESS-CHECK	
Für Aktive	Vitamine ☒
Für Denker	einfach ☒
Immunschutz	schnell ☒
Pro Portion: 380 Kalorien, 9 g Fett	günstig ○

Gebratene Goldmakrele
auf Asia-Gemüse

slimline

1 Reis kochen. Fisch vorsichtig abspülen, trockentupfen, mit 2 EL Limettensaft beträufeln. Knoblauch, Ingwer, Pilze, Kohl, Zwiebeln und Möhren klein schneiden. Sprossen abspülen.
2 Ingwer und Knoblauch im heißen Sesamöl anbraten. Pilze, Gemüse und Sprossen zufügen, circa 5 Minuten braten. Mit Sojasauce, restlichen Limettensaft, Salz und Pfeffer würzen.
3 Fisch im heißen Sojaöl von beiden Seiten 3 Minuten braten. Würzen. Alles mit Reis und Korianderblättchen anrichten.

FITNESS-CHECK	
Für Aktive	Vitamine ☒
Für Denker	einfach ☒
Immunschutz	schnell ○
Pro Portion: 450 Kalorien, 12 g Fett	günstig ○

Zutaten
für 2 Personen

100 g Reis
300 g Goldmakrelenfilets (ersatzweise Heilbutt)
3 EL Limettensaft
1 Knoblauchzehe
1 Stück Ingwer
100 g Shiitake-Pilze
1 Spitzkohl
2 Frühlingszwiebeln
3 Möhren
50 g Sojasprossen
1 EL Sesamöl
3 EL Sojasauce
Salz, Pfeffer
1 EL Sojaöl
1 EL Korianderblättchen

Gebratene Hähnchenbrust
mit Erbsengemüse

slimline

1 Erbsen palen. Zwiebeln kleinschneiden. Zitrone heiß abspülen und trockenreiben. Etwas Schale dünn abschälen. Zitrone auspressen. 1 TL Öl erhitzen. Zwiebeln und Zitronenschale darin andünsten. Erbsen, Zitronensaft und 3 EL Wasser hinzufügen. Salzen und pfeffern. Circa 5 Minuten dünsten.
2 Nudeln kochen. Hähnchenfilets abspülen und trockentupfen. Im restlichen Öl circa 7 Minuten braten. Nudeln abgießen, Filets in Scheiben schneiden. Alles mit der Minze anrichten.

FITNESS-CHECK	
Für Aktive	Vitamine ☒
Für Denker	einfach ☒
Immunschutz	schnell ○
Pro Portion: 540 Kalorien, 8 g Fett	günstig ☒

Zutaten
für 2 Personen

600 g Erbsen in Schoten
2 Frühlingszwiebeln
1/2 unbehandelte Zitrone
2 TL Olivenöl
Salz, Pfeffer
150 g grüne Bandnudeln
2 Hähnchenbrustfilets (insges. 300 g)
1 Zweig Pfefferminze

Hauptgerichte

slimline

Pappardelle mit Sellerie-Bolognese

Zutaten
für 2 Personen

1 Zwiebel
1 Knoblauchzehe
2 Stangen Staudensellerie
4 Tomaten
60 g getrocknete Tomaten in Öl
200 g Rinderhackfleisch
Jodsalz, Pfeffer
200 ml Gemüsebrühe (Instant)
200 g Pappardelle (Bandnudeln)
1/2 EL frischer Majoran

1 Zwiebel und Knoblauch hacken. Sellerie putzen, in dünne Scheiben schneiden, Tomaten achteln. Getrocknete Tomaten abtropfen lassen, Öl dabei auffangen. Tomaten in Streifen schneiden.

2 Tomatenöl in einer Pfanne erhitzen. Hackfleisch darin anbraten. Mit Salz und Pfeffer würzen. Zwiebel, Knoblauch, Sellerie, Tomatenstücke und getrocknete Tomaten zufügen und mitbraten.

3 Brühe angießen, circa 15 Minuten schmoren. Nudeln in Salzwasser bissfest garen. Sauce mit Salz, Pfeffer und Majoran abschmecken. Nudeln mit Sauce mischen, anrichten.

FITNESS-CHECK	
Für Aktive	Vitamine ⊗
Für Denker	einfach ⊗
Immunschutz	schnell ○
Pro Portion: 600 Kalorien, 13 g Fett	günstig ○

Spagettini mit Zucchini-Blüten

slimline

Zutaten
für 2 Personen

Salz
1 Knoblauchzehe
6 kleine Zucchini mit Blüte
3 Schalotten
1 TL Olivenöl
Pfeffer
1 Zweig Estragon
150 g Spagettini (dünne Spaghetti)
1 TL Walnussöl
20 g Pecorino oder Parmesan im Stück

1 Reichlich Salzwasser erhitzen. Knoblauch und Zucchini in Scheiben schneiden. Blüten beiseite legen. Schalotten schälen und in Ringe schneiden. Öl erhitzen, Knoblauch und Schalotten darin andünsten, Zucchini-Scheiben zugeben. Mit Salz und Pfeffer würzen. Estragonblättchen zufügen. Circa 4 Minuten dünsten. Zucchini-Blüten etwa 1 Minute mitgaren.

2 Spaghettini nach Packungsanweisung in Salzwasser garen. Abgießen und gut abtropfen lassen. Heiß mit dem Nussöl mischen. Nudeln und Zucchini auf Tellern anrichten. Pecorino oder Parmesan darüber hobeln.

FITNESS-CHECK	
Für Aktive	Vitamine ⊗
Für Denker	einfach ○
Immunschutz	schnell ⊗
Pro Portion: 420 Kalorien, 10 g Fett	günstig ⊗

Medaillons mit Pfeffer-Gemüse

Zutaten
für 2 Personen

- 400 g Kartoffeln
- 2 Rindermedaillons
- etwas Küchengarn
- 1 EL Öl
- Jodsalz
- Pfeffer aus der Mühle
- 1 Stiel Rosmarin
- 1 Bund Mini-Navetten
- 2 EL eingelegter grüner Pfeffer
- 100 ml Weißwein
- 100 ml Rinderfond (Glas)
- 100 g Kirschtomaten

1 Kartoffeln schälen, waschen und vierteln. Medaillons mit Küchengarn in Form binden. Im heißen Öl von allen Seiten kurz anbraten. Salzen und pfeffern. Aus der Pfanne nehmen. Kartoffeln im Bratfett circa 10 Minuten braten. Zwischendurch mehrmals wenden.

2 Rosmarinnadeln vom Stiel zupfen. Navetten halbieren. Navetten, Rosmarin und grünen Pfeffer zu den Kartoffeln geben und kurz mitbraten.

3 Wein und Rinderfond angießen, kurz aufkochen lassen. Medaillons auf das Gemüse legen und zugedeckt circa 20 Minuten schmoren. Tomaten halbieren und circa 5 Minuten vor Ende der Garzeit zufügen. Alles abschmecken und anrichten.

FITNESS-CHECK

Für Aktive	Vitamine ☒
Für Denker	einfach ☒
Immunschutz	schnell ○
Pro Portion: 530 Kalorien, 16 g Fett	günstig ○

Sommer-Eintopf mit Kräuterklößchen

slimline

Zutaten
für 2 Personen

- 50 ml fettarme Milch
- Jodsalz
- 30 g Grieß
- 1 Eigelb
- 2 EL gemischte gehackte Kräuter
- 1 Bund Mini-Navetten
- 100 g grüne Bohnen
- 2 Stangen Staudensellerie
- 2 Möhren
- 1 Zwiebel
- 1 EL Rapsöl
- 1/2 l Gemüsebrühe
- Pfeffer aus der Mühl

1 Milch und 1 Prise Salz aufkochen, Grieß unterrühren. Abkühlen lassen, Eigelb und 1 EL Kräuter unterziehen. Mit Teelöffeln Klößchen formen, beiseite stellen. Navetten, Bohnen, Sellerie und Möhren klein schneiden.

2 Zwiebel fein würfeln, im heißen Öl glasig dünsten. Gemüse zufügen und kurz mitdünsten. Brühe zugießen, salzen und pfeffern. Circa 10 Minuten garen. Grießklößchen zum Eintopf geben, 5 Minuten darin garen lassen. Eintopf mit restlichen Kräutern bestreuen und servieren.

FITNESS-CHECK

Für Aktive	Vitamine ☒
Für Denker	einfach ○
Immunschutz	schnell ☒
Pro Portion: 220 Kalorien, 10 g Fett	günstig ○

Desserts

Zutaten
für 2 Personen

- 3 Blatt Gelatine
- 2 EL Limettensaft
- 250 g Magermilchjogurt
- 2 TL Honig
- 1 EL Pistazienkerne
- 150 g rote Johannisbeeren
- etwas frische Pfefferminze

slimline

Jogurt-Mousse mit Johannisbeeren

1 Gelatine in kaltem Wasser einweichen. Limettensaft, Jogurt und Honig verrühren. Gelatine ausdrücken, bei milder Hitze auflösen und unter den Jogurt rühren. In eine Schale füllen und im Kühlschrank fest werden lassen.

2 Pistazien grob hacken. Johannisbeeren abspülen, abtropfen lassen. Mit einem Eßlöffel Nocken aus der Mousse stechen. Mit Pistazien, Johannisbeeren und Minzeblättchen auf Tellern anrichten.

FITNESS-CHECK	
Für Aktive	Vitamine ☒
Für Denker	einfach ○
Immunschutz	schnell ○
Pro Portion: 130 Kalorien, 4 g Fett	günstig ☒

Ingwerflan mit Stachelbeergrütze

slimline

1 Ingwer fein reiben. Mit Milch, 2 TL Honig und 2 EL Stärke verrühren. Milch unter Rühren aufkochen lassen. Etwas abkühlen lassen, Eigelb unterziehen. Fertigen Flan in Förmchen oder Tassen füllen und fest werden lassen.

2 Stachelbeeren abspülen, mit 50 ml Wasser und restlichem Honig aufkochen. Stärke mit 1 EL Zitronensaft glattrühren. Stachelbeeren damit binden. Mit etwas abgeriebener Zitronenschale würzen.

3 Flan auf Dessertteller stürzen, mit Stachelbeergrütze, etwas Zitronenschale und Melisse anrichten.

FITNESS-CHECK	
Für Aktive	Vitamine ☒
Für Denker	einfach ○
Immunschutz	schnell ○
Pro Portion: 270 Kalorien, 7 g Fett	günstig ☒

Zutaten
für 2 Personen

- 1 kleines Stück frischer Ingwer
- 250 ml fettarme Milch
- 4 TL Honig
- 3 EL Speisestärke
- 1 Eigelb
- 300 g Stachelbeeren
- 1 unbehandelte Zitrone
- etwas frische Zitronenmelisse

Marinierte Beeren in Honig-Ingwer-Sauce

1 Mandeln ohne Fett rösten, herausnehmen und abkühlen lassen. Ingwer schälen und auf einer Küchenreibe sehr fein reiben. Erdbeeren halbieren. Johannisbeeren und Stachelbeeren kurz abspülen.

2 Stachelbeeren mit 3 EL Wasser, Ingwer, Zitronensaft und Honig circa 2 Minuten dünsten und abkühlen lassen. Übrige Früchte zugeben und 10 Minuten marinieren. Früchte, Mandelblättchen und etwas Minze auf zwei Tellern anrichten.

FITNESS-CHECK	
Für Aktive	Vitamine ☒
Für Denker	einfach ☒
Immunschutz	schnell ☒
Pro Portion: 160 Kalorien, 3 g Fett	günstig ○

slimline

Zutaten
für 2 Personen

- 1 EL Mandelblättchen
- 1 nussgroßes Stück Ingwer
- 250 g Erdbeeren
- 100 g rote Johannisbeeren
- 200 g Stachelbeeren
- 2 EL Zitronensaft
- 2 TL Honig
- etwas Pfefferminze

im **Juni**

1. Tag

Morgens

150 g Charentais-Melone
50 g rote Johannisbeeren
150 g fettarmer Jogurt
1 EL Honig
1 EL Kokosraspel

Mittags

5 kleine neue Kartoffeln
1/4 l Gemüsebrühe
100 g TK-Erbsen
1 Stange Sellerie
100 g Champignons
Saft einer Zitrone
1 Msp. Cayennepfeffer
Jodsalz
2 Stiele Minze
1/2 Bund glatte Petersilie
1 EL Olivenöl
5 Scheiben Bündner Fleisch

Abends

150 g Zanderfilet
3 TL Sonnenblumenöl
Jodsalz, weißer Pfeffer
300 g junge Möhren
200 g Spitzkohl
1 Chilischote
1 EL Balsamessig
1 Msp. Korianderpulver
1 TL Ahornsirup

Figur-Joker

Kokos-Müsli

Melone würfeln. Johannisbeeren zufügen. Jogurt und Honig zugeben. Mit Kokos bestreuen.

Zwischendurch

2 Grissini-Stangen mit je 2 Scheiben Bündner Fleisch umwickeln. Dazu einen Melonenschnitz.

Erbsensalat mit Zitronendressing

Kartoffeln abbürsten. In der Brühe garen. Erbsen 5 Minuten mitgaren. Aus der Brühe nehmen, abkühlen lassen. Sellerie und Pilze putzen und fein schneiden. Mit Kartoffeln und Erbsen mischen. 3 EL Brühe, Zitronensaft, Cayennepfeffer, Salz, Öl und gehackte Kräuter verquirlen. Salat damit marinieren. Mit Bündner Fleisch anrichten.

Zwischendurch

100 ml Buttermilch und 100 g Melone pürieren. Mit Zimt abschmecken. Mit einem Schuß Mineralwasser aufgießen. Mit Johannisbeeren dekorieren.

Gebratener **Zander**

Fisch in 1 TL Öl von jeder Seite 1 Minute braten. Salzen, pfeffern und warm stellen. Möhren und Kohl in feine Streifen, entkernte Chilischote in Ringe schneiden. Alles im restlichen Öl anbraten. Mit Essig ablöschen, kurz schmoren. Mit Koriander, Salz und Ahornsirup abschmecken.

TAGESBILANZ
1205 Kalorien, 33 g Fett
Viel Vitamin A, wichtig für Augen und Sehkraft

2 schlanke Tage

Roggenbrötchen mit Gemüsetatar

Brötchen mit Hüttenkäse bestreichen. Gurke und Tomate sehr fein würfeln. Schnittlauch in Röllchen unterziehen. Alle Zutaten auf dem Brötchen anrichten und würzen.

Zwischendurch
1 Scheibe Knäcke mit 1 EL Hüttenkäse bestrei- hen. Mit Johannisbeeren, TL Honig und Minzeblätt- hen anrichten.

Ciabatta mit Putenbrust

Kohl und Paprika in dünne Streifen schneiden. Mit Essig, Gewürzen und Öl marinieren und kurz ziehen lassen. Brot aufschneiden, Mit Salat, Putenbrust und in Streifen geschnittene Peperoni füllen.

Zwischendurch
1/2 rote Paprikaschote mit 1 gehäuften EL Hüttenkäse und 5 grünen Oliven füllen. Pfeffern.

Pappardelle mit Tomatenragout

Nudeln in Salzwasser kochen. Fleisch in dünne Scheiben, Zwiebel in Ringe schneiden. Beides im Öl anbraten. Tomate überbrühen, abziehen und in Spalten schneiden. Mit den Pfefferkörnern in die Pfanne geben und alles zusammen 1 Minute dünsten. Mit Salz, Piment und Essig abschmecken. Mit Oreganoblättchen bestreuen und zu den gegarten Nudeln geben.

TAGESBILANZ
1175 Kalorien, 27 g Fett
Viel Vitamin C, um die Speicher aufzufüllen

2. Tag

Morgens

1 Roggenbrötchen
50 g Hüttenkäse
1 Minigurke
1 Tomate
Jodsalz
weißer Pfeffer
1/2 Bund Schnittlauch

Mittags

50 g Spitzkohl
1/2 rote Paprika
1 TL Weinessig
Jodsalz
1 Msp. Piment
1 TL Weizenkeimöl
1 großes Stück (80 g) Ciabatta
2 Scheiben geräucherte Putenbrust (insges. 60 g)
1–2 milde Peperoni

Abends

50 g Pappardelle (oder andere Bandnudeln)
Jodsalz
80 g Schweinefilet
1 große Zwiebel
1 EL Olivenöl
1 Fleischtomate
1 TL eingelegte grüne Pfefferkörner
Piment
1–2 TL Balsamessig
3 Stiele Oregano

Vitaminbad für Gemüsefans

im Juli

Was gibt's Schöneres als frisches Gemüse vom Markt und süsse Kirschen vom Baum? Sie sind das kulinarische Highlight im Juli. Und wer sie auskostet, versorgt sich auch optimal mit Nährstoffen. So kommt man cool und gestärkt durch die Hitze des Sommers.

10 Fitmacher des Monats

Jetzt frisch auf dem Markt

Zucchini

Newcomer, klein erst fein

Zucchetti – „kleiner Kürbis" wird das Sommergemüse von den Italienern liebevoll genannt. Auf deutschen Märkten ist es noch gar nicht solange erhältlich. Aber es wurde Zeit! Denn das sanft nussig schmeckende Gemüse ist eine wahre Gaumenfreude in Salaten, Suppen und als Gemüsebeilage. Zucchini kann man roh verzehren, dünsten oder gefüllt überbacken. Die marmorierte Schale kann problemlos mitgegessen werden; man sollte sie jedoch vorher gründlich abwaschen. Besonders schmackhaft sind Zucchini übrigens, wenn sie nicht länger als 20 Zentimeter sind. Größere sind oft langweilig und fad im Geschmack.

▸ Einkaufs-Tipp:
Die besten wiegen zwischen 125 und 250 Gramm. Achten Sie auf eine weißgesprenkelte Schale.

▸ Aufbewahrung:
im Gemüsefach des Kühlschranks – da sie äthylenempfindlich sind, bitte nicht neben Obst lagern.

Kurzporträt

Top-Gehalt an:
Kalium, Magnesium, Eisen, Phenolsäuren.
Haltbarkeit: circa 3–4 Tage.
Preis: circa 3 Mark pro Kilo.

Kirsche

Darling im Doppelpack

Neun von zehn Deutschen essen gern Kirschen – kein Wunder, denn die prallen, roten Zwillingskugeln sehen nicht nur verführerisch aus, sondern haben auch ein unwiderstehliches Aroma. Die dunkleren Früchte sind auf jeden Fall wertvoller, denn sie enthalten beispielsweise mehr Kalium, Eisen und Kieselsäure.

▸ Einkaufs-Tipp:
Kräftig gefärbte Früchte sind aromatischer.

▸ Aufbewahrung:
am besten auf einem Tablett oder Teller ausbreiten und kühl stellen.

Kurzporträt

Top-Gehalt an:
Kalium, Folsäure, Betacarotin.
Haltbarkeit: 1 Tag.
Preis: je nach Sorte 3 bis 5 Mark pro Pfund.

Schichtkäse

Quickie aus Milch

Man könnte ihn als „Fast Food" bezeichnen – denn dieser Käse ist sofort nach seiner Herstellung genußfertig. Ähnlich wie Quark wird er aus pasteurisierter Milch hergestellt, die vor der Dicklegung auf den jeweiligen Fettgehalt „eingestellt" wird. Dann wird er nach der Säuerung in spezielle Formen geschichtet. Wegen der festen Konsistenz wird er gern für Käsekuchen verwendet.

▸ Einkaufs-Tipp:
Die Viertelfettstufe von 10% ist die leichteste.

▸ Aufbewahrung:
im Kühlschrank.

Kurzporträt

Top-Gehalt an:
Kalzium, Eiweiß.
Haltbarkeit: ungeöffnet circa 3 Wochen.
Preis: circa 2,50 Mark pro 500-Gramm-Becher.

Dill

Das Gute-Nacht-Kraut

Das frisch-aromatische Dillkraut paßt in jeden Kräuterquark und eignet sich für Saucen zum Fisch. Das im Dill enthaltene ätherische Öl Anethol wirkt übrigens beruhigend. Deswegen hilft Dill-Tee, natürlich abends getrunken, gut bei leichten Schlafstörungen. Anleitung: 1 Teelöffel frische, zerriebene Blattspitzen auf eine Tasse siedendes Wasser geben und 15 Minuten ziehen lassen.

▸ Einkaufs-Tipp:
Frisch gekaufter Dill ist aromatischer als tiefgekühlter.

▸ Aufbewahrung:
Bund ins Wasser stellen oder Topf gut bewässern.

Kurzporträt

Top-Gehalt an:
Mangan, Eisen, Carotinoiden.
Haltbarkeit: circa 2–3 Tage.
Preis: circa 1 Mark pro Bund, im Topf circa 3 Mark.

Oktopus

Alles in Tinte!

Meeresbewohner oder Alien – wer will das schon so genau wissen? Auf jeden Fall schmeckt Tintenfisch fritiert, gebraten oder gedünstet in pikanter Sauce. Er kann aber auch auf den Grill gelegt werden und wird damit eine mediterrane Köstlichkeit. Die pechschwarze Tinte wird zum Färben von Nudeln oder Saucen genutzt. Und natürlich gehören zu einer typisch klassischen spanischen Paella auch gedünstete Tintenfisch-Stückchen.

▸ Einkaufs-Tipp:
Achten Sie auf festes, sauberes Fleisch.

▸ Aufbewahrung:
im Kühlschrank oder einfrieren.

Kurzporträt

Profi-Tipp des FIT FOR FUN Küchenchefs Jörg Nöcker:

Eine Köstlichkeit aus der Toskana – gedünsteter Tintenfisch auf buntem Gemüse mit Knoblauch

Top-Gehalt an:
Vitamin D, Vitamin B12, Eisen, Zink.
Haltbarkeit: am selben Tag verbrauchen.
Preis: gute Qualität ab circa 25–30 Mark pro Kilo.

Fitness-Tipp des Monats

Schwimmen mit Stil

Entspanntes und gutes Schwimmen ist eine Frage der richtigen Technik. Wichtig ist: je flacher die Körperlage im Wasser, desto geringer ist auch der Wasserwiderstand. Folge: Die Geschwindigkeit erhöht sich. Beim Brustschwimmen zählt das Timing. Beinschlag und Armzug erfolgen im Wechsel. **Beine**: Die Fersen ziehen zum Po. Dann mit angewinkelten Füßen gegen das Wasser treten und nach hinten schieben. Während der anschließenden Gleitphase sind die Füße gestreckt. **Arme**: Die Arme nach vorn strecken; unterdessen ins Wasser ausatmen (entspannt die Rückenmuskulatur!). Diagonal nach unten außen ziehen. Arme unter dem Brustkorb zusammenführen, nach oben ziehen und dabei einatmen.

im Juli

Diese Auswahl sorgt für die richtige Sommer-Energie: Füllen Sie Ihre Vitamin- und Mineralstoffspeicher doch mal mit Rettich & Co.!

Pinienkern

Geniales für graue Zellen

Als Kraftpakete sind Pinienkerne typischer Bestandteil des „Studentenfutters". Durch ihren beachtlichen Anteil an Magnesium und B-Vitaminen steigern sie die Muskelleistung und die Gehirnfunktionen. Wegen ihres hohen Anteils an einfach und mehrfach ungesättigten Fettsäuren haben sie außerdem positiven Einfluß auf den Cholesterinspiegel und bewahren die Blutgefäße vor schädlichen Verengungen. Aufgrund des hohen Fettgehalts sollten sie allerdings nur in kleinen Mengen gegessen werden. Ideale Tagesration: 1–2 Esslöffel.

▸ Einkaufs-Tipp:
im Supermarkt in Tüten oder beim Gemüsehändler lose erhältlich.

▸ Aufbewahrung:
Wegen des Fettgehalts werden die Kerne bei Wärme schnell ranzig. Deswegen trocken, luftig und vor allem kühl lagern.

Kurzporträt

Top-Gehalt an:
Biotin, Vitamin B1, Magnesium, Eisen.
Haltbarkeit: 2–3 Monate.
Preis: circa 6 bis 8 Mark pro 100 Gramm.

Pfirsich

Der Schöne aus Persien

Wer schön und unsterblich sein will, esse regelmäßig Pfirsich. So glaubten zumal die Chinesen, bevor Alexander der Große, so geht die Legende, die Frucht aus Persien mitbrachte und sie „persica" nannte. Wenn schon nicht unsterblich, so ist der ballaststoffarme Pfirsiche aufgrund seines hohen Anteils an Betacarotin und Kalium ein wirklicher Schönmacher in der Obstheilküche. Der Rezeptklassiker heißt natürlich „Pfirsich Melba" – erfunden von einem französischen Koch zu Ehren einer schönen Opernsängerin! Wie könnte es anders sein.

▸ Einkaufs-Tipp:
Reife Früchte duften. Achten Sie darauf, daß sie bei Druck leicht nachgeben. Delikatesse sind Weinbergpfirsiche, die hin und wieder in Weinbergen angebaut werden.

▸ Aufbewahrung:
Bei Zimmertemperatur. Druckempfindlich, am besten lose legen.

Kurzporträt

Top-Gehalt an:
Betacarotin, Kalium
Haltbarkeit: 3 - 4 Tage.
Preis: circa 4 bis 6 Mark pro Kilo.

Dicke Bohne

Roh pfui, gegart hui

Die „Dicke" war bis ins 16. Jahrhundert, als die Spanier die grüne Bohne einführte, die einzige in Europa bekannte Hülsenfrucht. Da man nur die gut verhüllten Samen ißt, muß man die Hülse zunächst entfernen. Sie sind jedoch reich an Ballaststoffen, Vitaminen und Mineralien. Bitte nie roh essen, denn sie enthalten ungesunde Glykoside, die beim Garen neutralisiert werden.

▸ Einkaufs-Tipp:
Achten Sie auf feste Bohnen.

▸ Aufbewahrung:
im Kühlschrank.

Kurzporträt

Top-Gehalt an:
Kalium, Magnesium, Eisen, Vitamin C, Folsäure.
Haltbarkeit: in der Hülse 1 bis 2 Wochen.
Preis: circa 2,50 Mark pro Kilo.

Reneklode

Vornehmes Pfläumchen

Die grüne oder gelbe Pflaume ist keineswegs unreif. Diese meist große festfleischige Frucht ist eine sogenannte „Edelpflaume", dazu sehr zuckerreich und läßt sich genauso kreativ verarbeiten wie ihre Schwestern (Pflaume, Mirabelle und Zwetschge). Vor allem roh verzehrt ist sie durch ihre vielen Säuren eine Erleichterung für die Darmtätigkeit. Als Kompott eignet sie sich ebenfalls hervorragend.

▸ Einkaufs-Tipp:
Bevorzugen Sie pralle und feste Früchte.

▸ Aufbewahrung:
ungewasche Früchte im Kühlschrank.

Kurzporträt

Top-Gehalt an:
Kalium, Eisen, Fruchtsäuren.
Haltbarkeit: circa 5 Tage.
Preis: circa 5 Mark pro Kilo.

Rettich

Scharfe Knabberei

„Was scharf schmeckt, ist gesund", heißt es in der Volksmedizin. Das gilt auch für den Rettich. Er enthält nämlich eine Reihe von Senfölen, die bei hartnäckigem Husten und Heiserkeit helfen sollen. Roh in feine Scheiben geschnitten und leicht gesalzen ist Rettich aber auch ein prima Chips-Ersatz. Achtung: Für empfindliche Mägen kann er schwer verdaulich sein.

▸ Einkaufs-Tipp:
Er sollte keine Risse aufweisen und gerade sein.

▸ Aufbewahrung:
feucht eingewickelt im Kühlschrank. Blätter entfernen, da er sonst austrocknet.

Kurzporträt

Top-Gehalt an:
Vitamin C, Kalium.
Haltbarkeit: 4–5 Tage.
Preis: circa 1,50 pro Stück.

Was schwimmt denn da?

Die Tintenfisch-Familie auf einen Blick: Vom kräftigen Oktopus oder Kraken ißt man nur die Saugarme. In Griechenland serviert man ihn zu Salat mit viel Knoblauch. Den raketenförmigen Kalamar kennt man hierzulande vor allem in Ringe geschnitten und fritiert. Die bräunlichen Sepien eignen sich gut zum Füllen. Die hellen Zwerg-Sepien können im ganzen verzehrt werden. Sie schmecken fritiert oder gedünstet.

Salate

Zutaten
für 2 Personen

1 gelbe Paprikaschote
1 kleiner Kopf Lollo rosso
50 g Cocktail-Tomaten
2 kleine Lauchzwiebeln
300 g küchenfertige Tintenfischtuben
1 EL Olivenöl
Jodsalz
weißer Pfeffer
2 EL Balsamessig
etwas Schnittlauch
2 Scheiben Haselnussbrot

slimline

Tintenfisch

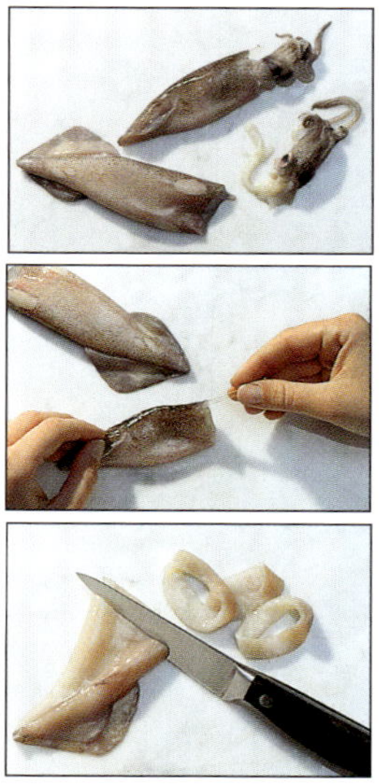

Zunächst die Tentakeln mit festem Ruck vom Körper trennen. Danach das harte Fischbein herausziehen. Den Tintenfisch mit der Hand häuten. Körper mit einem Messer in Ringe schneiden.

Tintenfischsalat mit Balsamico-Vinaigrette

1 Paprika klein schneiden. Salat abspülen, abtropfen lassen und in mundgerechte Stücke zupfen. Tomaten halbieren, Zwiebeln in Ringe schneiden.

2 Tintenfische abspülen und in breite Stücke schneiden (siehe Anleitung links). Öl in einer beschichteten Pfanne erhitzen. Tintenfische darin circa 1 Minute braten, würzen. Mit Balsamessig ablöschen. Vorbereitete Salatzutaten und Tintenfische auf Tellern anrichten. Warme Vinaigrette darüber träufeln. Schnittlauch in feine Röllchen schneiden, darüberstreuen. Dazu Haselnussbrot reichen.

FITNESS-CHECK		
Für Aktive		Vitamine ☒
Für Denker		einfach ☒
Immunschutz		schnell ☒
Pro Portion: 420 Kalorien, 8 g Fett		günstig ○

Kartoffelsalat mit Linsen und Löwenzahn

slimline

1 Linsen im Gemüsefond 30 Minuten garen. Zuckerschoten circa 3 Minuten mitgaren. Kartoffeln waschen und circa 20 Minuten kochen. Abgießen, schälen und in Scheiben schneiden.
2 Schalotte hacken, mit 4 EL Essig, Salz, Pfeffer und Öl mischen. Kartoffeln darin marinieren. Linsen mit restlichem Essig, Salz und Pfeffer würzen. Rettich in Streifen schneiden. Löwenzahn verlesen, waschen. Alles anrichten. Dill hacken, mit Jogurt verrühren, würzen und zum Salat reichen.

FITNESS-CHECK	
Für Aktive	Vitamine ⊗
Für Denker	einfach ⊗
Immunschutz	schnell ○
Pro Portion: 340 Kalorien, 7 g Fett	günstig ○

Zutaten
für 2 Personen

30 g feine grüne Puy-Linsen
150 ml Gemüsefond (Glas)
50 g Zuckerschoten
400 g Kartoffeln
1 Schalotte
5 EL Weißweinessig
Jodsalz
schwarzer Pfeffer aus der Mühle
1 EL Olivenöl
1/4 Rettich
75 g Löwenzahn
etwas Dill
150 g fettarmer Jogurt

Batavia mit Renekloden und Mozzarella

1 Oliven und Basilikum hacken. Beides mit Pfeffer und Mozzarella mischen.
2 Zucchini sorgfältig waschen und in sehr feine Streifen schneiden. Pfefferschote fein hacken. Mit Essig, Honig, Salz, Pfeffer und Öl verrühren.
3 Renekloden entsteinen und würfeln. Salat putzen und in mundgerechte Stücke zupfen. Alle Zutaten mischen, Dressing darüber träufeln und auf zwei Tellern anrichten. Haferbrot dazu reichen.

FITNESS-CHECK	
Für Aktive	Vitamine ⊗
Für Denker	einfach ⊗
Immunschutz	schnell ⊗
Pro Portion: 330 Kalorien, 16 g Fett	günstig ○

Zutaten
für 2 Personen

1 EL entsteinte grüne Oliven
eine Handvoll Basilikum
Pfeffer
100 g kleine Mozzarellakugeln
1 Zucchino
1 kleine milde rote Pfefferschote (türkischer Lebensmittelladen)
2 EL Weißweinessig
1 TL Honig
Jodsalz
1 EL Distelöl
100 g Renekloden
1 Kopf Batavia-Salat
2 Scheiben Haferbrot

Salate

Zutaten
für 2 Personen

750 g dicke Bohnen
Jodsalz
3 Zweige frischer Majoran
4 dünne Scheiben Frühstücksspeck (Bacon)
30 g Gorgonzola
100 g fettarmer Jogurt
100 ml Apfelsaft
Pfeffer
50 g Cherry-Tomaten
1/4 Kopf Friséesalat

Dicke Bohnen mit Bacon

1 Bohnen palen (siehe Anleitung rechts) in leicht gesalzenem Wasser mit Majoran circa 20 Minuten garen. Frühstücksspeck in einer Pfanne knusprig auslassen, auf Küchenpapier abtropfen lassen. Bohnenkerne abgießen, abkühlen lassen.

2 Käse mit einer Gabel fein zerdrücken. Mit Jogurt, Saft, Salz und Pfeffer verrühren. Tomaten halbieren. Salat abspülen, abtropfen lassen und in mundgerechte Stücke zupfen.

3 Bohnenkerne aus den Hülsen drücken. Vorbereitete Zutaten auf Tellern verteilen, Dressing darüber träufeln.

FITNESS-CHECK	
Für Aktive	Vitamine ⊗
Für Denker	einfach ⊗
Immunschutz	schnell ⊗
Pro Portion: 500 Kalorien, 15 g Fett	günstig ○

Zutaten
für 2 Personen

100 g Wildreis
300 ml Gemüsefond (Glas)
1 TL körniger Senf
2 EL Sherry-Essig
Jodsalz
schwarzer Pfeffer aus der Mühle
1 EL Distelöl
2 kleine Zucchini
1 gelbe Paprika
1 kleine rote Zwiebel
1 kleiner Kopf Blattsalat

Wildreis-Salat mit Zucchini und Senf-Dressing

1 Wildreis waschen, im Gemüsefond garen, bis die Körner etwas aufgeplatzt sind. Senf, Essig, Salz, Pfeffer und Öl verrühren.

2 Zucchini waschen, trockenreiben und in feine Scheiben hobeln. Paprika waschen, halbieren und entkernen, Zwiebel schälen. Beides in feine Streifen schneiden. Salat abspülen, abtropfen lassen und in mundgerechte Stücke zupfen.

3 Wildreis lauwarm abkühlen lassen. Senf-Dressing unterrühren. Reis mit den vorbereiteten Salatzutaten mischen. Alles auf zwei flachen Tellern anrichten.

FITNESS-CHECK	
Für Aktive	Vitamine ⊗
Für Denker	einfach ⊗
Immunschutz	schnell ⊗
Pro Portion: 360 Kalorien, 7 g Fett	günstig ⊗

slimline

Vorspeisen

Zutaten
für 2 Personen

750 g dicke Bohnen
1 EL Pinienkerne
4 getrocknete Tomaten in Öl
1 Knoblauchzehe
1 Schalotte
etwas Thymian
100 ml Weißwein
3 EL Estragon-Essig
Jodsalz
weißer Pfeffer aus der Mühle
2 Scheiben Vollkornbrot

Marinierte Bohnen mit Thymian

1 Bohnenkerne aus den Schoten palen (siehe Anleitung rechts). In wenig Wasser circa 10 Minuten zugedeckt dünsten, etwas abkühlen lassen. Bohnen mit den Fingern aus der harten Schale drücken.

2 Pinienkerne ohne Öl rösten, beiseite stellen. Tomaten abtropfen lassen, 1 EL Öl dabei auffangen. Tomaten klein schneiden. Knoblauch und Schalotte hacken, mit Thymian im Tomatenöl andünsten. Bohnenkerne zugeben, mit Wein und Essig ablöschen und bei starker Hitze langsam einkochen lassen und würzen.

3 Lauwarm abgekühlte Bohnen mit Tomaten und Pinienkernen anrichten. Vollkornbrot dazu reichen.

FITNESS-CHECK	
Für Aktive	Vitamine ☒
Für Denker	einfach ☒
Immunschutz	schnell ☒
Pro Portion: 430 Kalorien, 9 g Fett	günstig ○

Dicke Bohnen

Die Schote mit leichtem Daumendruck an der „Nahtstelle" aufplatzen lassen. Bohnen herausdrücken. Für feine Salate: Kerne mit dem Fingernagel anritzen und aus der harten Hülse lösen.

Vorspeisen

Zutaten
für 2 Personen

1 EL Pinienkerne
1 Knoblauchzehe
1 Zwiebel
2 TL Olivenöl
2 Zucchini
Jodsalz
Pfeffer
1 Msp. Muskatnuss
200 ml Gemüsebrühe (Instant)
2 EL Schmand
1/2 kleiner Rettich
etwas Dill

slimline

Zucchinisuppe mit Rettich und Dill

1 Pinienkerne in einem Topf rösten, herausnehmen. Knoblauch und Zwiebel fein hacken, in 1 TL Öl andünsten. Zucchini grob würfeln, zugeben.

2 Zucchini mit Salz, Pfeffer und Muskatnuss würzen. Brühe zugeben. Circa 5 Minuten köcheln lassen. Suppe pürieren, Schmand unterrühren.

3 Rettich schälen und in feine Streifen schneiden. Im restlichen Öl knusprig braten, würzen. Alles mit Pinienkernen, Rettich und Dill auf zwei Tellern anrichten.

FITNESS-CHECK	
Für Aktive	Vitamine ⊗
Für Denker	einfach ⊗
Immunschutz	schnell ⊗
Pro Portion: 150 Kalorien, 10 g Fett	günstig ⊗

Zutaten
für 2 Personen

200 g Kartoffeln
2 Zucchini
1 Ei
Jodsalz
1 Msp. Cayennepfeffer
200 g Schichtkäse
2 TL Olivenöl
1 EL grüne Oliven ohne Stein
1 EL schwarze Oliven ohne Stein
1/2 TL frischer Salbei

Kartoffel-Rösti mit Oliven-Schichtkäse

1 Kartoffeln schälen, Zucchini putzen. Beides auf einer Küchenreibe grob raspeln. Ei trennen, Eigelb unter die Gemüseraspel rühren, würzen. Eiweiß und etwas Salz steif schlagen, vorsichtig unter die Gemüse-Ei-Masse heben.

2 Kartoffeln, Schichtkäse, 1 TL Öl, Salz und Pfeffer glatt rühren. Oliven klein schneiden, unterrühren. 1 TL Öl in einer Pfanne erhitzen, Rösti von jeder Seite jeweils 2–3 Minuten darin goldbraun braten. Salbeiblättchen im restlichen Bratfett rösten. Mit Rösti und Dip anrichten.

FITNESS-CHECK	
Für Aktive	Vitamine ⊗
Für Denker	einfach ⊗
Immunschutz	schnell ⊗
Pro Portion: 300 Kalorien, 12 g Fett	günstig ○

Tintenfische mit Kapern-Sardellen-Füllung

1 Tintenfische abspülen, abtropfen lassen. Schalotte, Kapern, Dill und Sardellen hacken. Brot fein würfeln und untermischen. Etwas Zitronenschale abreiben und unter die Brotmischung geben. Mit Salz und Pfeffer würzen. 1 EL Olivenöl unterrühren.

2 Sardellen-Brot-Füllung in die Tintenfischtuben löffeln. Restliches Öl erhitzen, Tintenfische darin von allen Seiten circa 4 Minuten braten. Danach würzen.

3 Zitrone in Scheiben schneiden, mit Salatblättern und Tintenfischen auf Tellern anrichten. Dazu Brot reichen.

FITNESS-CHECK	
Für Aktive	Vitamine ☒
Für Denker	einfach ☒
Immunschutz	schnell ☒
Pro Portion: 390 Kalorien, 16 g Fett	günstig ○

Zutaten

für 2 Personen

6 küchenfertige Tintenfischtuben
1 Schalotte
2 EL Kapern
etwas Dill
4 eingelegte Sardellenfilets
2 Scheiben Weizenbrot
1 unbehandelte Zitrone
Jodsalz
Pfeffer
2 EL Olivenöl
etwas grüner Salat
4 Scheiben Baguette

Nigiri mit Dill und Wildlachs

slimline

1 Reis mit Salz nach Packungsanweisung garen, abdampfen lassen. Zucker und Essig verrühren und untermischen, abkühlen lassen.

2 Fischfilet in dünne Scheiben schneiden. 2 Radieschen in feine Stifte, die anderen in Scheiben schneiden. Aus dem Reis längliche Rechtecke fomen, dünn mit Wasabi bestreichen. Mit Radieschenstreifen, Dill und Lachs belegen. Mit Sojasauce, Ingwer und restlichen Radieschen anrichten.

FITNESS-CHECK	
Für Aktive	Vitamine ☒
Für Denker	einfach ○
Immunschutz	schnell ○
Pro Portion: 170 Kalorien, 4 g Fett	günstig ○

Zutaten

für 2 Personen

50 g Sushireis (Asia-Laden)
1/2 TL Jodsalz
1 TL Vollrohrzucker
2 EL Reisessig
50 g extrafrisches Wildlachsfilet ohne Haut
6 Radieschen
1/2 TL Wasabi (Meerrettichpaste)
etwas frischer Dill
Sojasauce
etwas eingelegter Ingwer

Zutaten
für 2 Personen

- 250 g Bandnudeln (Tagliatelle)
- Salz
- 2 kleine Pfirsiche
- 1 Knoblauchzehe
- 1/2 Chilischote
- 1/2 Bund Koriander
- 1/2 Bund Petersilie
- etwas Dill
- etwas Schnittlauch
- 2 EL Olivenöl
- Salz, Pfeffer
- 1 TL Honig
- 2 TL Mandelblättchen

slimline

Tagliatelle mit Pfirsich-Pesto

1 Tagliatelle in Salzwasser bissfest kochen. Pfirsich heiß überbrühen und häuten. Anschließend halbieren, entsteinen und in Spalten schneiden. 4 Spalten beiseite legen. Restliche Pfirsichspalten pürieren.

2 Knoblauch und Chili grob hacken. Kräuter waschen, grob zerkleinern. Mit Knoblauch, Chili, Pfirsichpüree und Öl in der Küchenmaschine oder im Mörser zu einer geschmeidigen Creme verarbeiten. Mit Salz, Pfeffer und Honig würzig-pikant abschmecken.

3 Mandelblättchen in einer Pfanne ohne Fett goldgelb rösten. Tagliatelle abgießen und gut abtropfen lassen. Heiß mit dem Pfirsich-Pesto mischen. Mit den Pfirsichspalten und Mandelblättchen auf zwei Tellern anrichten. Sofort servieren.

FITNESS-CHECK		
Für Aktive	(voll)	Vitamine ☒
Für Denker	(gering)	einfach ○
Immunschutz	(voll)	schnell ○
Pro Portion: 600 Kalorien, 12 g Fett		günstig ☒

Geschmorte Tintenfische mit Tomaten und Knoblauch

1 Zwiebeln und Knoblauch schälen und in Spalten schneiden. Tintenfische putzen, abspülen und in breite Ringe schneiden. Zwiebeln, Knoblauch, Lorbeer und Thymian im heißen Öl circa 5 Minuten braten. Tintenfische zugeben und kurz anbraten.

2 Tomaten waschen, achteln und zum Fisch geben. Wein angießen. Mit Salz, Pfeffer und Honig kräftig würzen. Alles bei starker Hitze unter Wenden circa 4 Minuten schmoren lassen. Nochmals abschmecken. Auf zwei flachen Tellern anrichten. Dazu schmeckt kräftiges Vollkornbrot.

FITNESS-CHECK	
Für Aktive ▮▮▮▮▯	Vitamine ⊠
Für Denker ▮▮▮▮▯	einfach ⊠
Immunschutz ▮▮▮▮▮	schnell ⊠
Pro Portion: 360 Kalorien, 12 g Fett	günstig ○

Zutaten

für 2 Personen

- 2 Zwiebeln
- 2 Knoblauchzehen
- 400 g küchenfertige Tintenfische (Calamares)
- 2 Lorbeerblätter
- 1 TL frischer Thymian
- 2 EL Olivenöl
- 4 Fleischtomaten
- 100 ml trockener Weißwein
- Jodsalz, Pfeffer
- 1 TL Honig

Spanische Tortilla mit Chorizo und dicken Bohnen

1 Bohnenkerne aus den Schoten palen (siehe Anleitung S. 141) und in leicht gesalzenem Wasser crica 15 Minuten garen. Aus den Hülsen drücken. Kartoffeln schälen, in Scheiben schneiden und im heißen Öl anbraten. Zwiebel hacken. Mit Majoran zu den Kartoffeln geben. Unter Wenden circa 15 Minuten braten.

2 Kartoffeln salzen und pfeffern. Chorizo in dünne Scheiben schneiden, Tomaten fein würfeln. Beides mit den Bohnen zu den Kartoffeln geben. Kurz mitdünsten. Eier verquirlen. Mit Salz und Pfeffer würzen. Gleichmäßig über die Zutaten gießen. Bei schwacher Hitze stocken lassen. Tortilla in Viertel schneiden und auf flachen Tellern anrichten.

FITNESS-CHECK	
Für Aktive ▮▮▮▮▯	Vitamine ⊠
Für Denker ▮▮▮▮▮	einfach ⊠
Immunschutz ▮▮▮▮▮	schnell ○
Pro Portion: 530 Kalorien, 22 g Fett	günstig ○

Zutaten

für 2 Personen

- 250 g dicke Bohnen
- Jodsalz
- 300 g Kartoffeln
- 1 EL Sojaöl
- 1 Zwiebel
- 3 Stiele frischer Majoran
- Pfeffer
- 50 g Chorizo (spanische Paprikawurs
- 2 Fleischtomaten
- 2 Eier

Hauptgerichte

Medaillons mit Gewürz-Kirschen

Zutaten
für 2 Personen

- 1 EL Sonnenblumenöl
- 400 g Schweinemedaillons
- Jodsalz
- weißer Pfeffer aus der Mühle
- 300 g frische Pfifferlinge
- 1 Schalotte
- 100 g Sauerkirschen
- 650 ml Gemüsebrühe (Instant)
- 4 Kardamomkapseln
- 100 g Maisgrieß
- 1 TL frischer Thymian

1 Öl erhitzen. Medaillons darin von jeder Seite circa 4 Minuten braten. Salzen und pfeffern. Herausnehmen und warm stellen.

2 Pfifferlinge putzen. Schalotte schälen und hacken, im Bratfett andünsten. Pilze zugeben und unter Wenden circa 5 Minuten braten. Kräftig würzen und herausnehmen.

3 Kirschen waschen und entsteinen. Bratfett mit 400 ml Gemüsebrühe ablöschen, Kardamomkaspeln und Pfeffer zugeben, aufkochen und bei starker Hitze circa 2 Minuten einkochen lassen. Kirschen zugeben, weiter 3 Minuten mitgaren. Restliche Gemüsebrühe aufkochen lassen, Maisgrieß und Thymian einrühren, circa 5 Minuten garen. Polenta mit Medaillons und Kirschsauce anrichten.

FITNESS-CHECK		
Für Aktive		Vitamine ⊗
Für Denker		einfach ⊗
Immunschutz		schnell ○
Pro Portion: 600 Kalorien, 19 g Fett		günstig ○

Rotbarbenfilets mit Zucchini und Fenchel

Zutaten
für 2 Personen

- 400 g neue Kartoffeln
- Jodsalz
- 4 Rotbarbenfilets
- 3 EL Olivenöl
- 1/2 TL Thymian
- Saft und Schale von
- 1 unbehandelten Orange
- 2 Zucchini
- 1 Fenchelknolle
- Pfeffer
- 1 TL Honig
- etwas frischer Dill

1 Kartoffeln waschen, in Salzwasser garen. Fischfilets abspülen. 1 EL Öl, Thymian und 1 EL Orangensaft verrühren, Fischfilets darin marinieren.

2 Zucchini in Scheiben hobeln, Fenchel in Spalten schneiden. 1 EL Öl erhitzen, Fenchel darin circa 5 Minuten braten, Zucchini, Restlichen Orangensaft und -schale zugeben. Alles circa 4 Minuten dünsten, dann salzen, pfeffern und mit Honig abschmecken.

3 Filets würzen und circa 4 Minuten knusprig braten. Kartoffeln abgießen und im restlichen Öl braten. Würzen und alles mit Dill anrichten.

FITNESS-CHECK		
Für Aktive		Vitamine ⊗
Für Denker		einfach ⊗
Immunschutz		schnell ⊗
Pro Portion: 500 Kalorien, 17 g Fett		günstig ○

Lammkoteletts mit Pfirsich-Kirschsauce

slimline

1 Salzkartoffeln kochen, abgießen, halbieren. Koteletts abtupfen. Lauchzwiebeln halbieren. Koteletts in 1 EL Öl circa 3 Minuten braten. Kartoffeln, Lauchzwiebeln und Rosmarin zugeben, weitere 3 Minuten braten. Salzen, pfeffern und warm stellen.

2 Schalotten hacken. Im restlichen Öl andünsten. Pfirsiche in Spalten schneiden, Kirschen entsteinen. Mit Nelke, Lorbeer und Pfeffer zu den Schalotten geben. Mit dem Fond ablöschen, durchkochen lassen und würzen.

3 Sauce mit Koteletts, Kartoffeln und Zwiebeln anrichten.

FITNESS-CHECK	
Für Aktive / Für Denker / Immunschutz	Vitamine ☒
	einfach ☒
	schnell ☒
Pro Portion: 360 Kalorien, 9 g Fett	günstig ○

Zutaten
für 2 Personen

300 g Kartoffeln
Jodsalz
4 Lammkoteletts
1 Bund Lauchzwiebeln
etwas Rosmarin
Pfeffer
2 Schalotten
1 EL und 1 TL Sonnenblumenöl
2 Pfirsiche
200 g Sauerkirschen
1 Gewürznelke
1 Lorbeerblatt
1 EL grüner Pfeffer
100 ml Gemüsefond

Hähnchen mit Honig-Möhren und Safran

slimline

1 Hähnchenfilets salzen und pfeffern, in 1 TL heißem Öl rundum circa 15 Minuten braten. 200 ml Wasser mit Salz und Safran aufkochen. Reis einstreuen, bei schwacher Hitze circa 20 Minuten ausquellen lassen.

2 Möhren in Stücke schneiden. Im restlichen Öl circa 8 Minuten garen. Zwiebel in Ringe schneiden, Knoblauch hacken. Filets aus der Pfanne nehmen. Jogurt, Schichtkäse und Stärke glattrühren. Zwiebel und Knoblauch im Bratfett anbraten. Jogurtmischung zufügen und kurz erhitzen.

3 Minze hacken und unter die Sauce rühren. Mit Salz, Pfeffer und Cumin abschmecken. Möhren mit Honig beträufeln, Majoran darüber streuen. Würzen. Hähnchen mit Sauce, Reis und Möhren auf zwei Tellern anrichten.

FITNESS-CHECK	
Für Aktive / Für Denker / Immunschutz	Vitamine ☒
	einfach ☒
	schnell ○
Pro Portion: 600 Kalorien, 10 g Fett	günstig ○

Zutaten
für 2 Personen

2 Hähnchenfilets
Jodsalz
Pfeffer aus der Mühle
2 TL Öl
1 Msp. Safran
100 g Langkornreis
400 g Möhren
1 Zwiebel
1 Knoblauchzehe
100 g fettarmer Jogurt
100 g Schichtkäse
1/2 TL Speisestärke
4 Stiele Minze
1 Msp. Cumin (Kreuzkümmel)
2 TL Honig
1 EL Majoranblättchen

Desserts

slimline

Zutaten

für 2 Personen

1 EL Pistazien

150 g Sauerkirschen

1 Ei

200 g Schichtkäse

1 EL Grieß

Saft und Schale von

1/2 unbehandelten Zitrone

2 EL Honig

1 Prise Jodsalz

etwas Melisse

Schichtkäse-Auflauf mit Kirschen und Honig

1 Pistazien hacken und in einer Pfanne ohne Fett rösten. Kirschen waschen, entsteinen und abtropfen lassen. Eigelb und Eiweiß trennen. Eigelb mit Schichtkäse, Grieß, Zitronenschale und -saft und Honig glatt verrühren.

2 Eiweiß mit Salz sehr steif schlagen. Mit den Kirschen vorsichtig unter die Schichtkäsecreme heben. Masse in zwei gefettete Auflaufförmchen oder Tassen füllen. Bei 150 Grad circa 20 Minuten backen. Mit Pistazien und Melisse auf einem flachen Teller anrichten.

FITNESS-CHECK	
Für Aktive	Vitamine ☒
Für Denker	einfach ☒
Immunschutz	schnell ○
Pro Portion: 240 Kalorien, 6 g Fett	günstig ☒

Pfirsich-Quark mit Johannisbeeren

1 Gelatine einweichen. Orange heiß abspülen, etwas Schale abreiben. Orange halbieren und auspressen. Saft bis auf 1 EL erhitzen. Gelatine darin auflösen. Abkühlen lassen. Quark, Honig, Vanillemark und Orangenschale unterrühren. Quark in zwei kleine Förmchen (oder Tassen) füllen. Im Kühlschrank fest werden lassen.

2 Einen Pfirsich halbieren und in Spalten schneiden. Den zweiten mit heißem Wasser überbrühen, häuten und pürieren. Mit 1 EL Orangensaft verrühren. Johannisbeeren mit einer Gabel von den Rispen streifen. Quark stürzen. Alles mit Pistazien und Melisse auf Tellern anrichten.

FITNESS-CHECK	
Für Aktive	Vitamine ☒
Für Denker	einfach ○
Immunschutz	schnell ○
Pro Portion: 240 Kalorien, 9 g Fett	günstig ☒

Zutaten
für 2 Personen

2 Blatt weiße Gelatine
1 unbehandelte Orange
250 g Magerquark
1 TL Honig
Mark von 1/2 Vanilleschote
2 Pfirsiche
50 g rote Johannisbeeren
2 TL Pistazien
Zitronenmelisse-Blättchen

Renekloden-Kaltschale mit Kokosklößchen

1 Renekloden entsteinen. Vanillestange aufschneiden, Mark herausschaben. Mit 200 ml Wasser, Zitronenschale und Renekloden aufkochen. Die Hälfte der Früchte im Kochsud pürieren. Restlichen Früchte wieder zugeben. Suppe mit 2 EL Honig abschmecken und kalt stellen.

2 Kokosraspel rösten. Eiweiß und restlichen Honig steif schlagen. Etwas Wasser und Zitronensaft in einem Topf erhitzen. Aus dem Eischnee mit Löffeln Nocken formen und im siedenden Wasser circa 1/2 Minute garen.

3 Kaltschale mit Kokosklößchen und Melisse anrichten.

FITNESS-CHECK	
Für Aktive	Vitamine ☒
Für Denker	einfach ○
Immunschutz	schnell ○
Pro Portion: 220 Kalorien, 2 g Fett	günstig ☒

Zutaten
für 2 Personen

500 g Renekloden
1 Vanillestange
Saft und etwas Schale
von 1 unbehandelten Zitrone
3 EL Honig
1 EL Kokosraspel
1 Eiweiß
etwas Melisse

Figur-Joker

im **Juli**

1. Tag

Morgens

100 g Süßkirschen
150 g fettarmer Kefir
1/2 Scheibe Vollkornbrot
1 TL Instant-Kakao

Vollkorn- Kirsch-Müsli

Kirschen entsteinen. Unter den Kefir heben. Brot würfeln und mit dem Kefir mengen. Kakaopulver darüber streuen.

Zwischendurch

1 Reiswaffel mit 1 TL Schichtkäse bestreichen. 2–3 Blätter Rauke und eine in Streifen geschnittene Möhre darauf verteilen.

Mittags

1 Ei
250 g Rettich
1 Zucchino
50 g Räucherlachs
2 EL Essig
1 TL Honig
1 TL Senf
Jodsalz
weißer Pfeffer
1 Msp. Korianderpulver
1 EL Weizenkeimöl
1/2 Bund Dill

Lachsteller mit Honigdressing

Ei hart kochen. Ei, Rettich und Zucchino in Scheiben schneiden. Alles mit dem Lachs anrichten. Essig, Honig, Senf, Gewürze und Öl verschlagen. Dill hacken und unterziehen. Dressing darüberträufeln.

Zwischendurch

150 g Süßkirschen. Dazu: 1 Tasse Milchkaffee (mit 100 ml heißer, geschäumter Milch).

Abends

200 g neue Kartoffeln
2 Schalotten
3 Tomaten
2 TL Olivenöl
3 Stiele frischer Rosmarin
100 g Lammfilet
Jodsalz, Pfeffer
1 TL Parmesan
1 EL Jogurt
1 TL Senf
1 TL Kapern
etwas Schnittlauch und Dill

Lammfilet mit Rosmarinkartoffeln

Kartoffeln bürsten. Kartoffeln und Schalotten vierteln. Tomaten kreuzweise einritzen. Mit etwas Öl bepinseln. Kartoffeln und Schalotten im restlichen Öl 10 Minuten braten, mit Rosmarinnadeln bestreuen. Filet zugeben. Salzen, pfeffern und 5 bis 6 Minuten von allen Seiten braten. Tomaten mit Parmesan bestreuen, kurz übergrillen. Jogurt, Senf, Kapern und Kräuter verrühren. Alles auf einem flachen Teller anrichten.

TAGESBILANZ
1190 Kalorien, 39 g Fett
Lammfilet liefert viel wertvolles Vitamin B 12

2 schlanke Tage

Toast-Sandwich

Toasts rösten. Einen mit Senf bestreichen und mit Kasseler belegen. Paprika und Schnittlauch darauf verteilen und mit der zweiten Toastscheibe bedecken.

Zwischendurch

100 ml fettarme Milch mit 100 g Himbeeren und 1 EL Cornflakes mischen.

Artischocken im Kräuterbett

Von den Artischocken alle holzigen Teile entfernen. Köpfe vierteln, Heu entfernen. Artischocken mit Zitronenscheiben circa 10 Minuten kochen. Aus Kräutern, Essig, Gewürzen und Öl eine Marinade rühren. Artischocken und restliche Zutaten auf dem Teller anrichten, mit der Marinade beträufeln.

Zwischendurch

2 Scheiben Weizen-Knusperbrot mit 2 TL Pesto bestreichen. Dazu 2 Tomaten.

Pfannkuchen mit Renekloden

Früchte entsteinen. In 4 EL Wasser mit den Gewürzen dünsten. Zitronengras herausnehmen. Stärke mit etwas Wasser verrühren, Kompott damit binden. Mit 1 EL Ahornsirup süßen. Ei, Mehl, Salz, Muskat und 50 ml Wasser zu einem glatten Teig verrühren. Im Öl zwei kleine, dünne Pfannkuchen braten. Mit Schichtkäse und restlichem Ahornsirup bestreichen. Kompott darauf anrichten.

TAGESBILANZ
1200 Kalorien, 43 g Fett
Heute können Sie Ihre Vitamin-C-Speicher füllen

2. Tag

Morgens

2 Vollkorntoasts
1 TL süßer Senf
2 Scheiben Kasseler Aufschnitt (insges. 20 g)
1 rote Paprika
1/2 Bund Schnittlauch

Mittags

2 Baby-Artischocken
1 Zitrone
3 Zweige Dill
3 Zweige Zitronenmelisse
1 EL Weißweinessig
Jodsalz
1 Msp. Cayennepfeffer
1 EL Olivenöl
1 Bund Rauke
1 rote Zwiebel
2 kleine Ziegenkäse (insges. 60 g)
5 schwarze Oliven

Abends

200 g Renekloden
50 g Kirschen
1 Msp. Zimt
1 Msp. Kardamom
2 cm Zitronengras
1 TL Speisestärke
2 EL Ahornsirup
1 Ei
1 gehäufter EL Mehl
Jodsalz
etwas Muskat, gerieben
1 TL Weizenkeimöl
50 g Schichtkäse (10% Fett)

Beerenstarke *Energie* *im August*

Jetzt ist die beste Zeit, um sich ein reichhaltiges Vitamindepot für den Winter anzulegen. Greifen Sie richtig zu und essen Sie sich „beerensatt“. Himbeeren, Brombeeren und Heidelbeeren strotzen vor gesundem Vitamin C und stärkenden Mineralstoffen. Wenn das nicht „beerenstark“ macht…!

10 Fitmacher des Monats

Jetzt frisch auf dem Markt

Melone

Kugel gegen den Durst

Die Melone ist ein Kosmopolit. Überall auf der Welt gibt es Verwandte. Grob unterscheidet man zwischen Wasser- und Zuckermelone. Das größte Plus der kugeligen Beerenfrüchte ist ihr hoher Wassergehalt. Bei der Wassermelone liegt er, wie der Name schon sagt, mit über neunzig Prozent am höchsten. Das nutzen bereits die alten Ägypten und boten durstigen Reisenden Wassermelonen an. Als die aromatischsten gelten die in Italien gezüchtete blassgrüne Charentais - und die aus Israel stammende gelbe Galiamelone - beide gehören zur Gattung der Zuckermelone. Allen Melonen ist jedoch gemein, daß sie ausgesprochen kalorien- und fettarm sind; ideale Kost an heißen Tagen!

▶ Einkaufs-Tipp:
Reife Wassermelonen „singen", wenn man sie mit der flachen Hand anklopft. Zuckermelonen müssen duften.

▶ Aufbewahrung:
im Kühlschrank.

Kurzporträt

Top-Gehalt an:
Kalium, Carotinoiden.
Haltbarkeit: 3–4 Tage (Stücke nur etwa 1 Tag).
Preis: Zuckermelonen ca. 3–4 Mark pro Stück, Wassermelonen 2–3 Mark pro Kilo.

Paprika

Vitamin-C-Power

Hübsch sind Paprikaschoten, deren Heimat Lateinamerika ist, in allen Farben – es gibt sie auch in Violett oder Orange. Am gesündesten und auch am aromatischsten sind jedoch die roten. Sie durften nämlich voll ausreifen, was den Vitamin-C-Gehalt deutlich verbessert: Mit einer halben roten Paprika decken Sie den Tagesbedarf. Wem die Schoten schwer im Magen liegen, der sollte ihnen die Haut abziehen

▶ Einkaufs-Tipp:
Die Haut sollte fest und glänzend sein. Am Stiel auf verdorbene Stellen achten.

▶ Aufbewahrung:
im Gemüsefach des Kühlschranks.

Kurzporträt

Top-Gehalt an:
Vitamin C.
Haltbarkeit: 1–2 Tage.
Preis: ca. 4 Mark pro Kilo.

Lachsforelle

Feinschmeckers Geliebte

Ist sie Lachs oder Forelle? Schwer zu sagen. Mit der Bezeichnung Lachsforelle kann nämlich eine Meerforelle gemeint sein (sie gehört zur Lachsfamilie). Oder – und das ist wahrscheinlicher – eine große, in Salzwasser gezüchtete Forelle, die lachsähnliches, hellrotes Fleisch besitzt und bis zu 6 Kilo wiegen kann. Viele Feinschmecker geben ihr sogar den Vorzug vor dem Lachs, da ihr Fleisch zarter und etwas milder ist.

▶ Einkaufs-Tipp:
Achten Sie auf klare Augen und festes Fleisch, wird oft im Ganzen angeboten

▶ Aufbewahrung:
eingewickelt im Kühlschrank.

Kurzporträt

Top-Gehalt an:
Jod, Vitamin D und B12.
Haltbarkeit: 1 Tag.
Preis: ca. 15 Mark pro Kilo für ganze Fische.

Brombeere

Je dunkler, desto besser

Am besten schmecken diese dunklen Beeren selbst gepflückt - wild oder aus dem Garten. Aber erst wenn sie voll ausgereift und die Früchte fast schwarz sind, haben sie das volle Aroma und den höchsten Gehalt an sekundären Pflanzenstoffen entwickelt. Besonders wirksam: Phenolsäuren. Ihnen wird zellschützende und krebsvorbeugende Wirkung zugeschrieben.

▶ Einkaufs-Tipp:
die aromatischsten Sorten: „Theodor Reimers" und „Black Satin".

▶ Aufbewahrung:
am besten gleich verlesen, auf einem Teller ausbreiten und kühl halten.

Kurzporträt

Top-Gehalt an:
Phenolsäuren, Magnesium, Mangan.
Haltbarkeit: ca. 1–2 Tage.
Preis: 4 Mark pro 250 Gramm.

Tomate

Paradiesische Verlockung

Eigentlich soll es ja die Tomate gewesen sein, mit der Eva Adam verführte. Die Österreicher nennen das knallrote Nachtschattengewächs denn auch „Paradeiser". Und zur Zeit schmecken Tomaten in der Tat paradiesisch. Während sie in anderen Monaten wegen Aromamangels nur farblich attraktiv sind, trumpfen die Früchte jetzt auf: Nutzen Sie die hocharomatischen Tomaten täglich für Salat, Sauce oder Suppe! Besonders köstlich schmecken Eiertomaten.

▶ Einkaufs-Tipp:
Die kleinsten sind die besten. Wenn Sie sie preiswert bekommen: einkochen, durchsieben, einfrieren.

Profi-Tipp des FIT FOR FU Küchenchefs Jörg Nöcker

Probieren Sie mal erntefrische Augusttomaten mit Mozzarella und Spinatblättern. Ein Genuß!

▶ Aufbewahrung:
nicht zu kühl, das Aroma leidet!

Kurzporträt

Top-Gehalt an:
Kalium, Carotinoiden.
Haltbarkeit: ca. 3–4 Tage.
Preis: ca. 4 Mark pro Kilo.

Fitness-Tipp des Monats

Der Strand ist nicht allein zum Sonnen da:
Faul in der Sonne liegen ist schön, aber wie wärs mit ein bisschen Bewegung? Mit den klassischen Sportarten wie Joggen, Schwimmen oder Gymnastik können Sie fast zum Nulltarif Ihre Ausdauer verbessern und den Energieverbrauch ankurbeln. Spiele wie Strandtennis oder Beachball haben positiven Einfluß auf Ihre Koordination. Falls Sie doch lieber nur faulenzen möchten, dann laufen Sie wenigstens ein- bis zweimal am Tag barfuß direkt am Meer entlang. Dies kräftigt zumindest die Wadenmuskulatur und die mineralhaltige Meerluft reinigt die Atemwege.

im August

Endlich Beerenzeit: Schwelgen Sie in fruchtigen Genüssen! Auch beim Gemüse haben Sie eine vielfältige Auswahl.

Gewürzgurke

Knackiges Vergnügen

Die 5 bis 20 Zentimeter langen Winzgurken, auch Stachelgurken genannt, werden fast nur im Freiland kultiviert. Die meisten gehen in die industrielle Verarbeitung. Die kleinsten als Cornichons, größere als Delikatessgurken. Ein kleiner Teil jedoch ist auf Märkten erhältlich. Wem die Gurken aus dem Supermarkt zu süß sind, der sollte es mit eigener Rezeptur versuchen.

▸ Einkaufs-Tipp:
zum Einlegen nur ganz knackige, makellose Gurken verwenden. Auf Druckstellen achten und mittelgroße bevorzugen.

▸ Aufbewahrung:
nicht zu kühl lagern.

Kurzporträt

Top-Gehalt an:
Kalium, Bitterstoffen.
Haltbarkeit: ca. 2 Tage.
Preis: ca. 4 Mark pro Kilo.

Himbeere

Vorsicht, empfindlich!

So köstlich diese süssen Früchte schmecken, so vorsichtig muß man mit ihnen umgehen: beim Ernten nicht zu viele aufeinander häufeln, nicht wässern, nur verlesen und kurz abspülen. Sonst zerfallen sie sofort und verlieren ihr so unvergleichliches Aroma. Zu den wertvollsten Inhaltsstoffen zählen die Anthocyane – blaurote Farbstoffe, die Herz und Blutgefäße schützen.

▸ Einkaufs-Tipp:
nur intakte Früchte kaufen. Je dunkler, desto mehr Aroma.

▸ Aufbewahrung:
Gleich aufessen, zu Marmelade verarbeiten oder pürieren und einfrieren.

Kurzporträt

Top-Gehalt an:
Mangan, Eisen, Anthocyanen.
Haltbarkeit: ca. 1–2 Tage.
Preis: 4 Mark pro 250 Gramm.

Aubergine

Verborgene Qualitäten

Manch einer hat zu dieser eigentlichen Beerenfrucht noch nicht den rechten Zugang gefunden – schmeckt sie doch leicht wattigfade, wenn man sie nicht richtig behandelt: Erst beim Schmoren, Braten und Backen entfaltet sie volle Qualität. Außerdem verlangt sie nach kräftiger Würze mit Knoblauch, Kräutern, Pfeffer und Zitrone. Aber dann ...

▸ Einkaufs-Tipp:
Bei reifen Früchten gibt die Schale leicht nach.

▸ Aufbewahrung:
nicht zu kühl. Am besten getrennt von reifendem Obst lagern.

Kurzporträt

Top-Gehalt an:
Bitterstoffen, Kalium.
Haltbarkeit:
ca. 3–4 Tage.
Preis: ca. 5 Mark pro Kilo.

Kefir

Erfrischend anders

Besonders beliebt ist dieses pikante und ein wenig bitter schmeckende Milchgetränk in Osteuropa und dem Nahen Osten. Seine Heimat ist jedoch der Kaukasus, in dessen Gebirgszügen angeblich viele sehr alte und immer noch rüstige Menschen leben sollen. Ob der sauer vergorene Milchtrunk tatsächlich dabei hilft, hundert Jahre alt zu werden, ist nicht erwiesen. Vielleicht liegt es an seinem Alkoholgehalt von knapp 2 %? Fest steht aber, daß er reich an Kalzium und dabei kalorienarm ist (besonders in der fettarmen Variante). Die enthaltene Kohlensäure macht ihn so erfrischend. Mixen Sie sich für den Sommer folgende durstlöschende Mischung: Kefir mit Zitronensaft, einer Prise braunem Zucker und etwas Ingwer verrühren.

▸ Einkaufs-Tipp: Achten Sie auf den Fettgehalt (er reicht von 1,3 bis zu 10 %).

▸ Aufbewahrung:
im Kühlschrank.

Kurzporträt

Top-Gehalt an:
Eiweiß, Kalzium, Vitamin B 12.
Haltbarkeit: ungeöffnet ca. 2 Wochen.
Preis: ca. 2 Mark pro 500 ml.

Heidelbeere

Blaues Wunder

Genau wie Himbeeren sind die kleinen Strauchfrüchte reich an Anthocyanen, den kräftig blauroten Pflanzenfarbstoffen, die das Blut flüssig halten und das Herz schützen: Sie verhindern das Zusammenkleben von Blutplättchen und die Bildung von Ablagerungen in den Gefäßen. Sammler finden die gesunden Beeren bevorzugt in Kiefern- und Fichtenwäldern und Hochmooren. Sie sind nur erbsengroß (Achtung vor riesigen Zuchtgrößen), dunkel- bis schwarzblau und mit einem feinen Film („Duftfilm") überzogen. Schmeckt pur, mit Milch und Zucker oder in Beerengrütze.

▸ Einkaufs-Tipp:
Echte Heidelbeeren erkennen Sie am stark färbenden Saft. Waldheidelbeeren sind dunkler als die Kultivierten.

▸ Aufbewahrung:
Die druckempfindlichen Beeren nebeneinander legen und kühl stellen. Überschüssige Früchte können auch getrocknet werden.

Kurzporträt

Top-Gehalt an:
Gerbstoffen, Fruchtsäuren, Anthocyanen.
Haltbarkeit: ca. 1–2 Tage.
Preis: ca. 4 Mark pro 250-Gramm-Schälchen.

Gewürzgurken selbst einlegen

Es geht ganz einfach. Bestimmen Sie selbst, ob eher süß oder richtig pikant:
1 Gurken sorgfältig verlesen und waschen. Eine schlechte Gurke kann das ganze Glas verderben.
2 Für den Sud Wasser und qualitativ guten Essig zu gleichen Teilen aufkochen. Nach Belieben Gewürze wie Lorbeer, Chili, Piment, Senf- und Pfefferkörner, Dill, Fenchel (auch als Samen), reichlich Salz und etwas Zucker zugeben und kurz mitköcheln. Auch lecker: Perlzwiebeln und kleine Möhrenstückchen.
3 Gurken in gereinigte Einmachgläser schichten. Mit dem heißen Sud übergießen, sofort gut verschließen und abkühlen lassen. Innerhalb von zwei bis drei Wochen aufbrauchen.

Salate

Zutaten
für 2 Personen

1 nussgroßes Stück Ingwer
1 TL Distelöl
100 g Basmati-Reis
Jodsalz
1 Aubergine
2 Knoblauchzehen
2 Stiele Majoran
1 TL Erdnussöl
50–100 ml Gemüsebrühe
3 EL Reisessig
Saft von 1 Limette
2 Tropfen Sesamöl
Pfeffer
1 rote Zwiebel
1/4 Salatgurke
50 g Radieschensprossen

Auberginen-Reis-Salat

1 Ingwer hacken, in Distelöl anbraten. Reis zugeben, kurz mitdünsten. Mit 300 ml Wasser ablöschen. 1/2 TL Salz zugeben und ausquellen lassen.

2 Aubergine in Scheiben schneiden, salzen. Knoblauch und Majoran in Erdnussöl anbraten. Auberginen trockentupfen und mitbraten. Mit etwas Gemüsebrühe ablöschen, kurz dünsten. Herausnehmen. Bratfett mit Essig, Limettensaft, Sesamöl verrühren und mit Salz und Pfeffer verrühren.

3 Reis bei Bedarf abgießen, abkühlen lassen. Zwiebel in feine Ringe schneiden. Gurke würfeln. Reis, Gurke, Aubergine und Zwiebel mischen, würzen. Dressing darüber träufeln. Radieschensprossen abspülen, zugeben. Alles auf zwei Tellern anrichten.

FITNESS-CHECK	
Für Aktive	Vitamine ⊗
Für Denker	einfach ⊗
Immunschutz	schnell ⊗
Pro Portion: 280 Kalorien, 6 g Fett	günstig ⊗

Melone auf Kopfsalat

1 Sesamsamen in einer Pfanne ohne Fett anrösten, herausnehmen. Limettensaft, Salz, Pfeffer, Senf, Honig und Öle verrühren. Schnittlauch in feine Röllchen schneiden und unterrühren.

2 Kopfsalat putzen, waschen und in mundgerechte Stücke zupfen. Melonen schälen und in Spalten schneiden. Salat und Melonen auf Tellern anrichten. Himbeeren darauf verteilen. Dressing darüber träufeln. Salat mit Sesam bestreuen und auf Tellern verteilen. Dazu Knusperbrot reichen.

FITNESS-CHECK	
Für Aktive / Für Denker / Immunschutz	Vitamine ⊗
	einfach ⊗
	schnell ⊗
Pro Portion: 210 Kalorien, 8 g Fett	günstig ○

Zutaten
für 2 Personen

- 1 TL Sesamsamen
- Saft von 1 Limette
- Jodsalz, Pfeffer
- 1/2 TL Dijon-Senf
- 1 TL Honig
- 1 TL Sesamöl
- 1 TL Distelöl
- 1/2 Bund Schnittlauch
- 1 Kopfsalat
- 1/2 Charentaismelone
- 1/2 Honigmelone
- 50 g Himbeeren
- 4 Scheiben schwedisches Knusperbrot

Paprikasalat mit Hähnchen

1 Paprika halbieren, entkernen und im heißen Backofen (250 Grad) auf Backpapier rösten, bis die Haut Blasen wirft. Herausnehmen und mit einem feuchten Küchentuch abdecken. Haut abziehen. Zitronensaft und -schale, Salz, Pfeffer, Essig, Honig und Nussöl verrühren. Paprika damit beträufeln, ziehen lassen.

2 Hähnchen trockentupfen und im Rapsöl circa 10 Minuten braten. Salzen und pfeffern, herausnehmen. Rauke abspülen, trockenschütteln. Mit Paprika und Hähnchen auf Tellern anrichten. Dazu Brot reichen.

FITNESS-CHECK	
Für Aktive / Für Denker / Immunschutz	Vitamine ⊗
	einfach ○
	schnell ○
Pro Portion: 320 Kalorien, 10 g Fett	günstig ○

Zutaten
für 2 Personen

- 3 Paprika (gelb, rot grün)
- Saft und Schale von 1 unbehandelten Zitrone
- Jodsalz, Pfeffer
- 3 EL Balsamessig
- 1 TL Honig
- 1 EL Haselnussöl
- 1 Hähnchenbrustfilet
- 1 TL Rapsöl
- 1 Bund Rauke
- 4 Scheiben Vollkornbrot

Salate

Bulgur-Salat mit Melone und Minze

Zutaten
für 2 Personen

- 1 Knoblauchzehe
- 1 Zwiebel
- 1 EL Olivenöl
- 100 g Bulgur (grober Weizengrieß, türkischer Lebensmittelladen)
- 250 ml Gemüsebrühe (Instant)
- etwas frische Minze
- 1 EL Weißweinessig
- Saft von 1 Zitrone
- Salz, Pfeffer
- 100 g Salatgurke
- 2 Tomaten
- 1/4 Charentais-Melone
- 1 gelbe Paprika
- etwas Friséesalat
- 50 g Himbeeren

1 Knoblauch und Zwiebel hacken. Im Öl andünsten. Bulgur zugeben, mit Brühe ablöschen und ausquellen lassen. Bulgur abtropfen und auskühlen lassen.

2 Minze in Streifen schneiden. Essig, Zitronensaft, Salz, Pfeffer und Minze verrühren. Unter den Bulgur mischen. Gurke in Scheiben, Tomaten und Melone in Spalten schneiden. Paprika entkernen und klein schneiden.

3 Bulgur nochmals mit Salz, Pfeffer und Zitronensaft abschmecken. Auf Tellern anrichten. Frisée und Himbeeren waschen, putzen und mit den vorbereiteten Zutaten auf dem Bulgur anrichten.

FITNESS-CHECK	
Für Aktive	Vitamine ☒
Für Denker	einfach ☒
Immunschutz	schnell ○
Pro Portion: 350 Kalorien, 8 g Fett	günstig ☒

Tomatensalat mit Avocado

Zutaten
für 2 Personen

- 2 EL Balsamessig
- 1 EL Himbeeressig
- Jodsalz
- schwarzer Pfeffer aus der Mühle
- 1 EL Olivenöl
- 1/2 Bund Schnittlauch
- etwas Basilikum
- 1 kleine rote Zwiebel
- 4 Tomaten
- 1 reife Avocado
- 1 EL schwarze Oliven ohne Stein
- 4 Scheiben Baguette

1 Essig, Salz, Pfeffer und Öl gut verrühren. Schnittlauch und Basilikum bis auf einige Blätter zum Garnieren sehr fein schneiden, unterrühren. Zwiebel schälen und in feine Ringe schneiden.

2 Tomaten waschen, trockentupfen und in Scheiben schneiden. Avocado halbieren, Stein herauslösen, Fruchtfleisch in Scheiben schneiden und mit den Tomaten auf Tellern anrichten. Oliven darauf verteilen. Dressing darüber träufeln. Mit den restlichen Basilikumblättchen garnieren. Baguette dazu reichen.

FITNESS-CHECK	
Für Aktive	Vitamine ☒
Für Denker	einfach ☒
Immunschutz	schnell ☒
Pro Portion: 300 Kalorien, 16 g Fett	günstig ☒

Vorspeisen

Geeiste Kichererbsen-Suppe mit Koriander

1 Knoblauch hacken. Kichererbsen abtropfen lassen. Knoblauch, Kichererbsen, Salz, Pfeffer und Brühe pürieren. Jogurt unterrühren. Suppe mit Kurkuma, Limettensaft, Cayennepfeffer und Salz abschmecken, kalt stellen.

2 Gurke in Stifte, Tomate in Würfel, Lauchzwiebel in Ringe schneiden. Suppe in tiefe Teller füllen. Gemüse darauf verteilen und mit Koriander anrichten. Dazu Knäckebrot reichen.

FITNESS-CHECK	
Für Aktive	Vitamine ⊗
Für Denker	einfach ⊗
Immunschutz	schnell ⊗
Pro Portion: 150 Kalorien, 5 g Fett	günstig ⊗

Zutaten
für 2 Personen

1 Knoblauchzehe
1 kleine Dose Kichererbsen
Jodsalz, Pfeffer
100 ml Gemüsebrühe (Instant)
100 g fettarmer Jogurt
1 Msp. Kurkuma
Saft von 1/2 Limette
1 Msp. Cayennepfeffer
100 g Salatgurke
1 Tomate
1 Lauchzwiebel
etwas frischer Koriander
2 Scheiben Knäckebrot

Geeiste Tomaten-Avocado-Suppe

1 Tomaten kreuzweise einritzen, überbrühen, häuten und entkernen. Knoblauch schälen. Tomatenfruchtfleisch, Knoblauch und einige Minzeblättchen mit einem Pürierstab fein pürieren.

2 Mit Essig und Gewürzen kräftig abschmecken. Etwa eine Stunde auf Eiswürfel stellen.

3 Avocado schälen, halbieren und den Stein entfernen. Das Frucht-fleisch in Spalten schneiden und in die Suppe geben. Mit grünen Pfefferkörnern und der restlichen Minze garnieren.

FITNESS-CHECK	
Für Aktive	Vitamine ⊗
Für Denker	einfach ⊗
Immunschutz	schnell ○
Pro Portion: 292 Kalorien, 24g Fett	günstig ⊗

Zutaten
für 2 Personen

500 g vollreife Tomaten
1 Knoblauchzehe
etwas frische Minze
1 EL Balsamessig
Jodsalz, Pfeffer
1 Msp. Cumin (Kreuzkümmel)
1 EL Vollrohrzucker
1 reife Avocado
1 TL eingelegte grüne Pfefferkörner

Vorspeisen

Zutaten
für 2 Personen

1 Knoblauchzehe
1 walnussgroßes Stück Ingwer
2 Stiele Petersilie
2 Stiele Oregano
1 Aubergine
2 Tomaten
2 Lauchzwiebeln
Jodsalz
schwarzer Pfeffer aus der Mühle
1 Kugel Mozzarella
4 Scheiben Ciabatta (italienisches Weißbrot)

Tipps & Alternativen

Auberginen sind eigentlich Beeren und es dauerte einige Zeit, um aus der relativ geschmacklosen Frucht eine vielseitig verwendbare Gemüsepflanze zu züchten. Roh haben Auberginen auch heute noch fast überhaupt keinen Eigengeschmack. Erst mit richtiger Würze oder in Verbindung mit Kräutern, wie zum Beispiel Rosamrin, Oregano und Thymian, entfaltet sich ihr nussartiges Aroma. Da sich das weißliche Fleisch der Auberginen beim Anschnitt schnell verfärbt, beträufeln Sie die Scheiben sofort mit etwas Zitronensaft. Wer möchte, kann die Scheiben vor dem Braten, Gratinieren oder Schmoren noch etwas salzen.

slimline

Auberginen-Tomaten-Gratin mit Mozzarella

1 Knoblauch und Ingwer schälen und sehr fein hacken. Kräuter abspülen, trockenschütteln und ebenfalls fein hacken. Mit dem Knoblauch und Ingwer mischen. Aubergine, Tomaten und Zwiebeln waschen und putzen. Aubergine und Tomaten in dünne Scheiben, Lauchzwiebeln in Ringe schneiden.

2 Mit der Kräutermischung in eine große Gratinform (circa 26 Zentimeter Durchmesser) schichten. Mit Salz und schwarzem Pfeffer kräftig würzen.

3 Mozzarella in dünne Scheiben schneiden und auf dem vorbereiteten Gemüse verteilen. Im heißen Backofen bei 175 Grad circa 40 Minuten gratinieren. Zum Schluß Ciabatta circa 5 Minuten im Backofen erwärmen. Zum Gratin reichen.

FITNESS-CHECK	
Für Aktive	Vitamine ☒
Für Denker	einfach ☒
Immunschutz	schnell ○
Pro Portion: 150 Kalorien, 5 g Fett	günstig ☒

Chicken-Sandwich mit Blaubeeren

Zutaten
für 2 Personen

- 1 Hähnchenbrust
- Jodsalz, Pfeffer
- 2 TL Öl
- 2 TL Limettensaft
- 1 Schalotte
- 1 EL rote Johannisbeeren
- 1 EL Blaubeeren
- 2 Blätter Salat nach Wunsch
- 1 TL Senf
- 2 EL Salatcreme
- 2 Scheiben Weißbrot

1 Hähnchenbrust mit Salz, Pfeffer und 1 TL Öl einreiben. Unter Wenden circa 10 Minuten grillen. Mit Limettensaft beträufeln.

2 Schalotte hacken. Mit den Beeren im restlichen Öl circa 2 Minuten dünsten. Würzen und abkühlen lassen.

3 Salat waschen. Senf und Salatcreme verrühren, würzen. Brot rösten. Mit der Creme bestreichen und mit Salat belegen. Hähnchenbrust klein schneiden, mit den Beeren auf dem Salat verteilen. Brot in zwei Dreiecke teilen.

FITNESS-CHECK	
Für Aktive / Für Denker / Immunschutz	Vitamine ☒
	einfach ☒
	schnell ☒
Pro Portion: 280 Kalorien, 10 g Fett	günstig ☒

Gegrillte Scampi auf Beeren-Relish

Zutaten
für 2 Personen

- 1 Chilischote
- 3 TL Olivenöl
- 8 rohe Scampi ohne Schale
- 2 Schalotten
- 2 TL Honig
- 2 EL Weißweinessig
- 200 g gemischte Beeren (Heidel-, Johannis-, Himbeeren)
- Pfeffer, Jodsalz
- 1 Bund frischer Koriander
- 4 Scheiben Baguette

1 Chili entkernen, klein schneiden und mit 2 TL Öl mischen. Scampi abspülen, trockentupfen. Im Chiliöl circa 2 Stunden marinieren, dabei öfter wenden.

2 Schalotten hacken und im restlichen Öl andünsten. Honig und Essig zugeben, kurz einkochen lassen. Beeren verlesen und zugeben. Salzen und pfeffern. Circa 20 Minuten köcheln lassen. Korianderblättchen von den Stielen zupfen. Einige für die Garnierung beiseite stellen; den Rest unterrühren.

3 Scampi circa 1 bis 2 Minuten im Ofen grillen. Mit dem Relish anrichten und mit Koriander bestreuen. Dazu Brot reichen.

FITNESS-CHECK	
Für Aktive / Für Denker / Immunschutz	Vitamine ☒
	einfach ☒
	schnell ○
Pro Portion: 360 Kalorien, 11 g Fett	günstig ○

Hauptgerichte

slimline

Zutaten
für 2 Personen

500 g Kartoffeln
3 Fleischtomaten
2 kleine Auberginen
1 TL Öl
Jodsalz
schwarzer Pfeffer aus der Mühle
20 g frischer Borretsch
2 Eier
75 ml fettarme Milch
1 Prise Muskatnuss, gemahlen
1 Msp. Zimt
1 TL flüssiger Honig
1 Kugel Mozzarella
1 TL Pinienkerne
1 EL Kapern

Moussaka mit Zimt und Pinienkernen

1 Kartoffeln schälen und in feine Scheiben schneiden. Tomaten und Auberginen ebenfalls in feine Scheiben schneiden. Eine Auflaufform mit Öl auspinseln. Kartoffeln, Auberginen und Tomaten einschichten. Jede Schicht mit Salz, Pfeffer und gehacktem Borretsch würzen.

2 Eier, Milch, Salz, Pfeffer, Muskat und Zimt verquirlen, darüber gießen. Tomaten mit Honig beträufeln. Mozzarella in Scheiben schneiden und darauf verteilen. Mit Pinienkernen und Kapern bestreuen.

3 Moussaka im Backofen bei 200 Grad circa 50 Minuten garen (eventuell mit Butterbrotpapier abdecken). Vor dem Servieren kurz ruhen lassen.

FITNESS-CHECK		
Für Aktive		Vitamine ⊗
Für Denker		einfach ⊗
Immunschutz		schnell ○
Pro Portion: 310 Kalorien, 9 g Fett		günstig ○

Paprika-Röllchen mit Schafkäse

1 Paprikastiele herausschneiden, Schoten ganz lassen. Paprika bei 250 Grad rösten, bis die Schalen Blasen werfen. Herausnehmen, mit einem feuchten Küchentuch abdecken und abkühlen lassen. Haut abziehen. Schoten so aufschneiden, daß man sie der Länge nach aufrollen kann. Aufgeklappt auf einem Küchenbrett auslegen.

2 Schafkäse würfeln. Zwiebeln schälen und in Ringe schneiden. Thymianblättchen von den Stielen zupfen. Alles mischen und mit Pfeffer würzen. Füllung auf den Paprikaschoten verteilen. Schoten aufrollen und mit Holzspießchen feststecken. Eine Auflaufform mit Öl auspinseln. Bei 180 Grad circa 10 Minuten backen. Baguettebrötchen dazu reichen.

FITNESS-CHECK

Für Aktive		Vitamine ☒
Für Denker		einfach ○
Immunschutz		schnell ☒
Pro Portion: 550 Kalorien, 23 g Fett		günstig ☒

Zutaten
für 2 Personen

2 rote Paprika
2 gelbe Paprika
200 g Schafkäse
2 rote Zwiebeln
4 Zweige frischer Thymian
schwarzer Pfeffer aus der Mühle
4–6 Holzspieße
1 TL Olivenöl
2 Baguettebrötchen

Ratatouille mit frischem Parmesan

1 Tomaten abtropfen lassen. Öl dabei auffangen. Tomaten hacken. Knoblauch und Zwiebel ebenfalls hacken. Öl erhitzen. Knoblauch und Zwiebel darin andünsten, herausnehmen. Auberginen und Zucchino in Scheiben schneiden. Beides im Bratfett kräftig anbraten. Knoblauch, Zwiebel und Tomaten zugeben. Mit Brühe und Wein ablöschen. Mit Salz und Pfeffer würzen. Lorbeerblatt zugeben. Zugedeckt circa 10 Minuten köcheln lassen.

2 Frische Tomaten kleinschneiden. Tomaten und Oliven kurz in der Suppe erhitzen. Suppe abschmecken und in zwei Tellern anrichten. Parmesan darüber hobeln. Mit Basilikumblättchen bestreuen.

FITNESS-CHECK

Für Aktive		Vitamine ☒
Für Denker		einfach ☒
Immunschutz		schnell ☒
Pro Portion: 140 Kalorien, 9 g Fett		günstig ○

Zutaten
für 2 Personen

1 EL getrocknete Tomaten in Öl
2 Knoblauchzehen
1 Zwiebel
2 kleine Auberginen
1 Zucchino
400 ml Gemüsebrühe (Instant)
50 ml trockener Weißwein
Jodsalz, Pfeffer
1 Lorbeerblatt
2 Fleischtomaten
6 schwarze Oliven ohne Stein
20 g Parmesan
etwas frisches Basilikum

Hauptgerichte

Bandnudeln mit Koriander-Pesto

Zutaten
für 2 Personen

- 1 rote Paprika
- 1 gelbe Paprika
- 2 EL extra vergine Olivenöl
- 1 Knoblauchzehe
- 1 Bund frischer Koriander
- 10 Walnusskernhälften
- Jodsalz
- weißer Pfeffer aus der Mühle
- 200 g breite Bandnudeln

1 Paprika entkernen und in Streifen schneiden. 1 EL Öl erhitzen, Paprika darin andünsten, und würzen.

2 Knoblauch schälen, grob zerkleinern. Mit Koriander und Walnüssen - dabei einige Blättchen und 4 Nusshälften für die Garnierung beiseite stellen - in einem Mixer fein zermahlen oder im Mörser zerstoßen. Übriges Öl unterrühren. Koriandersauce mit Salz und Pfeffer abschmecken.

3 Nudeln nach Packungsanweisung bissfest kochen, abgießen und sofort mit dem Korianderpesto mischen. Nudeln mit Pesto und Paprikagemüse anrichten. Mit restlichen Walnüssen und Koriander garnieren.

FITNESS-CHECK		
Für Aktive	■■■■■	Vitamine ☒
Für Denker	■■■■□	einfach ○
Immunschutz	■■■■■	schnell ☒
Pro Portion: 540 Kalorien, 17 g Fett		günstig ☒

Lachsforelle auf Tomate und Sesamreis

Zutaten
für 2 Personen

- 500 g Tomaten
- 1 Knoblauchzehe
- 1 Zwiebel
- 1 TL Olivenöl
- Jodsalz, Pfeffer
- 1 TL Honig
- 1/2 TL Oregano
- 1 Lorbeerblatt
- 150 g Langkornreis
- 1 TL Sesamsamen
- 1 TL Pinienkerne
- 50 ml Weißwein
- 350 g Lachsforellenfilet
- etwas frischer Estragon
- 2 Tropfen Sesamöl
- 1 EL Kapern

1 Tomaten mit kochendem Wasser überbrühen, häuten und kleinschneiden. Knoblauch und Zwiebel hacken. Im heißen Öl glasig dünsten. Tomaten, Salz, Pfeffer, Honig, Oregano und Lorbeer zugeben. Circa 20 Minuten köcheln lassen.

2 Reis kochen. Sesam und Pinienkerne nacheinander ohne Fett anrösten. Beiseite stellen. Wein erhitzen. Forellenfilet und Estragon zugeben und darin circa 5 Minuten dünsten. Salzen und pfeffern, heraus nehmen und warm stellen.

3 Reis mit Sesamsamen und -öl mischen. Tomatensauce abschmecken. Fisch, Reis und Sauce mit Kapern und Pinienkernen anrichten.

FITNESS-CHECK		
Für Aktive	■■■■■	Vitamine ☒
Für Denker	■■■■■	einfach ○
Immunschutz	■■■■■	schnell ○
Pro Portion: 520 Kalorien, 9 g Fett		günstig ○

Lammspießchen mit Tomatenrisotto

1 Knoblauch und Zwiebel hacken und in 1 TL Öl anbraten. Reis zugeben und alles gut verrühren. Tomaten mit kochendem Wasser überbrühen, häuten und klein schneiden. Tomaten zugeben, mit 1/3 der Brühe ablöschen. Mit Thymian, Salz und Pfeffer würzen. Circa 30 Minuten quellen lassen. Unter Umrühren nach und nach die restliche Brühe zugießen.

2 Fleisch würfeln, Fett entfernen. Paprika in Stücke, Zwiebel in Spalten schneiden. Zutaten im Wechsel mit Salbei auf Holzspieße stecken. Restliches Öl erhitzen. Spieße darin circa 15 Minuten braten. Salzen und pfeffern. Mit dem Tomatenreis anrichten.

FITNESS-CHECK

Für Aktive	Vitamine ⊗
Für Denker	einfach ⊗
Immunschutz	schnell ○
Pro Portion: 660 Kalorien, 19 g Fett	günstig ○

Zutaten
für 2 Personen

1 Knoblauchzehe
1 Zwiebel
1 TL und 1 EL Olivenöl
150 g Risottoreis
2 Fleischtomaten
650 ml Gemüsebrühe (Instant)
1/2 TL frischer Thymian
Jodsalz, Pfeffer
300 g sehr mageres Lammfleisch
1 gelbe Paprika
1 rote Zwiebel
15 Salbeiblättchen
Holzspieße

Kalbsschnitzel mit Paprika-Gemüse

slimline

1 Schalotten und Knoblauch hacken. 1 TL Öl erhitzen, 1 EL Schalottenwürfel darin andünsten. Mit der Brühe ablöschen, aufkochen. Maisgrieß einrieseln lassen und weiterrühren, bis er eindickt. 1 bis 2 cm dick auf einer eingefetteten Alufolie verstreichen, abkühlen lassen.

2 Paprika klein schneiden. Mit restlichen Schalotten und Knoblauch im Wein andünsten. Salzen, pfeffern, Pfefferkörner zugeben. Circa 8 Minuten schmoren.

3 Schnitzel salzen, pfeffern und im Mehl wenden. Im restlichen Öl von jeder Seite 1 bis 2 Minuten braten. Polenta in Stücke schneiden. Mit den Salbeiblättern kurz im Bratfett schwenken. Alles zusammen auf zwei Tellern anrichten.

FITNESS-CHECK

Für Aktive	Vitamine ⊗
Für Denker	einfach ○
Immunschutz	schnell ○
Pro Portion: 450 Kalorien, 14 g Fett	günstig ⊗

Zutaten
für 2 Personen

3 Schalotten
1 Knoblauchzehe
3 TL Olivenöl
300 ml Gemüsebrühe
80 g Maisgrieß (Polenta)
etwas Alufolie
2 rote Paprika
1 gelbe Paprika
6 EL Weißwein
Jodsalz, Pfeffer
1 TL grüne Pfefferkörner
2 dünne Kalbsschnitzel (insges. 300 g)
1 EL Mehl
1 EL frischer Salbei

Desserts

Zutaten
für 2 Personen

40 g Erdnüsse in der Schale
2 EL flüssiger Honig
2 unbehandelte Limetten
20 g frische Kokosnuss
1 kleine Honigmelone
etwas frische Minze

Melone auf Kokos-Limetten-Sauce

1 Erdnüsse aus der Schale lösen. In einer beschichteten Pfanne ohne Fett anrösten, herausnehmen und mit 1 EL Honig vermischen. Limetten heiß abspülen, trockenreiben. Eine Limette halbieren und auspressen. Die zweite Limette in Spalten schneiden und als Dekoration beiseite legen. Kokosnussfleisch mit einem Sparschäler in feine Streifen schneiden. Limettensaft, restlichen Honig und Kokosstreifen mischen.

2 Honigmelone schälen und in Spalten schneiden. Auf flachen Tellern anrichten. Mit der Limetten-Kokos-Sauce beträufeln. Erdnüsse darüber streuen. Minzeblättchen von den Stielen zupfen, darüber streuen. Mit Limettenspalten garnieren.

FITNESS-CHECK		
Für Aktive		Vitamine ☒
Für Denker		einfach ○
Immunschutz		schnell ☒
Pro Portion: 140 Kalorien, 7 g Fett		günstig ○

Buttermilch-Himbeer-Muffins

slimline

1 Ei, Salz, 2 EL Honig und Zitronenschale circa 3 Minuten schaumig schlagen. In eine Schüssel geben. Mehl, Stärke und Backpulver darüber sieben.

2 Öl und Buttermilch zur Eimasse geben, alles vorsichtig unterheben. Je zwei Papierförmchen ineinander stellen. Masse einfüllen. Himbeeren darauf verteilen. Im Backofen bei 175 Grad circa 15 Minuten backen. Zitronensaft und restlichen Honig verrühren, über die Muffins träufeln und auf Tellern anrichten.

FITNESS-CHECK	
Für Aktive	Vitamine ☒
Für Denker	einfach ☒
Immunschutz	schnell ○
Pro Portion: 240 Kalorien, 9 g Fett	günstig ☒

Zutaten
für 2 Personen

1 Ei
1 Prise Jodsalz
3 EL Honig
Schale und Saft von 1/2 unbehandelten Zitrone
2 EL Mehl
1 EL Speisestärke
1/2 TL Backpulver
1 EL Rapsöl
2 EL Buttermilch
2 EL Himbeeren
Papierförmchen

Kefir-Kaltschale mit Sommerbeeren und Minze

1 Beeren waschen, verlesen und putzen. Die Hälfte der Beeren und 3 bis 4 Minzeblättchen mit dem Pürierstab oder im Mixer fein pürieren. Mit Ahornsirup und Zitronensaft abschmecken. Kefir unterrühren und kalt stellen.

2 Die Kefir-Kaltschale und übrige Früchte in tiefen Tellern anrichten. Restliche Minze von den Stielen zupfen und über die Kaltschale streuen.

FITNESS-CHECK	
Für Aktive	Vitamine ☒
Für Denker	einfach ☒
Immunschutz	schnell ○
Pro Portion: 170 Kalorien, 3 g Fett	günstig ○

slimline

Zutaten
für 2 Personen

400 g gemischte frische Sommerbeeren (z. B. Himbeeren, Blaubeeren, Johannisbeeren)
3 Stiele frische Minze
2 EL Ahornsirup
1 EL Zitronensaft
200 ml fettarmer Kefir

im **August**

1. Tag

Morgens

1/2 Bund Radieschen
etwas Brunnenkresse
30 g Brie (45% Fett i.Tr.)
1 Scheibe Vollkornbrot

Mittags

1/2 Galia-Melone
1 TL Balsamessig
1 TL trockener Sherry
Pfeffer
1 Bund Basilikum
40 g luftgetrockneter Heideschinken
2 Scheiben Vollkorntoast

Abends

400 g Auberginen
400 g Tomaten
1 EL Olivenöl
Jodsalz, Pfeffer
1 kleine Zwiebel
1 Knoblauchzehe
3 Stiele Minze
50 g Hartkäse
1 Platte TK-Blätterteig

Figur-Joker

Radieschenbrot mit Brunnenkresse

Radieschen vom Grün schneiden, waschen, in feine Scheiben schneiden. Brunnenkresse klein zupfen. Brie in Scheiben schneiden. Brot mit Brie und Brunnenkresse belegen, mit Radieschen anrichten.

Zwischendurch

Kokosquark mit Sommerbeeren: 125 g Magerquark mit 50 ml Kokosmilch und 1 TL Honig glattrühren. 125 g Sommerbeeren (z.B. Brombeeren, Himbeeren, Johannisbeeren) unter den Quark ziehen.

Gekühlte Melone mit Schinken

Melone gut kühlen, Kerne mit einem Löffel herausheben. Melone in 3 Spalten schneiden, Fruchtfleisch mit einem scharfen Messer von der Schale lösen, dann in Stücke schneiden. Essig und Sherry verrühren, Pfeffer über die Melonen mahlen, mit Basilikumblättern und Schinkenscheiben anrichten, Balsamico-Mischung darüber träufeln. Brot toasten.

Zwischendurch

Red Runner: Eine Handvoll Dill, Schnittlauch und Petersilie hacken, mit 200 ml Tomatensaft verquirlen, mit Tabasco und Jodsalz abschmecken.

Auberginen-Tomaten-Pie

Auberginen und Tomaten waschen und in Scheiben schneiden. Kleine Auflaufform mit Öl ausstreichen, Gemüse ziegelartig hineinlegen, salzen und pfeffern. Zwiebel, Knoblauch und Minze fein hacken, Käse reiben. Alles über das Gemüse streuen. Bei 200 Grad ca. 30 Minuten backen. Blätterteig auftauen, auf die Größe der Pieform ausrollen, auf das Gemüse legen und weitere 15 Minuten backen.

TAGESBILANZ
1150 Kalorien, 38 g Fett
Quark und Käse liefern Kalzium

2 schlanke Tage

Müsli mit Melone

Kürbiskerne in einer Pfanne ohne Fett rösten. Melone würfeln, mit Getreideflocken und Kürbiskernen bestreuen. Dickmilch darübergießen.

Zwischendurch

Sweet Banana: 50 ml Kefir (0,3 % Fett) mit 1 TL Ahornsirup verrühren, Banane in Stücke schneiden, Kefir darüber verteilen, 2 EL Cornflakes darüber streuen.

Erbsensuppe mit Croûtons

Erbsen palen, Zuckerschoten fädeln und waschen. Baguette würfeln, Knoblauch hacken. Öl erhitzen, Knoblauch und Baguette darin anrösten, salzen und auf Küchenkrepp abkühlen lassen. Zuckerschoten in die heiße Pfanne geben, mit 2 EL Wasser ablöschen, ca. 3 Minuten garen. Zwiebel hacken, mit der Milch aufkochen. Erbsen und Brühe zugeben, ca. 7 Minuten garen. Mit Jodsalz, Pfeffer und Muskat abschmecken. Erbsen bis auf 2 EL pürieren, Suppe mit Erbsen, Zuckerschoten und Croûtons anrichten.

Zwischendurch

Möhren-Apfel-Snack: Je 1 Möhre und 1 Apfel grob raspeln, mit etwas Zitronensaft, 2 Tropfen Distelöl und 1 TL Honig vermengen, Basilikumblättchen darüberstreuen.

Lachsforellenterrine

Gelatine in kaltem Wasser einweichen, Knoblauch und Kräuter hacken. Buttermilch salzen und pfeffern. Gelatine ausdrücken, in 1 EL heißem Wasser auflösen, unter die Buttermilch rühren. Sobald sie fester wird, Jogurt untermengen. Lachsforelle pürieren, unter ein Drittel der Buttermilch ziehen. Restliche Buttermilch mit Kräutern und Knoblauch verrühren. Die Hälfte der Kräutercreme in eine kleine Form füllen, Lachsfarce darüber streichen, restliche Kräuterbuttermilch als oberste Schicht angießen. Kalt stellen. Gurke klein schneiden, Salat zerpflücken. Essig, Jodsalz und Pfeffer verrühren, Öl unterschlagen. Dressing über den Salat geben, mit der Lachs-Terrine anrichten. Dazu Knusperbrot reichen.

TAGESBILANZ

1000 Kalorien, 26 g Fett

Viel Zink aus Kernen und Flocken

2. Tag

Morgens

1 TL Kürbiskerne
100 g Galia-Melone
1 EL Getreideflocken
150 g fettarme Dickmilch

Mittags

250 g Erbsen in Schoten
50 g Zuckerschoten
1 Scheibe Baguette
1 Knoblauchzehe
1 TL Olivenöl
1 Zwiebel
40 ml fettarme Milch
150 ml Gemüsebrühe (Instant)
Jodsalz, Pfeffer
etwas Muskatnuss, gerieben

Abends

1 Blatt Gelatine
1 Knoblauchzehe
1/2 Bund gemischter Kräuter
100 ml Buttermilch
Jodsalz, Pfeffer
1 EL fettarmer Jogurt
40 g geräucherte Lachsforelle
100 g Salatgurke
einige Salatblätter
1 EL Weißweinessig
3 Tropfen Olivenöl
2 Scheiben Roggenknusperbrot

Ernte-Zeit *im September* *für Genießer*

In diesem Monat können Sie an der reichhaltigen Tafel der Natur schwelgen. Und dies ohne Reue, denn nur Gesundes wird aufgetischt: Köstliche Äpfel, knackige Birnen oder vitaminreiche Nüsse. Greifen Sie zu!

10 Fitmacher des Monats

Jetzt frisch auf dem Markt

Nudel

Vielseitige Fitmacher

Abwechslungsreicher geht es nicht mehr: Nudeln schmecken mit Fisch, Fleisch, Gemüse, Pilzen, Nüssen, ja sogar mit Früchten. Dabei sind Spaghetti, Spätzle & Co. echte Fitmacher. Mit ihrem hohen Gehalt an Kohlenhydraten machen sie satt und sogar glücklich. Denn wenn sie nahezu ohne Eiweiß (Fleisch, Fisch, Käse) gegessen werden, lassen sie den Spiegel des Gute-Laune-Stoffs Serotonin im Gehirn ansteigen. Außerdem sind Teigwaren kalorienarme Fitmacher. Kleiner exemplarischer Nudelratgeber aus der Fülle: dünne Nudeln eignen sich für Suppeneinlagen, gedrehte, gebogene oder röhrenförmige nehmen Pastasauce gut auf und für cremige Saucen wie Käse oder Sahne sind glatte Nudeln zum Mischen ideal.

▶ Einkaufs-Tipp:
bei Nudeln nicht sparen. Ob mit oder ohne Ei: Qualität macht sich an der geschmeidigeren Konsistenz deutlich bemerkbar!

▶ Aufbewahrung:
nach dem Öffnen vor Feuchtigkeit schützen.

Kurzporträt

Top-Gehalt an:
Kohlenhydraten.
Haltbarkeit: originalverpackt bis zu 2 Jahren.
Preis: 1 bis 5 Mark pro Pfund.

Apfel

Vitaminreiche Rotbacke

„Ein Apfel pro Tag hält den Doktor fern", so lautet ein englisches Sprichwort. Am besten, Sie pflücken diese wertvolle Frucht selbst. So sichern Sie sich den höchsten Vitamin-C-Gehalt. Bevorzugen Sie alte heimische Sorten statt „Flugäpfeln" aus Übersee! Äpfel halten aufgrund ihres Pektingehalts Ordnung im Darm und ihr lang anhaltendes Sättigungsgefühl macht sie zum idealen Diätbegleitung.

▶ Einkaufs-Tipp:
Gesünder sind säuerliche Sorten wie Boskop, Cox Orange oder Berlepsch.

▶ Aufbewahrung:
trocken, kühl und dunkel. Nicht zu hoch „stapeln".

Kurzporträt

Top-Gehalt an:
Vitamin C, Pektin.
Haltbarkeit: 2–3 Monate.
Preis: ca. 3 Mark pro Kilo.

Traube

Für „Wein-Schmecker"

Nicht nur in flüssiger, auch in fester Form sind Trauben echte Muntermacher. Wegen ihres hohen Gehalts an Glukose (Traubenzucker) sorgen sie für einen sofortigen Energieschub und sind deshalb ideal, um Stress abzubauen. Wegen ihrer blutreinigenden Wirkung eignen sie sich gut zum Entschlacken. Hinzu kommen bei den blauen Trauben Anthocyane, gesundheitsfördernde Pflanzenstoffe. Beim Kauf auf ungespritze Trauben (Bioanbau) achten oder sehr gut waschen!

▶ Einkaufs-Tipp:
Kernlose sind ideal zum Kochen.

▶ Aufbewahrung: kühl und lichtgeschützt.

Kurzporträt

Top-Gehalt an:
Kalium, Glukose.
Haltbarkeit: 3–4 Tage.
Preis: ca. 3 Mark pro Pfund.

Birne

Frucht mit Geschichte

Die Birne gehört zu den ältesten Obstsorten überhaupt: Bereits 3500 vor Christus wurde sie hierzulande angebaut. Der Apfel hat sie bei uns ein wenig in den Hintergrund gedrängt. Doch wer es etwas milder und weniger säuerlich mag, liegt mit der aromatischen Birne richtig.

▶ Einkaufs-Tipp:
Sehr gute Sorten sind die würzigen „Clapps Liebling" und die saftigen „Williams Christ". Wie bei Äpfeln gilt: Die kleineren, unregelmäßig geformten sind häufig viel besser als die Hochglanz-Norm-Früchte.

▶ Aufbewahrung:
kühl und trocken. Nicht zu dicht lagern: Druckstellen!

Kurzporträt

Top-Gehalt an:
Kalium, Magnesium, Gerbsäuren.
Haltbarkeit: ca. 1 Woche.
Preis: ca. 4 Mark pro Kilo.

Holunderbeere

Schwarze Perlen

Achtung: Unreife Früchte enthalten die giftige Substanz Sambunigrin. Holunderbeeren also nur in vollreifem Zustand (zu erkennen an der tiefvioletten bis schwarzen Farbe und den schwer hängenden Dolden) verwenden und sicherheitshalber erhitzen. Dann aber sind die kleinen „Fliederbeeren" eine Delikatesse. Beeren erst vor der Zubereitung von den Stielen zupfen. Man kann sie aufkochen, durchsieben und den Saft für süße Suppen verwenden oder die Früchte mit Zimt und Zitrone zu Kompott verarbeiten.

▶ Einkaufs-Tipp:
auf Wochenmärkten kaufen.

Profi-Tipp des FIT FOR FU Küchenchefs Jörg Nöcker:

Köstlich schmecken auch Holunderblüten: in Teig ausgebacken oder als zartduftender Sirup

▶ Aufbewahrung:
lose auslegen.

Kurzporträt

Top-Gehalt an:
Flavonen, Kalium, Magnesium, Vitamin C.
Haltbarkeit: am besten sofort verbrauchen.
Preis: ca. 5 Mark pro Kilo.

Fitness-Tipp des Monats

Besser drauf mit den richtigen Lebensmitteln: Essen Sie sich in gute Laune!
Bei Stress, Schlaflosigkeit und Stimmungstiefs helfen vor allem Kohlenhydrate (z.B. in Nudeln, Vollkornprodukten), da sie den Körper mit Energie versorgen und durch eine Reihe von Stoffwechselprozessen im Gehirn den Serotoninspiegel ansteigen lassen. Dieser Botenstoff macht ruhig und ausgeglichen. Bei Motivationsschwäche besonders im Job brauchen Sie Protein (z.B. in Fleisch, Fisch, Milchprodukte) und Koffein (z.B. in grünem Tee, Kaffee, Kakao), die Sie wieder aufbauen, denn diese sind im Gehirn für schnelle Reaktionen verantwortlich.

im September

Jetzt wird geerntet, was den Sommer über gewachsen ist. Baumfrüchte wie Äpfel, Birnen und Pflaumen laden zum Backen und Einmachen ein.

Esskastanie

So schmeckt der Herbst!

Wer mag, kann die nussigen Früchte selber sammeln – herrlich an Spätsommertagen. Aber Achtung: Gewöhnliche Rosskastanien sind nicht zum Verzehr geeignet, nur die Früchte der Esskastanie. Wem das Suchen zu mühselig ist, der wird auch auf Wochenmärkten und in Gemüseläden fündig. Die Früchte sind roh keine Delikatesse, schmecken aber gekocht, gedämpft und geröstet köstlich.

▶ Einkaufs-Tipp:
Maroni sind die feinsten der Esskastanien. Achten Sie auf eine glatte, pralle Schale.

▶ Aufbewahrung:
kühl und trocken lagern.

Kurzporträt

Top-Gehalt an:
Vitamin C, Stärke.
Haltbarkeit: 2–3 Tage.
Preis: ca. 7 Mark pro Kilo.

Weiße Bohne

Gesunde Alternative

Für Vegetarier liefern Hülsenfrüchte reichlich hochwertiges pflanzliches Eiweiß in Kombination mit Ballaststoffen und vielen anderen Schutzstoffen. Aber auch für Fleischesser stellen sie eine interessante Alternative dar. Tipp: Wer einen Schnellkochtopf besitzt, kann sich die zeitraubende Einweichzeit sparen. Damit schonen Sie auch die wertvollen Inhaltsstoffe.

▶ Einkaufs-Tipp:
Bohnen in durchsichtigen Tüten kaufen. So sehen Sie, ob die Ware unbeschädigt ist.

▶ Aufbewahrung:
trocken, kühl und dunkel.

Kurzporträt

Top-Gehalt an:
Eiweiß, Ballaststoffen, Kalium, Eisen.
Haltbarkeit: 1–2 Jahre.
Preis: ca. 3 Mark pro Pfund.

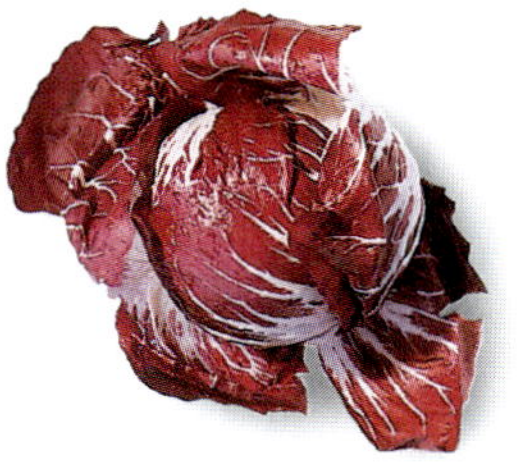

Radicchio

Zartbitter und aromatisch

Wenn es mit Grünzeug langsam ein bißchen knapp wird, hilft uns der weiß-violette Radicchio, der ursprünglich aus Venetien kommt, über die Runden. Gerade der hohe Anteil an Bitterstoffen macht das Mitglied der Endivienfamilie so gesund. Bitterstoffe wirken magenberuhigend und regen den gesamten Stoffwechsel an.

▶ Einkaufs-Tipp:
Auch die äußeren Blätter sollten knackig und unverletzt sein.

▶ Aufbewahrung:
in Papier eingeschlagen, an einem kühlen Ort.

Kurzporträt

Top-Gehalt an:
Bitterstoffen, Eisen.
Haltbarkeit:
ca. 3–4 Tage.
Preis: ca. 2 Mark pro Kopf.

Walnuss

Power fürs Gehirn

Schon die Form der feinen Nuss erinnert an das menschliche Gehirn. Und betrachtet man ihre Inhaltsstoffe, kann man sagen, Walnüsse sind echtes Brainfood: Magnesium wirkt gegen Streß und Vitamin E schützt die Blutgefäße unserer Denkzentrale.

▶ Einkaufs-Tipp:
Geschälte Nüsse werden oft wegen ihrer Schimmelempfindlichkeit geschwefelt. Entweder aus ökologischer Erzeugung kaufen oder gleich mit Schale.

▶ Aufbewahrung:
trocken, kühl und dunkel.

Kurzporträt

Top-Gehalt an:
Vitamin E, Biotin, Magnesium.
Haltbarkeit: 1–2 Wochen.
Preis: mit Schale ca. 12 Mark pro Kilo.

Pflaume

Blaues Wunder

Zwetschge ist nicht etwa süddeutsch für Pflaume. Es handelt sich tatsächlich um verschiedene, wenngleich botanisch verwandte Früchte. Erstere ist länglich spitz, ihr Stein läßt sich leicht lösen, was bei der rundlicheren Pflaume leider nicht immer gut funktioniert. Beide jedoch sind reich an Carotinen und B-Vitaminen. Der leichte „Reif" auf den Früchten bedeutet übrigens nicht, daß sie gespritzt sind, sondern ist ein natürlicher Schutzfilm der Frucht. Als Trockenfrucht – die kalifornischen gelten als besonders süß und schmackhaft – wirkt die Pflaume verdauungsfördernd (dank der aufquellenden, pektinartigen Substanzen, die die Verdauung vorantreiben und den Darm entgiften).

▶ Einkaufs-Tipp:
für Kuchen die leicht vom Stein zu lösenden Zwetschgen nehmen.

▶ Aufbewahrung:
gleich verlesen, lose ausbreiten.

Kurzporträt

Top-Gehalt an:
Carotinen, B-Vitaminen, Kalium.
Haltbarkeit: ca. 1–2 Tage.
Preis: ca. 4 Mark pro Kilo.

Maroni - fachmännisch gepellt

Herbstvergnügen: Frisch geröstete Esskastanien schmecken köstlich, und nebenbei duftet dann auch die ganze Wohnung. Und so wird's gemacht:

1 Maroni verlesen und mit einem scharfen Küchenmesser kreuzweise einritzen.

2 In eine feuerfeste Form setzen (größere Menge auf dem Blech bereiten) und im Backofen bei 200 Grad 15 bis 20 Minuten rösten.

3 Schale abziehen, dabei pelzige Schicht entfernen.

Esskastanien: roh schmecken sie etwas pelzig, geröstet aber wunderbar nussig und cremig.

Salate

Zutaten
für 2 Personen

125 g getrocknete Kichererbsen
2 Stiele Thymian
3 EL Weißweinessig
1/2 TL Senf
Jodsalz, Pfeffer
1 Msp. Cumin (Kreuzkümmel)
1 EL Olivenöl
1 rote Zwiebel
1/2 Kopf Radicchio
1/4 Salatgurke
1 EL schwarze Oliven (ohne Stein)
4 Scheiben Baguettebrot

Pikanter **Kichererbsensalat**

1 Getrocknete Kichererbsen über Nacht in kaltem Wasser einweichen. Dann abgießen und abspülen.

2 Kichererbsen mit frischem Wasser bedecken, 1 Stiel Thymian zugeben, circa 15 Minuten weichkochen und dann abgießen. Übrigen Thymian von den Stielen zupfen. Essig, Senf, Salz, Pfeffer und Kreuzkümmel verrühren. Öl darunterschlagen. Kichererbsen und Thymian untermischen. Circa 1 Stunde ziehen lassen.

3 Zwiebel in Ringe schneiden. Radicchio in mundgerechte Stücke zupfen. Gurke in Scheiben schneiden. Kichererbsen und restlichen Zutaten mischen. Nach Belieben nochmals pikant abschmecken. Dazu Baguette reichen.

FITNESS-CHECK	
Für Aktive / Für Denker / Immunschutz	Vitamine ☒
	einfach ☒
	schnell ○
Pro Portion: 310 Kalorien, 11 g Fett	günstig ☒

Radicchio mit **Entenbrust**

Zutaten
für 2 Personen

1 kleines Entenbrustfilet
(ca. 100 g)
Jodsalz, Pfeffer
4 Walnusskernhälften
1 Schalotte
2 EL Himbeeressig
2 EL Traubensaft
1 EL Walnussöl
75 g helle Weintrauben
1/2 Römersalat
1 kleiner Radicchio
50 g Brunnenkresse

1 Entenbrust trocken tupfen, auf der Hautseite kreuzweise einschneiden. Salzen und pfeffern. Auf der Hautseite anbraten, bis Fett austritt. Fett abgießen. Dann von beiden Seiten circa 10 Minuten knusprig braten.

2 Nüsse hacken, in einer Pfanne ohne Fett anrösten. Schalotte hacken. Mit Essig, Salz, Pfeffer, Traubensaft und Öl verquirlen. Nüsse zugeben. Trauben halbieren, entkernen und zur Marinade geben.

3 Salate verlesen, waschen, zerzupfen. Kresse untermischen. Mit Dressing und Entenbrustscheiben anrichten.

FITNESS-CHECK		
Für Aktive	[orange bar, mostly filled]	Vitamine ☒
Für Denker	[blue bar, mostly filled]	einfach ○
Immunschutz	[green bar, full]	schnell ☒
Pro Portion: 260 Kalorien, 16 g Fett		günstig ○

Weiße Bohnen mit Krebsfleisch

Zutaten
für 2 Personen

1 kleine Dose (425 ml)
weiße Bohnenkerne
1 Knoblauchzehe
1 kleine rote Zwiebel
Saft von 1 Limette
Jodsalz, Pfeffer
1 EL Olivenöl
etwas frischer Dill
100 g ausgelöstes Krebsfleisch
3 kleine Paprika (rot, grün, gelb)
einige Salatblätter

1 Bohnen kurz kalt abspülen und abtropfen lassen. Knoblauch und Zwiebel schälen. Knoblauch durchpressen. Zwiebel in feine Ringe schneiden. Limettensaft, Knoblauch, Salz, Pfeffer und Öl verquirlen. Dill von den Stielen zupfen und unterrühren. Krebsfleisch zerzupfen, mit den Bohnen, Zwiebeln und der Marinade mischen. Circa 20 Minuten ziehen lassen.

2 Paprikas putzen und sehr fein würfeln, unter die vorbereiteten Salatzutaten mischen. Salatblätter abspülen, abtropfen lassen und auf Teller verteilen. Krebsfleisch-Bohnen-Salat darauf anrichten.

FITNESS-CHECK		
Für Aktive	[orange bar, full]	Vitamine ☒
Für Denker	[blue bar, full]	einfach ☒
Immunschutz	[green bar, full]	schnell ○
Pro Portion: 500 Kalorien, 9 g Fett		günstig ○

Salate

Chicoréesalat mit Pflaumen

Zutaten
für 2 Personen

1 Scheibe Weizenbrot
2 TL Walnussöl
Jodsalz
100 g Knollensellerie
Saft und Schale von
1/2 unbehandelten Orange
6 Pflaumen
150 g fettarmer Jogurt
Pfeffer aus der Mühle
1/2 TL Senf
1 Msp. Cayennepfeffer
2 kleine Kolben Chicorée
etwas Zitronenmelisse

1 Brot würfeln, in 1 TL heißem Öl knusprig braun braten, salzen. Sellerie schälen und in sehr feine Stifte schneiden oder hobeln. Orangenschale mit einem Sparschäler dünn abhobeln. Orange auspressen. Saft mit dem Sellerie mischen. Pflaumen entsteinen und in Spalten schneiden.

2 Jogurt, restliches Öl, Salz, Pfeffer, Senf und Cayennepfeffer verquirlen und abschmecken.

3 Chicoréeblätter vom Strunk ablösen, abspülen. Mit den restlichen vorbereiteten Salatzutaten auf Tellern anrichten. Dressing darübergeben. Mit Orangenschale, Melisseblättchen und Croûtons garnieren.

FITNESS-CHECK	
Für Aktive	Vitamine ☒
Für Denker	einfach ☒
Immunschutz	schnell ☒
Pro Portion: 180 Kalorien, 7 g Fett	günstig ☒

Fruchtiger Nudelsalat mit Melone

Zutaten
für 2 Personen

150 g Buchstabennudeln
Jodsalz
2 Scheiben Frühstücksspeck (Bacon)
1 Schalotte
3 EL Weißweinessig
1 EL Zitronensaft
2 EL fertige Gemüsebrühe
Pfeffer aus der Mühle
1/2 TL Senf
1/2 TL Ahornsirup
einige Blätter Friséesalat
1/2 Charentais-Melone
1 kleine Birne

1 Nudeln in reichlich kochendem Salzwasser nach Packungsanweisung gar kochen. Nudeln abgießen und abtropfen lassen.

2 Bacon in einer beschichteten Pfanne knusprig auslassen, herausnehmen und auf Küchenpapier abtropfen lassen. Schalotte hacken. Im Speckfett glasig dünsten. Mit Essig, Zitronensaft und Brühe ablöschen. Salz, Pfeffer, Senf und Ahornsirup unterrühren. Nudeln und Marinade mischen und abkühlen lassen.

3 Frisée in mundgerechte Stücke zupfen. Melone und Birne klein schneiden. Vorbereitete Salatzutaten und Nudeln auf Tellern anrichten.

FITNESS-CHECK	
Für Aktive	Vitamine ☒
Für Denker	einfach ☒
Immunschutz	schnell ○
Pro Portion: 430 Kalorien, 10 g Fett	günstig ☒

Vorspeisen

Maronensuppe mit Croûtons und Weintrauben

Zutaten
für 2 Personen

- 300 g Esskastanien (Maronen)
- 1 Knoblauchzehe
- 1 Scheibe Weizenbrot
- 1 TL Olivenöl
- Jodsalz
- 1 Zwiebel
- 300 g Knollensellerie
- 400 ml Gemüsefond (Glas)
- Pfeffer aus der Mühle
- 2 EL Jogurt
- 100 g helle Trauben
- 100 g blaue Trauben
- 6 Halme Schnittlauch

1 Kastanien kreuzweise anritzen (siehe Anleitung S. 173). Im Backofen bei 250 Grad circa 10 Minuten rösten. Noch heiß schälen. Leicht zerdrücken.

2 Knoblauch schälen, in Schei-ben schneiden. Brot würfeln. Beides im heißen Öl knusprig braten, salzen.

3 Zwiebel hacken. Sellerie schälen und würfeln. Kastanien mit Fond, Zwiebeln und Sellerie circa 20 Minuten köcheln lassen. Pürieren und würzen. Jogurt unterrühren.

4 Trauben halbieren und entkernen. Suppe mit Croûtons, Schnittlauch und Trauben anrichten.

FITNESS-CHECK	
Für Aktive	Vitamine ⊗
Für Denker	einfach ○
Immunschutz	schnell ○
Pro Portion: 370 Kalorien, 7 g Fett	günstig ⊗

Kartoffel-Sellerie-Puffer mit Apfelkompott

Zutaten
für 2 Personen

- 2 säuerliche Äpfel (z. B. Boskop)
- Saft von 1/2 Zitrone
- 1 Sternanis
- 1 TL Vollrohrzucker
- 150 g Kartoffeln
- 100 g Knollensellerie
- Jodsalz, Pfeffer
- 1 EL Sonnenblumenöl
- 2 bis 3 Stiele Zitronenmelisse

1 Äpfel schälen, entkernen und in Stücke schneiden. Mit der Hälfte des Zitronensafts, 50 ml Wasser, Anis und Zucker in einem Topf zugedeckt ca. 3 Minuten dünsten.

2 Kartoffeln und Sellerie schälen. Auf einer groben Küchenreibe raspeln. Restlichen Zitronensaft, Salz und Pfeffer unterrühren. Öl portionsweise in einer beschichteten Pfanne erhitzen und aus der Kartoffel-Sellerie-Masse etwa 12 kleine knusprige Puffer braten.

3 Puffer und Apfelkompott auf Tellern anrichten. Zitronenmelisse darüber streuen.

FITNESS-CHECK	
Für Aktive	Vitamine ⊗
Für Denker	einfach ⊗
Immunschutz	schnell ○
Pro Portion: 168 Kalorien, 5 g Fett	günstig ⊗

Vorspeisen

Zutaten
für 2 Personen

200 g reife Pflaumen
1 Sternanis
1 Msp. Zimt, gemahlen
2 EL Honig
4 EL Rotweinessig
1/2 TL grüne Pfefferkörner, eingelegt
1 TL Kürbiskerne
1 Birne
einige Salatblätter
30 g englischer Cheddar
30 g englischer Stilton
4 dicke Scheiben Weißbrot

Tipps & Alternativen

Birne: Die beste Qualität gibt es jetzt im September. Für Salate und Vorspeisen wählen Sie am besten die aromatisch würzig schmeckende Sorte „Clapps Liebling". Falls die Birnen beim Kauf noch nicht voll ausgereift sind, packen Sie sie zusammen mit einem Apfel in eine geschlossene Papiertüte und perforieren Sie diese mehrmals mit einer Nadel. Durch das im Apfel enthaltene Gas Äthylen reifen die Birnen schneller. Noch ein Tipp für die Zubereitung: Damit sich die Birnen beim Anschneiden nicht braun verfärben, beträufeln Sie die Schnittflächen sofort mit Zitronensaft.

Herzhafter **Käsesnack**

1 Pflaumen waschen, entsteinen und klein schneiden. Mit Anis, Zimt, Honig und Essig in einen Topf geben und bei schwacher Hitze circa 1 Stunde köcheln lassen. Pfefferkörner zugeben. Abkühlen lassen und bei Bedarf nachwürzen.

2 Kürbiskerne in einer Pfanne ohne zusätzliches Fett rösten, bis sich das Aroma entfaltet. Herausnehmen und beiseite stellen.

3 Birne waschen, halbieren, entkernen, in Spalten schneiden. Salatblätter waschen und trockenschütteln, auf Tellern auslegen. Birnenspalten mit den beiden Käsesorten und Kürbiskernen darauf anrichten. Pflaumenrelish und Weißbrot dazu reichen.

FITNESS-CHECK	
Für Aktive	Vitamine ☒
Für Denker	einfach ☒
Immunschutz	schnell ○
Pro Portion: 430 Kalorien, 14 g Fett	günstig ○

Pikantes **Radicchio-Sandwich**

1 Baguette halbieren, in 2 Portionen teilen und längs aufschneiden. Knusprig toasten. Speck in einer beschichteten Pfanne auslassen, auf Küchenpapier abtropfen lassen. Avocado halbieren, Stein herauslösen. Frucht schälen. Eine Hälfte in Spalten schneiden, mit 1 TL Limettensaft beträufeln. Die zweite Hälfte zerdrücken, mit 1 TL Limettensaft, Salz, Pfeffer und Cumin würzen.

2 Trauben halbieren, entkernen. Die unteren Baguettehälften mit Avocadomus bestreichen und mit Radicchio belegen. Darauf Avocadospalten, Speck, Trauben und Kresse verteilen. Pfeffern. Baguettes zuklappen und servieren.

FITNESS-CHECK

Für Aktive Für Denker Immunschutz	Vitamine ⊗ einfach ⊗ schnell ⊗ günstig ⊗
Pro Portion: 370 Kalorien, 14 g Fett	

Zutaten
für 2 Personen

1/2 Weizenbaguette
2 hauchdünne Scheiben Frühstücksspeck (Bacon)
1 kleine reife Avocado
2 TL Limettensaft
Jodsalz
schwarzer Pfeffer aus der Mühle
1 Msp. Cumin (Kreuzkümmel)
50 g blaue Weintrauben
4 kleine Blätter Radicchio
1 bis 2 TL Kresse

Geschmorte Chili-Früchte mit Nussbrot

1 Walnüsse grob hacken und in einer Pfanne ohne zusätzliches Fett anrösten, bis sich ihr Aroma entfaltet. Herausnehmen. Chilischote längs aufschneiden, entkernen und in feine Streifen schneiden. Apfel und Birne waschen, halbieren, entkernen und in dünne Scheiben beziehungsweise Spalten schneiden.

2 Walnussöl in einer beschichteten Pfanne erwärmen. Chilistreifen, Apfel- und Birnenspalten und Zitronenscheiben darin circa 3 Minuten dünsten. Obst mit Nüssen und Pfefferminzblättchen auf zwei Tellern anrichten. Dazu Nussbrot reichen.

slimline

FITNESS-CHECK

Für Aktive Für Denker Immunschutz	Vitamine ⊗ einfach ⊗ schnell ⊗ günstig ⊗
Pro Portion: 350 Kalorien, 8 g Fett	

Zutaten
für 2 Personen

4 Walnusskernhälften
1 kleine rote Chilischote
1 säuerlicher Apfel (z. B. Boskop)
1 feste Birne (z.B. Williams Christ)
1 TL Walnussöl
1/2 unbehandelte Zitrone
2 Stiele frische Pfefferminze
4 Scheiben Nussbrot

Hauptgerichte

slimline

Zutaten
für 2 Personen

150 g Spagetti
Jodsalz
2 Knoblauchzehen
1 Radicchio
80 g blaue Weintrauben
2 EL Olivenöl
weißer Pfeffer aus der Mühle
6 rohe Riesengarnelen, ohne Schale
grober Pfeffer aus der Mühle
etwas frisches Basilikum

Spagetti mit Radicchio und Garnelen

1 Spaghetti in reichlich kochendem Salzwasser nach Packungsanweisung kochen.

2 Knoblauch schälen und in dünne Scheiben schneiden. Radicchio waschen, putzen und achteln. Trauben waschen, halbieren und entkernen.

3 1 EL Öl in einer beschichteten Pfanne erhitzen. Knoblauch und Radicchio darin circa 3 Minuten braten, mit Salz und Pfeffer würzen. Trauben zugeben, alles kurz durchschwenken und warm stellen.

4 Restliches Öl erhitzen. Garnelen darin circa 1 Minute braten, würzen. Spagetti abgießen und gut abtropfen lassen. Auf Tellern mit Radicchio und Garnelen anrichten. Groben Pfeffer darüber mahlen und mit Basilikumblättchen garnieren.

FITNESS-CHECK	
Für Aktive ▰▰▰▰▱	Vitamine ⊗
Für Denker ▰▱▱▱	einfach ⊗
Immunschutz ▰▱▱▱	schnell ○
Pro Portion: 470 Kalorien, 10 g Fett	günstig ⊗

Polenta mit **arabischen Möhren**

slimline

1 In einem kleinen Topf 400 ml Wasser und Salz aufkochen. Polenta unter Rühren einstreuen. 1 TL Koriander unterrühren. Circa 35 Minuten ausquellen lassen.
2 Knoblauch, Zwiebel, Lauch und Möhren klein schneiden. 1 EL Öl erhitzen. Knoblauch und Zwiebel darin andünsten. Möhren, Lauch und Rosinen zugeben. Mit Salz, Pfeffer, Zimt und Cumin würzen. Mit Brühe ablöschen, circa 15 Minuten köcheln lassen.
2 Restliches Öl unter die Polenta rühren. Mit dem Gemüse anrichten und mit Koriander bestreuen.

FITNESS-CHECK		
Für Aktive	(orange)	Vitamine ☒
Für Denker	(blau)	einfach ☒
Immunschutz	(grün)	schnell ○
Pro Portion: 350 Kalorien, 14 g Fett		günstig ☒

Zutaten
für 2 Personen

1 TL Jodsalz
100 g Polenta (Weizengrieß)
1 Bund frischer Koriander
1 Knoblauchzehe
1 Zwiebel
1 Stange Lauch
4 Möhren
1 EL und 1 TL Olivenöl
2 EL Rosinen
Pfeffer
1 Prise Zimt
1 Msp. Cumin (Kreuzkümmel)
50 ml Gemüsebrühe (Instant)

Bohnentopf mit getrockneten Äpfeln

1 Bohnen mit kaltem Wasser bedecken und über Nacht einweichen.
2 Bohnen abgießen, abspülen. Zwiebel und Knoblauch hacken. Suppengrün putzen und klein schneiden. Öl erhitzen. Zwiebel und Knoblauch darin anbraten. Suppengrün zugeben und kurz mitbraten. Lorbeer, Piment, Pfefferkörner, Salz und Pfeffer zugeben.
3 Mit Brühe und 200 ml Wasser ablöschen. Bohnen zufügen. Bei schwacher Hitze circa 30 Minuten köcheln lassen.
4 Apfelringe zugeben, weitere 10 Minuten köcheln lassen. Eintopf mit Salz und Pfeffer würzen. Balsamessig vor dem Servieren darüber träufeln.

FITNESS-CHECK		
Für Aktive	(orange)	Vitamine ☒
Für Denker	(blau)	einfach ☒
Immunschutz	(grün, teilweise)	schnell ○
Pro Portion: 300 Kalorien, 8 g Fett		günstig ☒

Zutaten
für 2 Personen

100 g getrocknete weiße Bohnenkerne
1 Zwiebel
1 Knoblauchzehe
1 Bund Suppengrün
1 EL Olivenöl
1 Lorbeerblatt
1 Pimentkorn
2 Pfefferkörner
Jodsalz, Pfeffer
400 ml Gemüsebrühe
50 g getrocknete Apfelringe
2 EL Balsamessig

Hauptgerichte

slimline

Steaks mit Spätzle und Maronen

Zutaten
für 2 Personen

200 g Spätzle
Jodsalz
200 g Maronen (Esskastanien)
3 Zwiebeln
2 Schweinerückensteaks (insges. 240 g)
1 EL Sonnenblumenöl
Pfeffer
1 TL Thymian
400 ml Gemüsebrühe

1 Spätzle in reichlich Salzwasser nach Packungsanleitung kochen.

2 Maronen mit einem Messer einritzen (siehe Anleitung S. 173), im Backofen bei 200 Grad circa 30 Minuten rösten, bis die Schalen aufspringen. Noch heiß schälen. Zwiebeln in Ringe schneiden.

3 Steaks abspülen und trockentupfen. Öl erhitzen, Fleisch darin anbraten, würzen. Zwiebeln, Maronen und Thymian zugeben, circa 5 Minuten braten. Steaks herausnehmen und warm stellen. Zwiebeln mit der Brühe ablöschen, circa 2 Minuten einkochen lassen. Abschmecken.

4 Spätzle abtropfen lassen und mit Steaks und Maronen-Zwiebel-Mischung auf zwei Tellern anrichten.

FITNESS-CHECK	
Für Aktive	Vitamine ⊠
Für Denker	einfach ⊠
Immunschutz	schnell ⊠
Pro Portion: 570 Kalorien, 14 g Fett	günstig ⊠

Kalbsleber mit Kartoffel-Knoblauch-Püree

Zutaten
für 2 Personen

500 g Kartoffeln
Jodsalz
2 Stück Kalbsleber (insges. 200 g)
1 EL Mehl
2 Knoblauchzehen
2 Zwiebeln
1 EL und 1 TL Olivenöl
Pfeffer
75 ml fettarme Milch
1 Birne
80 g helle und blaue Trauben
2 EL Madeira
8 frische Salbeiblätter

1 Kartoffeln in Salzwasser kochen. Leber abspülen, trockentupfen und im Mehl wenden. Knoblauch und Zwiebeln kleinschneiden. 1 EL Öl erhitzen. Knoblauch darin knusprig braten, herausnehmen. Leber im Bratfett circa 2 Minuten braten, würzen, warm stellen.

2 Kartoffeln zerstampfen, Milch unterrühren, salzen. Knoblauch und restliches Olivenöl unterrühren.

3 Birne klein schneiden, Trauben entkernen. Mit den Zwiebeln ins Bratfett geben, kurz dünsten. Mit Madeira ablöschen, würzen. Alles anrichten. Mit Salbei bestreuen.

FITNESS-CHECK	
Für Aktive	Vitamine ⊠
Für Denker	einfach ⊠
Immunschutz	schnell ○
Pro Portion: 560 Kalorien, 14 g Fett	günstig ⊠

slimline

Gebratener Heilbutt auf Tomaten-Couscous

slimline

1 Couscous mit heißer Brühe mischen, quellen lassen. Tomaten in Spalten, Zwiebeln und Knoblauch in Scheiben schneiden. In 1 TL heißem Öl anbraten. Essig, Salz und Pfeffer zugeben. Circa 10 Minuten schmoren.

2 Heilbuttfilets abspülen, trocken tupfen und mit 2 EL Zitronensaft beträufeln. Auf dem heißen Grill oder in einer beschichteten Pfanne circa 10 Minuten braten, würzen.

3 Möhren würfeln. Restliches Öl erhitzen, Möhren darin andünsten. Mit Salz, Pfeffer, 2 EL Zitronensaft und Cumin würzen. Couscous zugeben. Mit Fisch, Tomatensauce und Dillspitzen anrichten.

FITNESS-CHECK	
Für Aktive	Vitamine ☒
Für Denker	einfach ☒
Immunschutz	schnell ○
Pro Portion: 620 Kalorien, 12 g Fett	günstig ☒

Zutaten
für 2 Personen

200 g Instant-Couscous (türkischer Lebensmittelladen)
150 ml Gemüsebrühe (Instant)
500 g Tomaten
2 Zwiebeln
1 Knoblauchzehe
1 TL und 1 EL Olivenöl
3 EL Balsamessig
Jodsalz, Pfeffer
2 Heilbuttfilets (insges. 250 g)
4 EL Zitronensaft
2 Möhren
1 Msp. Cumin (Kreuzkümmel)
einige Zweige Dill

Gegrillte Dorade mit Kürbis-Chutney

slimline

1 Kürbis schälen, Fruchtfleisch würfeln. Apfel schälen, entkernen. Zwiebel schälen, beides fein hacken. Chilischote entkernen, in feine Streifen schneiden. Vorbereitete Zutaten mit 1/2 TL Salz, Zucker und Essig in einen Topf geben. Aufkochen und unter Rühren bei schwacher Hitze dicklich einkochen lassen.

2 Fische von innen und außen gründlich spülen, trockentupfen, salzen und pfeffern. Knoblauch schälen und in Scheiben schneiden. Knoblauch und Rosmarin in den Bauchöffnungen der Fische verteilen. Fische dünn mit Öl bestreichen. Im Backofen von beiden Seiten 7–10 Minuten grillen. Chutney zu den Fischen servieren. Dazu schmeckt eine Langkorn-Wildreis-Mischung.

FITNESS-CHECK	
Für Aktive	Vitamine ☒
Für Denker	einfach ☒
Immunschutz	schnell ○
Pro Portion: 370 Kalorien, 8 g Fett	günstig ○

Zutaten
für 2 Personen

400 g Kürbis
1 kleiner säuerlicher Apfel
1 kleine Zwiebel
1/2 kleine rote Chilischote
Jodsalz
2 EL Vollrohrzucker
50 ml Apfelessig
2 kleine Doraden (insges. 200 g, vom Fischhändler schuppen lassen)
schwarzer Pfeffer aus der Mühle
1 Knoblauchzehe
einige Stiele frischer Rosmarin
1 EL Olivenöl

Desserts

Zutaten

für 2 Personen

- 1 feste Birne
- 300 g reife Pflaumen
- 2 Sternanis
- 100 ml Pflaumensaft
- Saft von 1 Limette
- 1 TL Speisestärke
- 200 ml fettarme Milch
- 1 EL Honig
- Mark von 1 Vanilleschote
- 100 g Bandnudeln
- 1–2 EL Kokosraspel (z.B. aus dem Reformhaus)
- 1 Stiel Zitronenmelisse

slimline

Süße Bandnudeln mit Kompott

1 Birne waschen, schälen, halbieren, entkernen und kleinschneiden. Pflaumen waschen und entsteinen. Sternanis, Pflaumen- und Limettensaft erhitzen. Pflaume und Birne darin circa 4 Minuten zugedeckt dünsten. Speisestärke und übrigen Saft glatt rühren. Das Kompott damit binden. Abkühlen lassen.

2 Milch, 200 ml Wasser, Honig und Vanillemark aufkochen. Nudeln darin nach Packungsanweisung bei schwacher Hitze unter gelegentlichem Rühren garen, denn die Kochflüssigkeit kann leicht anbrennen.

3 Nudeln abtropfen lassen und mit dem Kompott auf zwei Tellern anrichten. Kokosraspel in einer trockenen Pfanne anrösten und über die Nudeln streuen. Mit Zitronenmelisseblättchen garnieren.

FITNESS-CHECK

Für Aktive	Vitamine ☒
Für Denker	einfach ☒
Immunschutz	schnell ○
Pro Portion: 370 Kalorien, 4 g Fett	günstig ○

Kastaniencreme mit Birne und Pistazien

slimline

Zutaten
für 2 Personen

- 200 g Esskastanien (Maronen)
- 180 ml fettarme Milch
- Mark von 1/2 Vanilleschote
- 2 EL Honig
- 1 EL Pistazien
- 1 Birne
- Saft von 1/2 Zitrone
- 1 TL Birnendicksaft
- 2 Stiele Zitronenmelisse

1 Maronen mit einem Messer leicht anritzen. Im heißen Backofen bei 250 Grad circa 10 Minuten rösten, bis die Schalen aufspringen. Kurz abkühlen lassen und noch heiß schälen.

2 Maronen leicht zerdrücken. Mit Milch und Vanillemark bei schwacher Hitze circa 20 Minuten köcheln lassen. Pürieren, mit Honig abschmecken. Pistazien hacken, in einer Pfanne ohne Fett anrösten und unter die Creme rühren.

3 Birne in Spalten schneiden. Im Zitronensaft circa 1 Minute dünsten, mit Birnendicksaft beträufeln. Alles anrichten. Mit Melisse garnieren.

FITNESS-CHECK

Für Aktive	Vitamine ☒
Für Denker	einfach ○
Immunschutz	schnell ○
Pro Portion: 320 Kalorien, 6 g Fett	günstig ○

Holundersuppe mit Grießnocken

Zutaten
für 2 Personen

- 300 g Holunderbeeren
- 2 EL Honig
- 1 Zimtstange
- 300 ml Birnensaft
- Saft von 1 Zitrone
- 120 ml fettarme Milch
- 50 g Weizengrieß
- 1 Birne
- etwas frische Minze

1 Holunderbeeren vorsichtig von den Stielen streifen und waschen. Mit 1 EL Honig, Zimt, Birnen- und Zitronensaft mischen. Circa 5 Minuten köcheln lassen.

2 Milch und 1 EL Honig aufkochen. Grieß unter Rühren einstreuen, ausquellen lassen. Grieß mit zwei Esslöffeln zu Nocken formen.

3 Birne in Spalten schneiden. Beeren durch ein Sieb gießen, Saft auffangen und in den Topf gießen. Birnenspalten darin circa 3 Minuten dünsten.

4 Holundersuppe mit Grießnocken anrichten und mit Minze garnieren.

slimline

FITNESS-CHECK

Für Aktive	Vitamine ☒
Für Denker	einfach ☒
Immunschutz	schnell ○
Pro Portion: 290 Kalorien, 2 g Fett	günstig ☒

1. Tag

Morgens

100 g grüne Trauben
100 g blaue Trauben
1 Banane
150 g fettarmer Jogurt
1 Msp. Zimt
4 EL Getreideflocken
etwas Zitronenmelisse

Mittags

2 Scheiben Mehrkornbrot
1/2 TL Senf
10 Radieschen
4 Halme Schnittlauch
2 Blätter Römersalat
2 Scheiben Räucherlachs

Abends

30 g Naturreis
Jodsalz
30 g Basmatireis
1 Möhre
1/2 Fenchelknolle
1/2 gelbe Paprikaschote
1 Lauchzwiebel
1/2 Chili
1 haselnussgroßes Stück Ingwer
100 g Hähnchenfilet
1 TL Öl
50 ml Gemüsebrühe
Pfeffer
1 EL gehackte Petersilie

Figur-Joker

Trauben-Müsli mit Jogurt

Trauben halbieren, entkernen. Banane klein schneiden. Jogurt und Zimt verrühren. Trauben, Banane und Getreideflocken mischen. Jogurt darüber geben. Mit Melisseblättchen garnieren.

Zwischendurch

Vita-Star: 1 rote Bete, 1 Apfel und 2 Möhren in Stücke schneiden. Koriander- und Sesamsamen, Dill zufügen. Im Entsafter entsaften. Je 1 TL Koriander und Sesam ohne Fett rösten. Mit 1 TL gehackten Dill über den Drink streuen.

Sandwich mit Räucherlachs

1 Scheibe Brot dünn mit Senf bestreichen. Radieschen waschen und in Scheiben schneiden. Schnittlauch in Röllchen schneiden. Eine Scheibe Brot mit Salatblättern, Radieschen und Schnittlauch belegen. Zweite Brotscheibe darauf legen.

Zwischendurch

Exotischer Obstsalat mit Kardamom: 1 Papaya halbieren, schälen und entkernen. 1/2 Karambole in Scheiben schneiden. 1 Blutorange filetieren, Saft dabei auffangen. Orangensaft, 2 TL Honig und 1 Msp. Kardamompulver verrühren. Obst anrichten, mit der Marinade beträufeln.

Reistopf mit Hähnchen

Naturreis circa 30 Minuten in reichlich Salzwasser garen. Basmatireis 10 Minuten vor Ende der Garzeit zufügen und mitgaren. Möhre, Fenchel, Paprika und Lauchzwiebel klein schneiden. Chili und Ingwer hacken. Hähnchenfilet würfeln. Im heißen Öl knusprig braten. Gemüse, Chili und Ingwer zufügen. Brühe angießen und circa 5 Minuten garen. Mit Salz und Pfeffer würzen. Reis abgießen und zum Hähnchen geben. Petersilie darüber streuen.

TAGESBILANZ
1200 Kalorien, 18 g Fett
Abwehrkräfte stärken durch Bio-Flavonoide

2 schlanke Tage

Getreide-Müsli mit Feigen

Feigen waschen und in Spalten schneiden. Zimt darüber stäuben. Mit der Müslimischung vermengen. Quark, Ahornsirup und Milch verrühren, mit Feigen und Müsli anrichten.

Zwischendurch

1 Paprika, 1/2 Gurke und eine Selleriestange kleinschneiden. Mit dem Dill entsaften. Mit Kräutersalz, 2 EL Zitronensaft und -schale würzen. Mit restlichem Sellerie garnieren.

Forellen-Wrapper mit Salat

Apfel waschen und in hauchdünne Spalten schneiden. Radieschen in Scheiben schneiden. Sprossen kalt abspülen. Salatblätter zerzupfen. Öl, Essig und Meerrettich verrühren. Mit Salz und Pfeffer würzen. Salatzutaten mit Forellenfilet und Vinaigrette mischen. Tortillafladen damit belegen und aufrollen.

Zwischendurch

1 EL Kürbiskerne rösten. 1/2 Papaya, 1/2 Mango und 1 Kiwi kleinschneiden. Mit 2 EL Ahornsirup und Kernen anrichten.

Spagetti mit Garnelen

Nudeln in Salzwasser circa 10 Minuten garen. Garnelen kalt abspülen und trockentupfen. Brokkoli in kleine Röschen schneiden. Knoblauch hacken. Garnelen und Knoblauch im heißen Öl 8–10 Minuten braten. Salzen und pfeffern. Aus der Pfanne nehmen. Brokkoli im Bratfett anbraten, Brühe und Senf unterrühren und etwa 5 Minuten dünsten. Garnelen und Kapern zufügen. Nudeln abgießen, mit Garnelen und Brokkoli vermengen.

TAGESBILANZ

1170 Kalorien, 32 g Fett

Heute können Sie Ihre Vitamin-C-Speicher füllen

2. Tag

Morgens

- 3 frische Feigen
- 1 Msp. Zimt
- 4 EL ungesüßte Nuss-Müsli-Mischung
- 100 g Magerquark
- 1 EL Ahornsirup
- 2 EL fettarme Milch

Mittags

- 1 Apfel
- 6 Radieschen
- 2 EL Radieschensprossen
- 4 Blätter Lollo Rosso
- 1 EL Weizenkeimöl
- 1 EL Weißweinessig
- 1 Msp. Meerrettich aus dem Glas
- Jodsalz, Pfeffer
- 80 g geräuchertes Forellenfilet
- 1 Tortillafladen

Abends

- 50 g Spagetti
- Jodsalz
- 3 rohe Garnelen, ohne Schale
- 100 g Brokkoli
- 1 Knoblauchzehe
- 1 TL Öl
- Pfeffer
- 50 ml Brühe
- 1 TL Senf
- 1 TL eingelegte Kapern

Hochsaison *im Oktober* *für Sammler*

Gesund, schlank und gut gelaunt können Sie sich jetzt auf den kommenden Herbst freuen. Sammeln Sie in diesem Monat bei der reichen Ernte kräftig viel Vitamine, um mit anhaltenden Elan den Alltag zu meistern.

10 Fitmacher des Monats

Jetzt frisch auf dem Markt

Maiskolben

Süße Körnchen

Bei den Mayas, Azteken und Inkas war der Mais eine vielseitig verwendbare Nutzpflanze. Sie war Nahrung, aber auch Kultzweck, Zahlungsmittel, Schmuck oder Tabak und wurde sogar als Baumaterial eingesetzt. Die Indianer von Mexiko bis nach Südkanada ernährten sich von einer Art Maisgrieß, den sie entweder mit Honig süßten oder mit Pfeffer würzten. Nach Europa kam die Maispflanze erst durch die Spanier Anfang des 16. Jahrhunderts. Zuckermais heißt die genießbare Schwester des Futtermaises. Und süß schmeckt sie auch. Je frischer man sie genießt, um so höher ist der Gehalt an Zucker, der dann jedoch rasch in Stärke umgewandelt wird. Weitere Pluspunkte der Kolben: ein ideales Nährstoffverhältnis und reichlich B-Vitamine. Köstlich: garen, buttern, mit Salz würzen und einfach rundherum abknabbern.

▶ Einkaufs-Tipp:
Die Körner sollten voll, rund und glänzend sein.

▶ Aufbewahrung:
kühl, Hüllblätter entfernen. Vor dem Einfrieren blanchieren.

Kurzporträt

Top-Gehalt an:
Kohlenhydraten, Kalzium, Kalium, Niacin.
Haltbarkeit: 2–3 Tage.
Preis: ca. 2 Mark pro Kolben.

Bataviasalat

Knackiger Franzose

Batavia ist eine neuere französische Züchtung, die aus dem Eisbergsalat entstanden ist. Seine dickfleischigen und kräuseligen Blätter sind außen gezackt, mit teils rötlich braunen Rändern oder ganz rotbraun. Der Geschmack ist herzhaft, der Kopf nicht ganz so fest wie bei Eisbergsalat, aber dennoch knackig.

▶ Einkaufs-Tipp:
Achten Sie darauf, daß der Salatkopf ein echtes Herz hat. Er sollte innen üppig ausgekleidet sein. „Hohle" Salatköpfe sind nicht optimal gewachsen. Blätter müssen knackig frisch sein.

▶ Aufbewahrung:
im Gemüsefach des Kühlschranks.

Kurzporträt

Top-Gehalt an:
Carotin, Folsäure.
Haltbarkeit: 1–2 Tage.
Preis: ca. 3 Mark pro Kopf.

Paranuss

Rauhe Schale, reicher Kern

Ihren Namen hat sie von ihrer Heimat – der brasilianischen Provinz Para. Von dort kommt sie auch hauptsächlich. Wer es schafft, den Panzer der Paranuss geschickt zu knacken (am besten vorher etwas andämpfen), wird durch besonders zartes, reichhaltiges Fleisch belohnt, das allerdings kalorienmäßig nicht zu unterschätzen ist. In dünne Scheiben geschnitten, reichen aber zwei bis drei Nüsse zum Verfeinern eines Desserts oder Salats.

▶ Einkaufs-Tipp:
Ungeschälte Nüsse halten sich besser.

▶ Aufbewahrung:
trocken und lichtgeschützt.

Kurzporträt

Top-Gehalt an:
Ballaststoffen, Magnesium, Kupfer, Zink, Kalium, Eisen, Kalzium und Vitamin E.
Haltbarkeit: 1–2 Wochen.
Preis: ca. 4 Mark pro Pfund.

Quitte

Ein Hauch von Herbstaroma

Ihr herrlicher Duft verleitet oft zum schnellen Reinbeißen. Doch das kann man bei den hiesigen Quitten nicht empfehlen: Sie sind hart und sauer und schmecken erst gekocht. Aus Südeuropa kommen jedoch auch Früchte, die wie ein Apfel aus der Hand gegessen werden können. Quitten eignen sich hervorragend für Gelee oder Kompott. Einige mitgekochte Schnitze verleihen auch Soßen ein herrlich feines Aroma.

▶ Einkaufs-Tipp:
Erkundigen Sie sich genau, ob die angebotene Sorte roh verwendet werden kann.

▶ Aufbewahrung:
kühl und trocken.

Kurzporträt

Top-Gehalt an:
Gerbsäuren, Pektin, Kalium, Folsäure, Vitamin C.
Haltbarkeit: ca. 1 Woche.
Preis: ca. 5 Mark pro Kilo.

Austernpilz

Kultivierte Wildheit

Wegen seines milden Geschmacks und seines festen Fleisches heißt der flache, gefächerte Austernpilz auch „Kalbfleischpilz". In freier Wildbahn wächst er auf morschen Baumstümpfen. Er gehört zu den wenigen Pilzsorten, deren Kultivierung bisher gelang und ist also auch auf Wochenmärkten und in Supermärkten zu finden. Er ist die etwas aromatischere und feinere Alternative zum Allerweltspilz Champignon.

▶ Einkaufs-Tipp:
Hände weg von schlappen, leicht schmierigenoder braunfleckigen Exemplaren.

Profi-Tipp des FIT FOR FUN Küchenchefs Jörg Nöcker:

Superwürzig: Austernpilze vom Grill mit in Olivenöl püriertem Knoblauch und frischen Kräutern!

▶ Aufbewahrung:
im Kühlschrank in einer mit Tuch abgedeckten Schüssel

Kurzporträt

Top-Gehalt an:
pflanzlichem Eiweiß.
Haltbarkeit: 2–3 Tage (können auch eingefroren werden).
Preis: ca. 19 Mark pro Kilo.

Fitness-Tipp des Monats

Innercise statt Exercise: Workout für die Seele

Nie wieder gestresst! Das Zauberwort dafür lautet Gelassenheit. Eine seelische Kraft, die aus der Balance zwischen An- und Entspannung wächst. Innercise meint die Konzentration auf den Augenblick mit allen Sinnen. Muskelentspannung und autogenes Training bringt die Energiebalance, die Sie dafür brauchen. Aktivieren Sie Ihre fünf Sinne: atmen Sie tief durch, genießen Sie Berührungen und spüren Sie Ihren Körper, essen Sie bewußt und mit Genuß, lassen Sie sich von ihren visuellen Eindrücken leiten und inspirieren. Vor allem: Nutzen Sie die Kraft Ihrer Phantasie.

im Oktober

Wer mag, kann jetzt allerhand an der frischen Luft sammeln. Zum Beispiel Pilze oder Hagebutten. Aber auch auf Wochenmärkten gibt's eine große Auswahl an Köstlichkeiten.

Pfifferling

Währung vom Waldboden

Das Sprichwort „keinen Pfifferling wert" hat heute wahrlich keine Gültigkeit mehr. Vom verbreiteten Waldpilz hat sich der Pfifferling zur begehrten Delikatesse entwickelt. Nicht zuletzt, weil er durch rücksichtsloses Sammeln in vielen Gegenden nahezu ausgerottet wurde. Übrigens: Waschen Sie Pilze nicht. Entfernen Sie Sand oder Erde mit dem Pinsel. So bleiben wertvolle Nährstoffe am besten erhalten. Getrocknete Pfifferlinge werden circa 1 Stunde vor der Zubereitung in warmen Wasser eingeweicht.

▶ Einkaufs-Tipp:
Wenn Sie können, beschnuppern Sie die Ware. Die Pilze sollten angenehm waldig duften.

▶ Aufbewahrung:
kühl und trocken lagern. Getrocknete Pilze in einem fest verschlossenen Behälter aufbewahren.

Kurzporträt

Top-Gehalt an:
Carotin, Vitamin D, B-Vitaminen, Kalium, Eisen, Zink, Magnesium.
Haltbarkeit: 2–3 Tage, im Kühlschrank 1 Woche, eingefroren 1 Jahr.
Preis: zwischen 2 und 2,50 Mark pro 100 Gramm.

Winterkartoffel

Kellerkind mit Qualitäten

Früher war die Knolle bei uns Grundnahrungsmittel. Bei einem Pro-Kopf-Verbrauch von über 180 Kilogramm kam sie in den Fünfzigern fast täglich auf den Tisch. Heute ist der Verbrauch auf 70 Kilogramm zurückgegangen.. Beliebt sind Pell- oder Ofenkartoffel, aufgrund ihres hohen Nährstoffgehalts bei niedrigem Kaloriengehalt.

▶ Einkaufs-Tipp:
Festkochende Sorten sind ideal für Pellkartoffeln und Salate, mehligkochende für Püree und Suppen.

▶ Aufbewahrung:
trocken, kühl und dunkel.

Kurzporträt

Top-Gehalt an:
Vitamin C, Eiweiß, Ballaststoffen, Kalium, Magnesium.
Haltbarkeit: trocken und dunkel eingekellert einige Monate
Preis: ca. 3 bis 5 Mark pro Kilo.

Kürbis

Gigant mit innerer Größe

Diese riesigen Beerenfrüchte (ja, Sie haben richtig gelesen) haben eine große Familie, aufgeteilt in Sommer- und Winterkürbisse, Bekannt ist vorallem die Sorte "Gelber Zentner", aus der Halloween-Masken geschnitzt werden. Mit ihrem mildwürzigen Geschmack eignen sie sich Kürbise für Eintöpfe, Suppen, als Püree, für Chutneys oder sogar süß zubereitet als Dessert. Kleine Exemplare können Sie auch gefüllt im Ofen backen.

▶ Einkaufs-Tipp:
vom Gemüsehändler portionieren lassen.

▶ Aufbewahrung:
nicht zu kühl.

Kurzporträt

Top-Gehalt an:
Beta-Carotin, Kalium, Eisen, Mangan.
Haltbarkeit: ca. 2–3 Tage.
Preis: ca. 2 Mark pro Kilo.

Cashewkern

Milder Nuß-Genuß

Mit ihrem reichen Gehalt an B-Vitaminen gelten die nierenförmigen Cashewnüsse als Nervennahrung. Naturheilärzte empfehlen sie sogar gegen Magengeschwüre und Gastritis. Wem das noch nicht Grund genug ist, sie häufiger mal zu knabbern, den überzeugt bestimmt der außergewöhnlich milde und buttrige Geschmack.

▶ Einkaufs-Tipp:
wesentlich preisgünstiger, aber genauso schmackhaft wie intakte Nüsse ist „Cashew-Bruch".

▶ Aufbewahrung: im Kühlschrank in einem fest verschlossenen Behälter.

Kurzporträt

Top-Gehalt an:
Kupfer, Biotin, Magnesium.
Haltbarkeit: 2 Wochen, im Kühlschrank circa 6 Monate.
Preis: 3 Mark pro 100 Gramm.

Hagebutte

Vitamin-Bömbchen

Die Hagenbutte ist die Frucht der Heckenrose, die wild an Straßenrändern oder in Feldhecken wächst. Kultiviert werden sie in Russland und in den Niederlanden. Der Vitamin-C-Gehalt der rundlichen Hagebutten oder länglichen Berberitzen ist 25mal so hoch wie der von Orangen! Da lohnt es sich schon einmal, einen Herbstspaziergang zum Sammeln der gesunden Früchte zu nutzen (abgelegene Plätze fern vom Wegrand bevorzugen) und sie zu köstlichem Mark oder Saft zu verarbeiten (siehe Anleitung links unten). Über Herbst und Winter ist die dankbare Hagenbutte eine gesunde Zutat zu Drink, Dessert und Müsli.

▶ Einkaufs-Tipp:
Frische Früchte werden nur selten angenboten. Sie müssen dann fest und prall sein, aber nicht zu hart. Fertiges Hagebuttenmark bekommen Sie im Reformhaus oder Naturkostladen.

▶ Aufbewahrung:
Früchte gleich verarbeiten.

Kurzporträt

Top-Gehalt an:
Vitamin C, Pektin, Flavonen.
Haltbarkeit: ca. 1 Tag.
Preis: ca. 5 Mark pro Glas (Hagebuttenmark).

Hagebutten vorbereiten

Aus Hagebuttenmark lässt sich köstliche Marmelade oder Sirup herstellen. Mit Gewürzen und Chili abgeschmeckt, kann man es sogar ähnlich wie Tomatenmark als Saucenbasis verwenden. Das einzige Manko: Die Kerne und pelzigen Härchen müssen entfernt werden. Ganz Sorgfältige schneiden die Hagebutten einzeln auf und schaben die Kerne mit einem Melonenausstecher heraus. Alternative: Früchte aufkochen und durch ein feines Sieb streichen. Haben die Früchte Frost bekommen, werden sie übrigens weich und können roh verzehrt werden.

Salate

Zutaten
für 2 Personen

1 Knoblauchzehe
400 g Kürbis
2 EL Olivenöl
4 EL Balsamessig
Jodsalz
schwarzer Pfeffer aus der Mühle
1 kleiner Kopf Bataviasalat
1 EL schwarze Oliven ohne Stein
60 g milder Schafkäse
4 Scheiben Knusperbrot

Bataviasalat mit geröstetem Kürbis

1 Knoblauch schälen und in dünne Scheiben schneiden. Kürbis schälen und in circa 1/2 Zentimeter dicke Scheiben schneiden. 1 EL Öl in einer beschichteten Pfanne erhitzen, Knoblauch und Kürbis darin circa 5 Minuten kräftig anbraten. Mit 2 EL Balsamessig ablöschen, mit Salz und Pfeffer würzen.

2 Restlichen Essig, Salz, Pfeffer und restliches Öl verquirlen. Salat putzen, waschen und in mundgerechte Stücke zupfen. Oliven in Scheiben schneiden. Schafkäse zerbröseln.

3 Salat mit Oliven, Schafkäse und geröstetem Kürbis auf großen Tellern anrichten. Dressing darüber träufeln. Knusperbrot dazu reichen.

FITNESS-CHECK	
Für Aktive	Vitamine ⊗
Für Denker	einfach ⊗
Immunschutz	schnell ⊗
Pro Portion: 310 Kalorien, 18 g Fett	günstig ⊗

Kartoffelsalat mit Pfifferlingen

Zutaten
für 2 Personen

- 500 g Kartoffeln
- 1 Schalotte
- 200 ml Steinpilz-Hefebrühe (Reformhaus)
- 4 EL Weißweinessig
- Jodsalz, Pfeffer
- 1 TL Senf
- 150 g Pfifferlinge
- 2 EL Olivenöl
- einige Blätter Friséesalat
- 1/2 Bund Schnittlauch
- 2 Paranüsse

1 Kartoffeln abspülen. In Wasser circa 20 Minuten garen, abgießen, pellen und etwas abkühlen lassen. Schalotte hacken. Mit Brühe, Essig, Salz, Pfeffer und Senf verrühren. Kartoffeln in Scheiben schneiden, Dressing darüber gießen. Abkühlen lassen.

2 Pfifferlinge putzen und klein schneiden. Öl in einer Pfanne erhitzen, Pilze darin braten, mit Salz und Pfeffer würzen. Pfifferlinge zu den Kartoffeln geben. Alles zusammen kurz durchziehen lassen.

3 Salat putzen und in mundgerechte Stücke zupfen. Schnittlauch in Röllchen, Paranüsse in Scheiben schneiden. Salat unter die Kartoffeln heben. Auf Tellern anrichten, Paranüsse darüber streuen.

FITNESS-CHECK		
Für Aktive	■■■■■	Vitamine ☒
Für Denker	■■■■■	einfach ☒
Immunschutz	■■■■■	schnell ○
Pro Portion: 410 Kalorien, 18 g Fett		günstig ○

Marinierte Austernpilze mit Rosinen

Zutaten
für 2 Personen

- 1 EL Sonnenblumenkerne
- 300 g Austernpilze
- 1 EL Sonnenblumenöl
- Saft von 1 Zitrone
- 1 EL Rosinen
- Jodsalz, Pfeffer
- 1 Msp. Cumin (Kreuzkümmel)
- 1 Msp. Curry
- 1 EL Macadamiaöl
- 150 g Wurzelspinat
- 4 Scheiben Roggenbaguette

1 Sonnenblumenkerne in einer Pfanne ohne Fett rösten, herausnehmen. Pilze putzen, je nach Größe halbieren oder vierteln. Sonnenblumenöl in einer Pfanne erhitzen. Pilze darin anbraten.

2 Mit Zitronensaft ablöschen. Rosinen zugeben. Mit Salz, Pfeffer, Kreuzkümmel, Curry und Cumin dem Nussöl würzen. Alles durchschwenken und etwas abkühlen lassen.

3 Spinat verlesen, gründlich waschen und abtropfen lassen. Grobe Stiele abtrennen. Spinat, Austernsaitlinge und Sonnenblumenkerne auf Tellern anrichten. Roggenbaguette dazu reichen.

FITNESS-CHECK		
Für Aktive	■■■■■	Vitamine ☒
Für Denker	■■■■□	einfach ☒
Immunschutz	■■■■■	schnell ○
Pro Portion: 300 Kalorien, 15 g Fett		günstig ○

Salate

slimline

Kichererbsen-Kürbis-Salat

Zutaten
für 2 Personen

- 425 g Kichererbsen (1 Dose)
- 300 g Kürbis (z. B. Hokkaido)
- 1/2 TL Koriander
- 2 Kardamomkapseln
- 1 Prise Zimt
- 1 EL Olivenöl
- Jodsalz, Pfeffer
- 80 g Wurzelspinat
- einige Blätter Batavia-Salat
- Saft und Schale von
- 1/2 unbehandelten Limette
- 150 g fettarmer Jogurt
- 1/2 TL Honig
- 1 Msp. Cumin (Kreuzkümmel)
- etwas frische Minze

1 Kichererbsen abspülen. Kürbis schälen, Fruchtfleisch in feine Stifte schneiden. Koriander, Kardamom und Zimt in einer trockenen, heißen Pfanne anrösten.

2 Öl erhitzen. Kürbis und Kichererbsen darin circa 3 Minuten dünsten. Gewürze zugeben, noch circa 2 Minuten dünsten. Salzen und pfeffern.

3 Spinat verlesen und waschen. Salat waschen, putzen, in Stücke zupfen. Salat und Spinat mit Kürbis und Kichererbsen anrichten. Limettenschale, -saft, Jogurt und Honig verrühren. Mit Salz, Pfeffer, Cumin und Minze würzen. Über den Salat träufeln.

FITNESS-CHECK	
Für Aktive	Vitamine ☒
Für Denker	einfach ☒
Immunschutz	schnell ☒
Pro Portion: 240 Kalorien, 9 g Fett	günstig ○

Tintenfischsalat mit Aubergine und Mais

Zutaten
für 2 Personen

- 1 Knoblauchzehe
- 1 kleine Aubergine
- 2 EL Olivenöl
- Jodsalz, Pfeffer
- 150 g küchenfertige, kleine Tintenfische
- 150 g frische Maiskörner (ersatzweise aus der Dose)
- Saft von 1 1/2 Limetten
- 1 kleine rote Zwiebel
- einige Blätter Römersalat
- 50 g Rauke

1 Knoblauch und Aubergine in Scheiben schneiden. In 1 EL Öl portionsweise braten. Salzen und pfeffern. Aus der Pfanne nehmen.

2 Tintenfische abspülen und abtropfen lassen. Maiskörner mit einem scharfen Messer vom Kolben schaben und im Bratfett circa 3 Minuten kräftig anbraten. Mit Salz, Pfeffer und 1 EL Limettensaft würzen. Zwiebel in Ringe schneiden.

3 Römersalat und Rauke waschen, in mundgerechte Stücke zupfen. Mit Tintenfischen, Mais, Auberginen und Zwiebelspalten auf Tellern anrichten. Die restlichen Zutaten zu einem Dressing verrühren und darüber träufeln.

FITNESS-CHECK	
Für Aktive	Vitamine ☒
Für Denker	einfach ☒
Immunschutz	schnell ○
Pro Portion: 260 Kalorien, 13 g Fett	günstig ○

Vorspeisen

Kartoffel-Kürbis-Suppe mit Balsamessig

slimline

Zutaten
für 2 Personen

- 1 EL Kürbiskerne
- 1 Zwiebel
- 1 Stange Lauch
- 500 g Kartoffeln
- 500 g Kürbis
- 1 TL Olivenöl
- 1 Lorbeerblatt
- Jodsalz, Pfeffer
- 400 ml Gemüsebrühe (Instant)
- 2 EL Balsamessig
- etwas frischer Kerbel

1 Kürbiskerne in einer Pfanne ohne Fett anrösten, herausnehmen. Zwiebel hacken. Lauch in Ringe schneiden. Kartoffeln und Kürbis schälen und würfeln.

2 Öl erhitzen. Zwiebeln und Lauch darin andünsten. Kartoffeln, Kürbis und Lorbeer zugeben, kurz mitdünsten. Salzen und pfeffern. Mit der Brühe und 100 ml Wasser ablöschen. Circa 15 Minuten köcheln lassen.

3 Lorbeer entfernen. Suppe pürieren, abschmecken und mit Kürbiskernen, Balsamessig und Kerbel anrichten.

FITNESS-CHECK	
Für Aktive	Vitamine ⊗
Für Denker	einfach ⊗
Immunschutz	schnell ⊗
Pro Portion: 330 Kalorien, 6 g Fett	günstig ⊗

Topinambur-Suppe mit Knoblauch-Croûtons

Zutaten
für 2 Personen

- 300 g Topinamburknollen
- 1 kleine Zwiebel
- 3 TL Butter
- 1 Lorbeerblatt
- 2 weiße Pfefferkörner
- Jodsalz
- 200 ml Gemüsebrühe (Instant)
- 1 EL Zitronensaft
- 1 Knoblauchzehe
- 1 Scheibe Weizentoast
- 1 Möhre
- 1 Msp. Koriander, gemahlen
- 1/2 TL flüssiger Honig
- weißer Pfeffer aus der Mühle
- 2 EL Schlagsahne
- etwas frisches Basilikum

1 Topinamburknollen schälen. Zwiebel schälen und hacken. 1 TL Butter erhitzen. Knollen und Zwiebel darin andünsten. Lorbeer, Pfefferkörner und Salz zugeben. Mit Brühe und Zitronensaft ablöschen. Circa 15 Minuten köcheln lassen.

2 Knoblauch in Scheiben schneiden. Toast würfeln. 1 TL Butter in einer Pfanne erhitzen. Knoblauch und Brotwürfel darin goldbraun rösten. Salzen und herausnehmen.

3 Möhre schälen und raspeln. 1 TL Butter erhitzen, Möhre darin andünsten. Mit Koriander, Honig, Salz und Pfeffer würzen.

4 Pfefferkörner und Lorbeer aus der Suppe nehmen. Topinamburknollen im Fond pürieren. Sahne schlagen und unterziehen. Würzen. Mit Möhre, Basilikum und Croûtons bestreuen.

FITNESS-CHECK	
Für Aktive	Vitamine ⊗
Für Denker	einfach ⊗
Immunschutz	schnell ⊗
Pro Portion: 230 Kalorien, 14 g Fett	günstig ⊗

Vorspeisen

Zutaten
für 2 Personen

300 g Kartoffeln
Jodsalz
1 Paranuss
1 Knoblauchzehe
1 Schalotte
100 g Austernpilze
1 TL Olivenöl
Pfeffer
1 EL geriebener Parmesan
2 Stiele glatte Petersilie
2 Stiele Kerbel
1/2 Bund Schnittlauch
1 Becher fettarmer Jogurt

Tipps & Alternativen

Jogurt selbst zubereiten. *Jogurt wird aus Milch hergestellt. Für die Konsistenz und den Geschmack ist der jeweilige Fettgehalt und die Milchtrockenmasse entscheidend. Am aromatischsten schmeckt Jogurt aus Vollmilch. Zubereitung:*
1. 1 l Milch mit 3 bis 8 EL Milchpulver (3 - 5%Fett) verrühren und in einem Topf erhitzen. 30 Minuten bei konstanten 85 Grad Celsius (mit einem Kochthermometer messen) kochen.
2. Milch in eine Schüssel gießen und auf 44 Grad Celsius abkühlen lassen. 2 bis 5 EL frischen gekauften Naturjogurt (rechtsdrehend) zugeben. Sobald die Milch gerinnt, nicht mehr umrühren, mit Folie abdecken und circa 4 bis 8 Stunden bei einer Temperatur von 42 bis 45 Grad Celsius ruhen lassen (ideal: in einer Jogurtmaschine)
3. Ist der Jogurt fest geworden, sofort in Kühlschrank stellen, damit der Fermentierungsprozess abgebrochen wird.

Gefüllte Kartoffeln mit Kräuter-Jogurt-Soße

1 Kartoffeln im Salzwasser circa 25 Minuten garen. Abgießen und abkühlen lassen.
2 Kartoffeln längs halbieren und aushöhlen, sodass ein circa 1 Zentimeter dicker Rand bleibt. Paranuss in Scheiben schneiden. Knoblauch und Schalotte fein hacken. Austernpilze putzen und klein schneiden. Öl erhitzen. Knoblauch, Schalotte und Pilze darin braun braten. Salzen und pfeffern. Kartoffelfleisch zugeben und vermischen.
3 Kartoffelhälften in eine Auflaufform setzen, mit der Mischung füllen. Nußscheiben und Parmesan darüber streuen. Im Backofen oder Grill circa 5 Minuten gratinieren. Kräuter hacken, mit dem Jogurt verrühren, würzen. Mit den Kartoffeln servieren.

FITNESS-CHECK		
Für Aktive	▰▰▰▱	Vitamine ⊗
Für Denker	▰▱▱▱	einfach ⊗
Immunschutz	▰▰▰▱	schnell ○
Pro Portion: 250 Kalorien, 7 g Fett		günstig ⊗

Maiskolben mit Knoblauch-Jogurt

1 Maiskolben putzen und in reichlich kochendem Zuckerwasser mit Estragon circa 20 Minuten garen.
2 Aus Essig, Salz, Pfeffer, Honig und Öl eine Vinaigrette rühren. Knoblauch schälen, pressen und mit dem Jogurt verrühren. Mit Salz, Pfeffer und Senf abschmecken.
3 Maiskolben abtropfen lassen, in Stücke teilen, leicht salzen und nach Belieben frischen Pfeffer darüber mahlen. Die Kürbiskernöl-Vinaigrette darüber träufeln, mit der Jogurt-Aioli auf Tellern anrichten. Brot dazu reichen.

FITNESS-CHECK	
Für Aktive	Vitamine ☒
Für Denker	einfach ☒
Immunschutz	schnell ○
Pro Portion: 300 Kalorien, 13 g Fett	günstig ☒

Zutaten
für 2 Personen

- 2 Maiskolben
- 1 TL Vollrohrzucker
- 1 TL Estragon
- 3 EL Weißweinessig
- Jodsalz, Pfeffer
- 1/2 TL Honig
- 2 EL Kürbiskernöl
- 1 Knoblauchzehe
- 150 g fettarmer Jogurt
- 1/2 TL Dijon-Senf
- 2 Scheiben Vollkornbrot

Gemüse-Reispapier-Röllchen mit Chilisauce

1 Reispapier in kaltem Wasser einweichen. Knoblauch und Ingwer hacken. Paranuss in Scheiben, Möhren und Lauchzwiebel in feine Streifen schneiden. Sprossen abspülen.
2 Öl erhitzen. Vorbereitetes Gemüse bis auf die Nüsse darin circa 1 Minute braten. Mit Limettensaft, Sojasauce und Pfeffer würzen.
3 Reisblätter ausbreiten. Lauwarm abgekühltes Gemüse darauf verteilen, aufrollen. Röllchen über heißem Wasserdampf circa 4 Minuten dämpfen. Mit Koriander und Nussscheiben bestreuen. Mit Chilisauce als Dip auf zwei Tellern anrichten.

FITNESS-CHECK	
Für Aktive	Vitamine ☒
Für Denker	einfach ○
Immunschutz	schnell ☒
Pro Portion: 130 Kalorien, 4 g Fett	günstig ○

slimline

Zutaten
für 2 Personen

- 4 Blätter Reispapier (Asia-Laden)
- 1 Knoblauchzehe
- 1 walnussgroßes Stück Ingwer
- 1 Paranuss
- 2 Möhren
- 1 Lauchzwiebel
- 100 g Mungobohnensprossen
- 1 TL Sesamöl
- 1 EL Limettensaft
- Sojasauce, Pfeffer
- 1–2 Stiele Koriander
- Chilisauce, süß-sauer (Asia-Laden)

Hauptgerichte

Zutaten
für 2 Personen

1 EL Kürbiskerne
2 Möhren
1 kleiner Kürbis (ca. 600 g)
1 EL Olivenöl
Jodsalz
schwarzer Pfeffer aus der Mühle
Saft von 1 Limette
1 Schalotte
1 EL Sonnenblumenöl
2 Saiblingfilets (insges. 400 g)
100 ml Gemüsefond (Glas)
1 EL Hagebuttenmark (Reformhaus)
etwas frischer Dill

Saibling mit Hagebuttenconfit

1 Kürbiskerne in einer Pfanne ohne Fett kurz rösten, herausnehmen. Möhren in Scheiben schneiden. Kürbis in Spalten schneiden. Olivenöl erhitzen, Möhren und Kürbis darin andünsten. Salzen und pfeffern. Limettensaft und 5 EL Wasser zugießen. Weitere 10 Minuten dünsten.

2 Schalotte hacken. Sonnenblumenöl erhitzen, Schalotte darin glasig dünsten. Filets abspülen, trockentupfen und im heißen Öl von beiden Seiten circa 1 Minute braten. Salzen und pfeffern, warm stellen.

3 Bratfett mit Gemüsefond ablöschen, Hagebuttenmark einrühren und kurz erhitzen. Mit Pfeffer pikant abschmecken. Saiblingfilets und Gemüse auf zwei Tellern anrichten. Hagebuttenconfit darüber träufeln. Mit Kürbiskernen und Dill garnieren. Dazu schmecken Salzkartoffeln.

FITNESS-CHECK		
Für Aktive		Vitamine ☒
Für Denker		einfach ☒
Immunschutz		schnell ○
Pro Portion: 480 Kalorien, 19 g Fett		günstig ○

Asia-Nudelsuppe mit Tofu

1 Seetang in kaltem Wasser einweichen. Knoblauch und Ingwer hacken. Im heißen Öl andünsten. Mit Asiafond und 200 ml Wasser ablöschen. Mit Miso und Sojasauce aufkochen lassen.

2 Nudeln in Salzwasser garen, auf Teller verteilen. Möhren in Scheiben, Lauch in Ringe, Pilze und Algen in Streifen schneiden. Tofu würfeln.

3 Möhren und Lauch in die Brühe geben. Nach 5 Minuten Tofu, Pilze und Algen zugeben, kurz erhitzen und ziehen lassen. Gemüsesud abschmecken und über die Nudeln geben. Koriander darüber streuen und servieren.

FITNESS-CHECK		
Für Aktive	(voll)	Vitamine ☒
Für Denker	(teilweise)	einfach ☒
Immunschutz	(teilweise)	schnell ☒
Pro Portion: 440 Kalorien, 9 g Fett		günstig ○

Zutaten
für 2 Personen

1–2 Blatt getrockneter Seetang (Asia-Laden)
1 Knoblauchzehe
1 walnussgroßes Stück Ingwer
1 EL Sojaöl
400 ml Asiafond (Glas)
1 TL Miso (Tofupaste)
1 bis 2 TL Sojasauce
150 g chinesische Nudeln
2 Möhren
1 Stange Lauch
100 g Austernpilze
150 g Tofu
5 Stiele frischer Koriander

Pikanter Kürbis aus dem Wok

1 Knoblauch, Ingwer und Chili hacken. Öl im Wok (oder einer großen Pfanne) erhitzen. Würzzutaten darin andünsten. Kartoffeln schälen und würfeln. Quitte schälen, entkernen und würfeln. Kürbis schälen und in Spalten scheiden.

2 Alles in die Pfanne geben und mitdünsten. Zitronenblätter und -gras zufügen. Mit Kokosmilch und Milch ablöschen.

3 Mit Salz und Currypaste würzen. Circa 25 Minuten köcheln lassen. Mais zugeben, kurz mitgaren. Paranüsse in Scheiben schneiden, darüber streuen. Mit Korianderblättchen anrichten.

FITNESS-CHECK		
Für Aktive	(voll)	Vitamine ☒
Für Denker	(voll)	einfach ☒
Immunschutz	(voll)	schnell ☒
Pro Portion: 460 Kalorien, 18 g Fett		günstig ○

Zutaten
für 2 Personen

1 Knoblauchzehe
1 walnussgroßes Stück Ingwer
1 Chilischote
1 EL Sojaöl
400 g Kartoffeln
1 Quitte
400 g Kürbis
2 Zitronenblätter (Asia-Laden)
2 Stiele Zitronengras
2 EL Kokosmilch
250 ml fettarme Milch
Jodsalz
1 EL rote Thai-Currypaste (Asia-Laden)
150 g Maiskörner
2 Paranüsse
1 Stiel Koriander

Hauptgerichte

Geflügelbrust mit Mais-Kräuter-Kruste

Zutaten
für 2 Personen

500 g Kartoffeln
Jodsalz
1 kleine Zwiebel
1 Knoblauchzehe
1 Maiskolben
2 EL Sonnenblumenöl
2 Hähnchenfilets (insges. 300 g)
Pfeffer aus der Mühle
1/2 Bund gemischte Kräuter
2 Haselnusskerne
1 Scheibe Toastbrot
1 EL Parmesan
einige Salatblätter

1 Kartoffeln schälen und in Salzwasser garen. Zwiebel und Knoblauch hacken. Maiskörner vom Kolben schneiden. Knoblauch, Zwiebel und Mais in 1 EL heißem Öl andünsten. Mit 50 ml Wasser ablöschen, circa 10 Minuten dünsten. Flüssigkeit dabei verdampfen lassen.

2 Fleisch abspülen, trockentupfen, salzen und pfeffern. Im restlichen Öl circa 6 Minuten braten, in Scheiben schneiden und in eine Auflaufform schichten.

3 Kräuter und Nüsse hacken. Toast rösten und zerbröseln. Mit Salz, Pfeffer, Parmesan, Kräutern und Nüssen mischen. Mais und Parmesanmischung auf den Filets verteilen. Im Backofen bei 250 Grad überbacken. Fleisch mit Salat und Kartoffeln anrichten.

FITNESS-CHECK		
Für Aktive		Vitamine ⊗
Für Denker		einfach ⊗
Immunschutz		schnell ○
Pro Portion: 600 Kalorien, 20 g Fett		günstig ⊗

Steak mit frischen Mischpilzen

Zutaten
für 2 Personen

600 g Kartoffeln
Jodsalz
2 Filetsteaks (insges. 250 g)
Pfeffer aus der Mühle
100 g Champignons
150 g Austernpilze
1 Schalotte
4 TL Olivenöl
100 ml trockener Rotwein
2 Stiele frischer Thymian
75 ml fettarme Milch
1 Knoblauchzehe

1 Kartoffeln schälen und in Salzwasser garen. Steaks trockentupfen und pfeffern. Pilze putzen und klein schneiden.

2 Steaks in einer beschichteten Pfanne ohne Fett von beiden Seiten jeweils circa 2 Minuten braten, würzen, herausnehmen und zugedeckt ruhen lassen. Schalotte in Ringe schneiden. 3 TL Öl erhitzen, Schalotte darin andünsten. Pilze zugeben und circa 1 Minute braten. Mit Rotwein ablöschen. Mit Salz, Pfeffer und Thymian würzen. Circa 2 Minuten schmoren.

3 Kartoffeln abgießen, Milch zugeben, zu Püree zerstampfen. Knoblauch in Scheiben schneiden. Restliches Öl erhitzen, Knoblauch darin anbraten. Unter das Püree rühren. Alles auf zwei Tellern anrichten.

FITNESS-CHECK		
Für Aktive		Vitamine ⊗
Für Denker		einfach ⊗
Immunschutz		schnell ⊗
Pro Portion: 640 Kalorien, 21 g Fett		günstig ○

Kartoffel-Pilz-Gratin mit Estragon

1 Cashewkerne hacken und ohne Fett rösten, herausnehmen. Schalotte hacken. Estragonblättchen von den Stielen zupfen, hacken.
2 Austernpilze klein schneiden. Öl erhitzen. Pilze darin braun anbraten, herausnehmen. Kartoffeln schälen und in dünne Scheiben schneiden. Mit Schalotte, Pilzen und Estragon in eine Gratinform schichten.
3 Milch, Brühe, Salz, Pfeffer und Muskat verquirlen. Über das Gratin gießen, sodass die Zutaten knapp mit Flüssigkeit bedeckt sind. Cashewkerne darüberstreuen. Im Ofen bei 200 Grad circa 50 Minuten goldbraun überbacken.

FITNESS-CHECK		
Für Aktive		Vitamine ☒
Für Denker		einfach ☒
Immunschutz		schnell ○
Pro Portion: 340 Kalorien, 7 g Fett		günstig ☒

Zutaten
für 2 Personen

1 EL Cashewkerne
1 Schalotte
2 Stiele frischer Estragon
200 g Austernpilze
1 TL Sonnenblumenöl
500 g Kartoffeln
150 ml fettarme Milch
100 ml Steinpilz-Hefebrühe (Reformhaus)
Jodsalz, Pfeffer
etwas Muskatnuss, gerieben

Lammfilet mit Bandnudeln

1 Zwiebel schälen und hacken. Tomaten in Spalten schneiden. Kürbis schälen und würfeln. Filet abspülen, trockentupfen und in feine Streifen schneiden.
2 Öl in einer Pfanne erhitzen. Filet darin kurz anbraten, herausnehmen, beiseite stellen. Zwiebel und Kürbis im Bratfett andünsten. Mit Salz, Pfeffer und Rosmarin würzen. Mit Fond ablöschen und zugedeckt bei schwacher Hitze circa 8 Minuten dünsten.
3 Nudeln in reichlich kochendem Salzwasser nach Packungsanweisung garen. Tomaten und Filet zum Kürbis geben und alles nochmals circa 2 Minuten erhitzen. Pfefferkörner zugeben. Filetpfanne mit Salz und Pfeffer abschmecken. Bandnudeln abgießen, gut abtropfen lassen, mit Fleisch und Gemüse anrichten.

FITNESS-CHECK		
Für Aktive		Vitamine ☒
Für Denker		einfach ☒
Immunschutz		schnell ☒
Pro Portion: 680 Kalorien, 10 g Fett		günstig ○

Zutaten
für 2 Personen

1 Zwiebel
2 Tomaten
500 g Kürbis
200 g Lammfilet
1 EL Sonnenblumenöl
Jodsalz
schwarzer Pfeffer aus der Mühle
1 Zweig frischer Rosmarin
300 ml Gemüsefond (Glas)
175 g frische Bandnudeln
1 TL eingelegte grüne Pfefferkörner

Desserts

Zutaten
für 2 Personen

- 4 EL Mehl (Type 405)
- 1 EL gemahlene Paranüsse
- 100 ml Buttermilch
- 1 Eigelb
- 1 Prise Jodsalz
- 2 EL Apfeldicksaft
- 500 g Quitten
- 100 ml Apfelsaft
- 2 Paranüsse
- 1 TL Sonnenblumenöl
- 5 Stiele frische Zitronenmelisse

Pfannkuchen mit Quitten

1 Mehl, gemahlene Nüsse, Buttermilch und Eigelb, Salz und 1 EL Apfeldicksaft mit den Schneebesen des Handrührgerätes glatt verrühren. Etwa 10 Minuten quellen lassen.

2 Quitten waschen, schälen, entkernen und klein schneiden. Mit Apfelsaft und dem restlichen Apfeldicksaft in einem Topf aufkochen. Bei schwacher Hitze circa 40 Minuten zugedeckt köcheln lassen.

3 Paranüsse in dünne Scheiben schneiden. In einer beschichteten Pfanne ohne Fett anrösten, herausnehmen. Öl in der Pfanne erhitzen. Aus dem Teig zwei dünne Pfannkuchen backen. Pfannkuchen und Kompott auf Tellern anrichten. Mit den gerösteten Nüssen und Melisseblättchen bestreuen.

FITNESS-CHECK	
Für Aktive	Vitamine ☒
Für Denker	einfach ○
Immunschutz	schnell ○
Pro Portion: 380 Kalorien, 13 g Fett	günstig ☒

Vanille-Quark mit Birnen

1 Birnen schälen, halbieren, entkernen und in dünne Scheiben schneiden. Weißwein, Saft und 1 EL Birnendicksaft erhitzen, Birnen darin circa 2 Minuten dünsten, abkühlen lassen.

2 Vanilleschote der Länge nach aufschneiden, Mark mit einem Löffel herausschaben. Vanillemark mit Quark und restlichen Birnendicksaft verrühren. Birnen mit Quark, Hagebuttenkompott und Pfefferminzblättchen auf Tellern anrichten.

FITNESS-CHECK	
Für Aktive Für Denker Immunschutz	Vitamine ⊗ einfach ⊗ schnell ⊗ günstig ⊗
Pro Portion: 160 Kalorien, 1 g Fett	

Zutaten
für 2 Personen

2 kleine, feste Birnen
50 ml trockener Weißwein
50 ml Birnensaft
2 EL Birnendicksaft
1 Vanilleschote
100 g cremig gerührter Magerquark (0,2 % Fett)
2 EL Hagebuttenkompott (Reformhaus)
etwas Pfefferminze

Milchreis mit Quittenkompott

1 Orange heiß abwaschen, etwas Schale dünn abschälen und in feine Streifen schneiden. Orange halbieren. Eine Hälfte auspressen, die andere Hälfte in Spalten schneiden.

2 Milch mit etwas Orangenschale, 1 EL Honig und Salz aufkochen. Reis einstreuen. Bei schwacher Hitze circa 35 Minuten ausquellen lassen.

3 Quitten schälen, entkernen und klein schneiden. Mit Orangensaft, restlichen Honig und 300 ml Wasser circa 40 Minuten köcheln lassen.

4 Pistazien hacken. Reis mit Quittenkompott, Melisseblättchen, Pistazien und Orangenspalten anrichten.

FITNESS-CHECK	
Für Aktive Für Denker Immunschutz	Vitamine ⊗ einfach ⊗ schnell ○ günstig ⊗
Pro Portion: 400 Kalorien, 6 g Fett	

Zutaten
für 2 Personen

1 unbehandelte Orange
380 ml fettarme Milch
3 EL Honig
1 Prise Jodsalz
80 g Rundkornreis
500 g Quitten
1 EL Pistazien
1 Stiel Melisse

im **Oktober**

1. Tag

Morgens

- 2 kleine Quitten
- 1 EL Rohrzucker
- 1 Stück Zimtstange
- 1 TL Limettensaft
- 2 EL Apfelsaft
- 1 TL Butter
- 1 Msp. Jodsalz
- Mark von 1/2 Vanilleschote
- 1 kleines Ei
- 2 EL Mehl
- 1 Msp. Backpulver
- 2 EL Buttermilch

Mittags

- 1 EL Tandoori-Paste
- 150 g fettarmer Jogurt
- 1 Hähnchenbrustfilet
- 40 g Reis
- Jodsalz, Pfeffer
- 1 Prise Safran
- 1 Fenchelknolle
- 1/2 TL Sesamöl
- 1/2 TL Sambal Oelek
- 1 kleine Knoblauchzehe

Abends

- 1 Paranuss
- 1 dünne Scheibe Frühstücksspeck
- 100 g Pfifferlinge
- 1 kleine Schalotte
- 1 EL Weißweinessig
- 1 TL Hagebuttenmark
- Jodsalz, Pfeffer
- etwas Schnittlauch
- 1/2 Kopf Bataviasalat

Figur-Joker

Vanillewaffeln mit gedünsteten Quitten

Quitten abreiben, schälen und entkernen, klein schneiden und mit 1 TL Zucker, Zimt, Limetten- und Apfelsaft in einen Topf geben. Wasser angießen bis die Quitten bedeckt sind. Bei schwacher Hitze 1 Stunde weichkochen. Die restlichen Zutaten zum Teig verrühren und im aufgeheizten Waffeleisen zwei Waffeln backen. Mit gehackten Mandeln, Minze und Quittenkompott anrichten.

Zwischendurch

Spicy Grapefruit-Drink: 1 Birne, 1 Dattel und etwas Ingwer grob zerteilen, alles pürieren. Mit Grapefruitsaft auffüllen, 1 TL Weizenkleie unterrühren.

Tandoori-Huhn

Tandoori-Paste mit 2 EL Jogurt glattrühren, Hähnchen mit der Paste bestreichen, in kleiner Auflaufform ca. 2 Stunden kühl marinieren. Hähnchen im Ofen bei 180 Grad ca. 25 Minuten garen. Reis mit 1 Prise Jodsalz und Safran in 1 Tasse Wasser garen. Fenchel putzen und in Scheiben schneiden, im heißen Sesamöl ca. 10 Minuten dünsten, nach Belieben mit Sambal würzen. Feingehackten Knoblauch im restlichen Jogurt verrühren, Salzen und pfeffern. Jogurt-Dip mit Hähnchen, Reis und Fenchel anrichten.

Zwischendurch

Eine Ananashälfte gut gekühlt mit einem langstieligen Löffel genießen.

Pfifferlinge auf Batavia-Salat

Nuss hacken und in einer Pfanne ohne Fett anrösten. Speck in der Pfanne auslassen, auf Küchenkrepp auskühlen lassen. Pfifferlinge putzen, klein schneiden, mit der gehackten Schalotte im Speckfett anbraten. Essig, Hagebuttenmark, Jodsalz und Pfeffer verrühren, Pfifferlinge damit ablöschen. Schnittlauch in Röllchen schneiden und darüber streuen. Salat waschen und in mundgerechte Stücke zupfen. Salat, Speck und Pilze anrichten, Nüsse darüberstreuen.

TAGESBILANZ

1210 Kalorien, 34 g Fett

Exotische Früchte liefern viel Vitamin-C

2 schlanke Tage

Kräuter-Rührei auf Sonnenblumenbrot

Paprika würfeln, Schnittlauch in Röllchen schneiden. Ei und Milch verquirlen, Paprika und Schnittlauch, bis auf 1 EL, unterrühren, Salzen und pfeffern. Ei im heißen Öl stocken lassen. Auf dem Brot anrichten, restlichen Schnittlauch darüberstreuen.

Zwischendurch

2 EL Studentenfutter oder einen fettarmen Müsliriegel knabbern

Kohlrabi-Möhren-Topf

Kohlrabi und Möhren schälen, in dünne Scheiben schneiden. Gemüse mit Lorbeerblatt und Majoran im heißen Öl andünsten. Filet in Scheiben schneiden, zufügen und kurz anbraten. Mit der Gemüsebrühe auffüllen. Mit Muskat und Pfeffer würzen, alles garziehen lassen. Ciabatta mit Pesto dazu reichen.

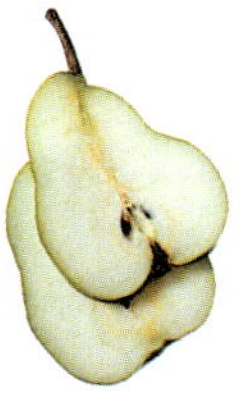

Zwischendurch

1 große Birne

Pellkartoffel mit Curryquark

Kartoffel ca. 20 Minuten garen, Möhren gründlich abbürsten, Sellerie waschen, beides in Stücke schneiden. Ei hart kochen, abschrecken, pellen und sehr fein würfeln. Kräuter und Schalotten fein hacken. Quark, Ei, Kräuter und Sesam verrühren. Mit Curry, Jodsalz und Pfeffer abschmecken. Kartoffel pellen, mit Möhren, Sellerie und Curryquark anrichten.

TAGESBILANZ

1040 Kalorien, 45 g Fett

Viel Vitamin B für gute Nerven

2. Tag

Morgens

1/2 rote Paprika
1/2 Bund Schnittlauch
1 Ei
2 EL fettarme Milch
Jodsalz, Pfeffer
1 TL Öl
1 Scheibe Sonnenblumenbrot

Mittags

1 Kohlrabi
3 Möhren
1 Lorbeerblatt
2 Stiele Majoran
1 TL Olivenöl
100g Schweinefilet
400 ml Gemüsebrühe (Instant)
Muskat, Pfeffer
1 EL Pesto (Glas)
1 Scheibe Ciabatta

Abends

1 große Kartoffel
2 Möhren
2 Stangensellerie
Jodsalz
1 kleines Ei
3 Stiele Koriander
1 Schalotte
100 g Magerquark
1 EL Sesam
1 Msp. Curry
Pfeffer

Frisch gefischt *im November*

Gut, dass sich der November hinten mit „r" schreibt. Das macht ihn nämlich zum Muschelmonat. Die mineralstoff- und eiweißreichen Weichtiere sind die ideale Ernährung für Muskelaufbau und machen nicht dick. Guten Appetit!

10 Fitmacher des Monats

Jetzt frisch auf dem Markt

Wildreis

Indianische Nadeln

Der Name täuscht, denn Wildreis ist kein richtiger Reis, sondern der Samen eines Wassergrases, das ursprünglich im Gebiet der Great Lakes in Nordamerika beheimatet war und in Ufer- und Sumpfzonen von Süßwasserseen wächst. Heute wird es vor allem in den USA und in Kanada angebaut. Indianer haben als erste entdeckt, daß die schwarz-braunen Nadeln mit dem nussigen Aroma eine echte Delikatesse sind. Dazu enthalten sie reichlich Nährstoffe wie entwässerndes Kalium. Da die Ernte des klimaempfindlichen Wildreises sehr mühsam ist, ist er relativ teuer.

▸ Einkaufs-Tipp:
Mittlerweile gibt es aromatische Mischungen aus Wildreis und hellen Reissorten. Diese sind preiswerter und sehen zudem auf dem Teller hübsch aus.

▸ Aufbewahrung:
in einem fest verschließbaren Vorratsbehälter kühl und trocken lagern.

Kurzporträt

Top-Gehalt an:
Magnesium, Zink, Kalium, Eisen, Folsäure, Niacin.
Haltbarkeit: 1 Jahr.
Preis: als Mischung 3–4 Mark für 250 Gramm. Ungemischt 5–10 Mark pro 200-Gramm-Packung.

Miesmuschel

Schlankmacher aus dem Meer

Der Name der blauschwarzen zweischaligen Muscheln geht auf die altdeutsche Bezeichnung für „Moos" zurück. Man findet die Meeresfrüchte bevorzugt auf Steinen oder Pfählen, wo sie sich mit einer moosartigen Substanz „andocken", um nicht fortgeschwemmt zu werden. Miesmuscheln sind mit 50 Kalorien pro 100 Gramm ein besonders kalorienarmer Genuß. Köstlich munden sie im Weißweinsud!

▸ Einkaufs-Tipp:
Lassen Sie sich vom Händler bereits geputzte geben.

▸ Aufbewahrung:
sofort verwenden.

Kurzporträt

Top-Gehalt an:
Eiweiß, Vitaminen A, D und B12, Folsäure, Eisen.
Haltbarkeit: 1 Tag.
Preis: ca. 5 Mark pro Kilo.

Feige

Ganz schön nachgiebig

Die herrlich duftende orientalische Frucht möchte äußerst sanft behandelt werden, denn sie platzt schon bei leichtem Druck. Unter der hellgrünen bis dunkelvioletten Schale verbirgt sich ein unwiderstehlich köstliches Fruchtfleisch. Je nach Geschmack werden Feigen im Ganzen vernascht oder durchgeschnitten und ausgelöffelt (die Schale können Sie mitessen).

▸ Einkaufs-Tipp:
Reife Früchte sind schwer, extrem weich und duften. Achten Sie auf feste Stiele.

▸ Aufbewahrung:
kühl und trocken.

Kurzporträt

Top-Gehalt an:
Fruchtzucker, Betacarotin, Kalzium, Eisen.
Haltbarkeit: 1–2 Tage.
Preis: ca. 1 Mark pro Stück.

Sauerkraut

Winterliche Allzweckwaffe

Die Chinesen hatten hier die Nase vorn. Sie haben als erste entdeckt, dass sauer eingelegter Kohl vor allen Misslichkeiten schützt, die uns regelmäßig im Winter heimsuchen: Er erthält Vitamin C als Grippeschutz, Acetylcholin gegen depressive Novemberstimmung, und nicht zu vergessen, er schmeckt hervorragend. Roh als Salat mit frischen Früchten oder gedünstet als Beilage.

▸ Einkaufs-Tipp:
Bio-Kraut frisch aus dem Faß im Naturkostladen kaufen.

▸ Aufbewahrung:
luftdicht und kühl.

Kurzporträt

Top-Gehalt an:
Vitamin C, B12, Milchsäurebakterien, Kalium, Eisen.
Haltbarkeit: ca. 1 Woche.
Preis: ca. 3 Mark pro Kilo.

Granatapfel

Nur die Kerne ins Töpfchen

Der Ursprung dieses Fruchtbarkeitssymbol liegt vermutlich in Persien. Sein Name bedeutet soviel wie „Frucht der vielen Samen". Die rötlichbraune Schale des Granatapfels ist sehr hart und lederartig, hält aber die hell- bis dunkelroten Samenkerne lange frisch. Die Kerne sind ausgesprochen saftig und haben einen feinen süß-säuerlichen Geschmack. Das dunkelrote Konzentrat aus Granatapfelsaft ist als Grenadine bekannt und Zutat vieler klassischer Cocktails und Mixgetränke.

▸ Einkaufs-Tipp:
Am ergiebigsten sind besonders große Exemplare mit dunkelroter Schale.

Profi-Tipp des FIT FOR FUN Küchenchefs Jörg Nöcker:

Die blutroten Kerne des Granatapfels verleihen Fleischgerichten und Salate ein tolles Aroma.

▸ Aufbewahrung:
kühl und trocken lagern.

Kurzporträt

Top-Gehalt an:
Kalium, Eisen, Kupfer, Niacin, Kalzium.
Haltbarkeit: ca. 1 Woche.
Preis: ca. 2 Mark pro Stück.

Fitness-Tipp des Monats

Aktiv gegen Herbstdepressionen

Verregnete Wochenenden und düstere Nachmittage: Lichtmangel hat zur Folge, dass unser Hormonhaushalt durcheinander kommt und die Stimmung auf den Nullpunkt sinkt. Dagegen gibt es einfache Tipps, um wieder ein wenig Sonnenschein ins eigene Leben zu bringen. **Es werde Licht**: Einmal pro Woche fünf Minuten unters Solarium – das genügt, damit das UV-Licht wieder Pep in Ihren müden Körper bringt. **Bananen**: Die gelben Früchte lassen in Ihrer Küche die Sonne aufgehen. Außerdem enthalten sie Serotonin, einen wirklichen Glücklichmacher. **Schlafentzug**: Einfach mal eine Stunde früher aufstehen als sonst – der Körper reagiert mit gesteigerter Aktivität. **Badewannen-Party**: Radio mit ins Badezimmer nehmen und den Lieblingssender einstellen. Kuscheln Sie sich in ein hautpflegendes Ölbad und träumen Sie vom letzten Urlaub.

im November

Mit frischem Obst und Gemüse wird es knapper. Sie können jedoch ein bisschen tricksen. Zum Beispiel mit Sauerkraut oder eingelegten Tomaten.

Endiviensalat

Knackiges Köpfchen

Endiviensalat wurde früher als Heil- und Gemüsepflanze verwendet. Es gibt sie als sehr bittere wilde Zichorie (aus ihrer Wurzel wird Chicorée gezogen), als ebenfalls bittere krause Variante, Frisée genannt, und als glatte, mildere Sorte. Der robuste Salat kann bis in den Winter hinein noch aus dem Freiland geerntet werden. Die Bitterstoffe Inulin und Intybin stimulieren die Verdauungssäfte und regen den Appetit an. Sie sind auch verantwortlich für den herben Geschmack der Endivie. Dieser läßt sich übrigens durch Honig oder Ahornsirup im Dressing neutralisieren. Wer will, kann die krause und glatte Endivie als Gemüse behandeln und wie Spinat zubereiten, sie schmoren, als Suppenbeilage verwenden oder gratinieren.

▶ Einkaufs-Tipp:
beim Friséesalat auf einen großen, gelben Herzanteil des Kopfes achten.

▶ Aufbewahrung:
im Gemüsefach des Kühlschranks.

Kurzporträt

Top-Gehalt an:
Kalium, Eisen, Chlorophyll, Vitamin C, Inulin, Intybin.
Haltbarkeit: 2–3 Tage.
Preis: ca. 2 Mark pro Kopf.

Schinken

Hauchdünner Genuß

Gekochter Schinken wird gepökelt und oft noch zusätzlich geräuchert, Die beste Qualität stammt aus der Schweinekeule. Roher Schinken wird nur geräuchert oder getrocknet Der aus Parma hat hierzulande mittlerweile regelrechte Berühmtheit erlangt. Der italienische Kollege aus San Daniele oder spanischer Serrano können jedoch ebenfalls mithalten. Eine besondere Delikatesse ist der Schinken von Patas Negras, einer eher kleinwüchsigen spanischen Schweinerasse. Er erhält sein besonderes Aroma, weil die Tiere in den Wäldern herumstreifen und sich an würzigen Eicheln satt fressen dürfen. Das schonende Lufttrocknen sorgt für ein besonders mildes Aroma der genannten Schinkensorten.

▶ Einkaufs-Tipp:
nur kleine Mengen kaufen und hauchdünn schneiden lassen.

▶ Aufbewahrung:
luftdicht verpackt im Kühlschrank. Friert man ihn ein, verliert er an Aroma.

Kurzporträt

Top-Gehalt an:
Eisen, Zink, Kalium, Magnesium, Vitaminen B1 und B12.
Haltbarkeit: ca. 3–4 Tage.
Preis: je nach Sorte zwischen 4 und 10 Mark pro 100 Gramm.

Getrocknete Tomate

Geschmack in Höchstform

Italienische Hausfrauen legen einen Teil ihrer Tomatenernte zum Trocknen in die Sonne. Ergebnis: herrliches Tomatenaroma in konzentrierter Form, toll für köstliche Pastasaucen oder Salate. Es gibt sie aber auch bei uns. Entweder pur - dann müssen sie je nach Rezept eingeweicht oder gedünstet werden - oder in aromatischem Olivenöl mit italienischen Gewürzen eingelegt.

▶ Einkaufs-Tipp:
am besten in italienischen oder türkischen Feinkostgeschäften kaufen.

▶ Aufbewahrung:
kühl und trocken.

Kurzporträt

Top-Gehalt an:
Folsäure, Kalium, Kalzium.
Haltbarkeit: 2–3 Wochen
Preis: eingelegt ca. 6 Mark pro Glas, als Trockenware circa 4 Mark pro 100 Gramm.

Garnele

Königin der Tiefe

Es gibt über zweitausend Arten dieser krebsartigen Tiere. Ob sie als Shrimps oder teure Prawns verkauft werden, hat mit der Größe zu tun. „Tiger Prawns" sind besonders große Exemplare. Dagegen ist die Bezeichnung „Scampi" für Garnelen falsch. Dabei handelt es sich nämlich um ein (viel teureres) Mitglied der Hummerfamilie.

▶ Einkaufs-Tipp:
Die grauen sind noch roh, haben ein intensiveres Aroma als rote vorgekochte.

▶ Aufbewahrung:
schnell wieder kühlen.

Kurzporträt

Top-Gehalt an:
Jod, Kalzium, Eisen, Zink, Fluor.
Haltbarkeit:
sofort verwenden.
Preis: je nach Sorte 30–80 Mark pro Kilo.

Kresse

Scharfe Sprossen

Die kleinen Keimlinge schmecken erfrischend und ganz schön scharf. Sie geben selbst simplen Salaten überraschenden Pep. Verursacher sind die enthaltenen ätherischen Öle. Vitamin C stärkt die körpereigenen Abwehrkräfte. Kresse kann man übrigens problemlos selber ziehen (siehe Anleitung unten).

▶ Einkaufs-Tipp:
Kresse gibt es in kleinen „Beeten". Achten Sie darauf, daß der Boden nicht schimmelig ist und die Blätter frisch und zart oder kaufen Sie Samen im Naturkostladen.

▶ Aufbewahrung:
im Kühlschrank.

Kurzporträt

Top-Gehalt an:
Kalium, Kalzium, Eisen, Mangan, Flavonen.
Haltbarkeit: 1–2 Tage.
Preis: ca. 2 Mark pro Beet.

Kresse selber ziehen

Ganz einfach, schnell und hygienisch geht's mit zwei bis drei Lagen Küchenkrepp. Das Papier auf einen Teller oder eine flache Auflaufform legen und mit kaltem Wasser gut anfeuchten. Die gespülten Samen einfach darauf streuen, fertig. Wichtig ist, daß die Keimlinge immer gut angefeuchtet sind und nicht austrocknen. Nach etwa fünf bis sechs Tagen ist die erste Ernte verzehrfertig.

Salate

Zutaten
für 2 Personen

1 rote Zwiebel
300 g Miesmuscheln
1 Lorbeerblatt
100 ml Weißwein
Jodsalz
schwarzer Pfeffer aus der Mühle
1 Möhre
1 Chilischote
einige Blätter Römersalat
50 g Rauke
2 EL Zitronensaft
1 TL Honig
1 TL Sesamöl
1 TL Sojaöl
2 Scheiben Bauernbrot

Miesmuscheln

Geschlossene Miesmuscheln wässern und gründlich abbürsten, dann mit einem Messer die „Muschelbärte" abschaben. Zum Auslösen des Fleisches kurz dünsten. Muscheln, die sich dabei nicht öffnen, unbedingt wegwerfen.

slimline

Frische Muscheln auf Römersalat

1 Zwiebel schälen, in Ringe schneiden. Muscheln putzen (siehe Anleitung links). Offene aussortieren. Zwiebel, Lorbeer, Wein, Salz und Pfeffer aufkochen. Muscheln darin circa 5 Minuten dünsten. Muschelfleisch auslösen.

2 Möhre in Stifte, Chilischote in Ringe schneiden. Salate waschen, putzen und in mundgerechte Stücke zupfen. Vorbereitete Zutaten auf zwei Tellern anrichten.

3 Aus 2 EL vom Muschelfond, Zitronensaft, Honig, Chili, Salz und Pfeffer ein Dressing rühren. Öle darunter schlagen. Dressing über den Salat träufeln. Dazu schmeckt kräftiges Bauernbrot.

FITNESS-CHECK	
Für Aktive	Vitamine ☒
Für Denker	einfach ○
Immunschutz	schnell ○
Pro Portion: 240 Kalorien, 6 g Fett	günstig ☒

Sauerkrautsalat mit Garnelen

1 Orange und Grapefruit schälen. Orange halbieren und eine Hälfte in Scheiben schneiden. Grapefruit filetieren. Andere Orangenhälfte auspressen.

2 Orangensaft, Honig, Salz, Pfeffer und Distelöl verquirlen. Zum Sauerkraut geben. Abschmecken und kurz durchziehen lassen.

3 Sonnenblumenöl erhitzen, Garnelen säubern, darin braten, würzen. Meerrettich schälen und fein reiben. Unter den Jogurt rühren, nochmals würzen.

4 Chicoréeblätter, Sauerkraut, Früchte und Garnelen auf zwei Tellern anrichten. Meerrettich-Jogurt darauf verteilen. Mit Kresse bestreuen.

FITNESS-CHECK	
Für Aktive	Vitamine ⊗
Für Denker	einfach ⊗
Immunschutz	schnell ⊗
Pro Portion: 320 Kalorien, 10 g Fett	günstig ○

Zutaten
für 2 Personen

1 Orange
1 kleine rosé Grapefruit
1 TL Honig
Jodsalz, Pfeffer
1 EL Distelöl
250 g Sauerkraut
1 TL Sonnenblumenöl
4 rohe Garnelen, mit Schale
1 kleines Stück frischer Meerrettich
150 g fettarmer Jogurt
1 Kolben Chicorée
etwas frische Kresse

Marinierte Feigen auf Eichblattsalat

1 Sonnenblumenkerne in einer beschichteten Pfanne ohne Fett rösten. Sprossen abspülen und gut abtropfen lassen. Schalotte schälen, fein hacken. Mit Essig, Senf, Salz, Pfeffer und Ahornsirup verrühren. Öl mit einer Gabel darunter schlagen.

2 Salate putzen, waschen, trockenschütteln und in mundgerechte Stücke zupfen. Feigen vierteln. Salate, Feigen, Sprossen und Sonnenblumenkerne auf Tellern anrichten. Dressing darüber träufeln. Knäckebrot dazu reichen.

FITNESS-CHECK	
Für Aktive	Vitamine ⊗
Für Denker	einfach ⊗
Immunschutz	schnell ⊗
Pro Portion: 200 Kalorien, 8 g Fett	günstig ⊗

Zutaten
für 2 Personen

1 EL Sonnenblumenkerne
75 g Radieschensprossen
1 Schalotte
2 EL Himbeeressig
1 TL Dijon-Senf
Jodsalz
schwarzer Pfeffer aus der Mühle
1 TL Ahornsirup
1 EL Distelöl
einige Blätter Endiviensalat
einige Blätter Eichblattsalat
2 frische Feigen
4 Scheiben Knäckebrot

Salate

slimline

Wildreissalat mit Tomate und Apfel

Zutaten
für 2 Personen

125 g Langkorn-Wildreis-Mischung
Saft von 1 Orange
1 EL Senf
1 TL Honig
Jodsalz
weißer Pfeffer aus der Mühle
1 EL Sonnenblumenöl
3 getrocknete Tomaten in Öl
4 Kirschtomaten
einige Blätter Endiviensalat
1 kleiner säuerlicher Apfel
etwas Brunnenkresse

1 Reismischung nach Packungsanweisung garen, abgießen und gut abtropfen lassen. Orangensaft, Senf, Honig, Salz, Pfeffer und Öl verrühren.

2 Getrocknete Tomaten gut abtropfen lassen und in Streifen schneiden. Frische Tomaten in Scheiben schneiden. Salat waschen, putzen und in mundgerechte Stücke zupfen.

3 Apfel halbieren, entkernen und in Spalten schneiden. Vorbereitete Zutaten auf zwei Tellern verteilen. Dressing darüber träufeln. Mit Kresse bestreuen.

FITNESS-CHECK	
Für Aktive / Für Denker / Immunschutz	Vitamine ⊗ einfach ⊗ schnell ○ günstig ⊗
Pro Portion: 320 Kalorien, 6 g Fett	

Endivie mit Parma und Trüffelöl

Zutaten
für 2 Personen

2 Schalotten
1 EL Olivenöl
3 EL Balsamessig
Jodsalz, Pfeffer
1 TL Trüffelöl (Feinkostladen)
einige Blätter Endiviensalat
4 getrocknete Tomatenhälften in Öl
4 dünne Scheiben Parmaschinken
2 Stiele Salbei
20 g Parmesankäse am Stück
4 Scheiben Vollkornbrot

1 Schalotten schälen und fein hacken. Öl in einer Pfanne erhitzen. Schalotten darin glasig dünsten. Mit Essig ablöschen. Mit Salz und Pfeffer würzen, etwas abkühlen lassen, dann das Trüffelöl unterrühren.

2 Salat putzen, in mundgerechte Stücke zupfen. Mit Tomaten, Schinken und Salbei auf Tellern anrichten. Dressing darüber träufeln. Parmesankäse darüber hobeln. Herzhaftes Vollkornbrot dazu reichen.

FITNESS-CHECK	
Für Aktive / Für Denker / Immunschutz	Vitamine ⊗ einfach ⊗ schnell ⊗ günstig ○
Pro Portion: 320 Kalorien, 15 g Fett	

Vorspeisen

Sauerkrautsuppe mit Chili und Kokos

slimline

1 Knoblauch und Ingwer schälen und fein hacken. Chilischote in Ringe schneiden. Zwiebel schälen und hacken.
2 Öl in einem Topf erhitzen. Knoblauch, Ingwer, Chili und Zwiebel darin andünsten. Sauerkraut zugeben, ebenfalls kurz andünsten. Mit Kokosmilch, fettarmer Milch und 300 ml Wasser ablöschen.
3 Zitronengras klein schneiden, zugeben. Mit Sojasauce und Pfeffer würzen. Alles zugedeckt circa 15 Minuten köcheln lassen. Nochmals abschmecken. Suppe mit Schinken und Basilikum in zwei tiefe Teller anrichten. Dazu schmeckt Bauernbrot.

FITNESS-CHECK	
Für Aktive	Vitamine ⊠
Für Denker	einfach ⊠
Immunschutz	schnell ⊠
Pro Portion: 210 Kalorien, 10 g Fett	günstig ⊠

Zutaten
für 2 Personen

1 Knoblauchzehe
1 walnussgroßes Stück Ingwer
1 Chilischote
1 Zwiebel
1 TL Sesamöl
300 g frisches Sauerkraut
4 EL Kokosmilch (Asia-Laden)
200 ml fettarme Milch
3 Stiele Zitronengras
1 bis 2 EL Sojasauce
Pfeffer
2 Scheiben Schinken
etwas Basilikum

Rübencremesuppe mit Pfifferlingen

1 Steckrüben und Zwiebel schälen und würfeln. 1 TL Butterschmalz erhitzen. Zwiebel und Steckrübe darin andünsten. Pfefferkörner, Lorbeer, Majoran, Brühe, Salz und Pfeffer zugeben. Mit gut 100 ml Wasser ablöschen. Zugedeckt ca. 30 Minuten garen.
2 Pilze putzen. Kartoffel schälen, fein würfeln. Möhre und Sellerie schälen, in sehr feine Juliennestrei-fen schneiden. Restliches Fett erhitzen. Kartoffelwürfel darin ca. 5 Mi-nuten knusprig braten. Mit Salz und Cayennepfeffer würzen, herausnehmen und warm stellen. Pilze im Bratfett dünsten, würzen.
3 Gewürze aus der Suppe heben, Steckrübe in der Brühe fein pürieren. Sahne zufügen, abschmecken. Steckrübensuppe auf zwei tiefe Teller verteilen. Pilze, Kartoffeln und Gemüse-Julienne darauf anrichten.

FITNESS-CHECK	
Für Aktive	Vitamine ⊠
Für Denker	einfach ⊠
Immunschutz	schnell ○
Pro Portion: 180 Kalorien, 15 g Fett	günstig ⊠

Zutaten
für 2 Personen

350 g Steckrüben
1 kleine Zwiebel
2 TL Butterschmalz
2 Pfefferkörner
1 Lorbeerblatt
1 EL frischer Majoran
1 EL Gemüsebrühe (Instant)
Salz
weißer Pfeffer aus der Mühle
100 g Pfifferlinge
1 mittelgroße Kartoffel
1 kleine Möhre
80 g Knollensellerie
1 Msp. Cayennepfeffer
2 EL Schlagsahne

Vorspeisen

Zutaten
für 2 Personen

- 2 EL Leinsamen
- 1 Knoblauchzehe
- 100 g Ziegenfrischkäse
- 2 EL stichfester fettarmer Jogurt
- 1 TL Honig
- Jodsalz, Pfeffer
- etwas Endiviensalat
- 1 frische Feige
- 1 kleiner Granatapfel
- 2 EL Balsamessig
- 1 TL Dijon-Senf
- 1 EL Olivenöl
- 4 Stiele frischer Thymian
- 2 Scheiben Baguettebrot

Granatäpfel

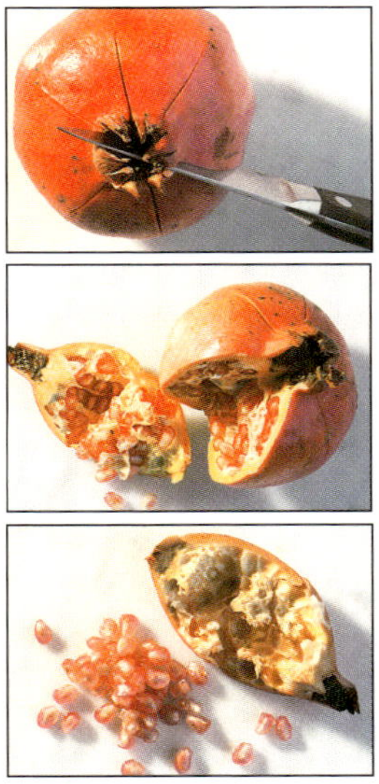

Beim Granatapfel isst man nur die Kerne. Um heranzukommen, die Frucht mit einem scharfen Messer am Ansatz einschneiden. Dann läßt sie sich mit der Hand aufbrechen. Kerne mit einem kleinen Löffel vorsichtig herauskratzen oder einfach herausklopfen.

Ziegenkäse und Feigen auf Granatapfelsauce

1 Leinsamen in einer beschichteten Pfanne ohne Fett anrösten, abkühlen lassen. Knoblauch schälen, zum Frischkäse pressen. Jogurt, Honig, Salz und Pfeffer unterrühren. Mit zwei Eßlöffeln zu Bällchen formen und von allen Seiten im Leinsamen wälzen.

2 Salat waschen, putzen, in mundgerechte Stücke zupfen. Feige achteln. Granatapfel vorbereiten (siehe Anleitung links) und die Kerne herauslösen.

3 Essig, Senf, Salz, Pfeffer und Öl verquirlen. Granatapfelkerne unterrühren. Frischkäsebällchen und Feigen auf Salatblättern anrichten, Sauce darüber träufeln. Mit abgezupftem Thymian garnieren. Dazu schmeckt knuspriges Baguettebrot.

FITNESS-CHECK	
Für Aktive	Vitamine ☒
Für Denker	einfach ○
Immunschutz	schnell ☒
Pro Portion: 370 Kalorien, 15 g Fett	günstig ○

Marinierte Feigen mit Schinken

1 Pinienkerne in einer beschichteten Pfanne ohne Fett rösten, bis sich ihr Aroma entfaltet. Herausnehmen. 1 EL Pinienkerne beiseite stellen. Den Rest mit 2 EL Mineralwasser, Essig, Salz, Pfeffer und Öl im Mixer zu einem sämigen Dres-sing verarbeiten.
2 Feigen in Scheiben schneiden und auf zwei Tellern anrichten. Marinade darüber träufeln. Zugedeckt circa 10 Minuten ziehen lassen.
3 Schinkenscheiben und Basilikumblättchen zu den Feigen geben. Restliche Pinienkerne darüber streuen. Dazu schmeckt Schwarzbrot besonders gut.

FITNESS-CHECK	
Für Aktive / Für Denker / Immunschutz	Vitamine ☒
	einfach ☒
Pro Portion: 320 Kalorien, 18 g Fett	schnell ☒
	günstig ☒

Zutaten
für 2 Personen

- 3 EL Pinienkerne
- 3 EL Balsamessig
- Jodsalz, Pfeffer
- 2 EL kaltgepreßtes Olivenöl
- 2 große frische Feigen
- 2 Scheiben luftgetrockneter Schinken
- eine Handvoll frisches Basilikum
- 4 Scheiben Schwarzbrot

Miesmuscheln mit Käsekruste

1 Muscheln vorbereiten (siehe Anleitung Seite 210). Geöffnete aussortieren. Die geschlossenen in der heißen Brühe circa 3 Minuten dünsten. Etwas abkühlen lassen.

2 Muschelfleisch auslösen (jetzt die geschlossenen ausmustern), in die Schalenhälften zurücksetzen und in einer Auflaufform verteilen.
3 Für die Kruste Brot zerbröseln. Knoblauch und getrocknete Tomaten hacken. Beides im Tomatenöl anbraten. Kräuter, Brot und Käse zugeben, würzen und über die Muscheln streuen.
4 Im Backofen bei 200 Grad circa 4 Minuten backen. Vor dem Servieren Brunnenkresse darüber streuen.

FITNESS-CHECK	
Für Aktive / Für Denker / Immunschutz	Vitamine ☒
	einfach ○
Pro Portion: 220 Kalorien, 9 g Fett	schnell ○
	günstig ☒

Zutaten
für 2 Personen

- 500 g Miesmuscheln
- 200 ml Brühe
- 1 Scheibe Weizenbrot
- 1 Knoblauchzehe
- 4 getrocknete Tomaten in Öl
- 1 TL Kräuter der Provence
- Jodsalz
- 2 EL Parmesan
- Pfeffer
- 1/4 Bund Brunnenkresse

Hauptgerichte

Zutaten
für 2 Personen

1 Limette
4 Knoblauchzehen
1 Chilischote
100 ml Weißwein
3 EL Weißweinessig
schwarzer Pfeffer aus der Mühle
400 g rohe Garnelen
1 EL Olivenöl
4 getrocknete Tomatenhälften in Öl
Jodsalz
1/2 Bund Petersilie
4 Scheiben Weizenbrot

Garnelen

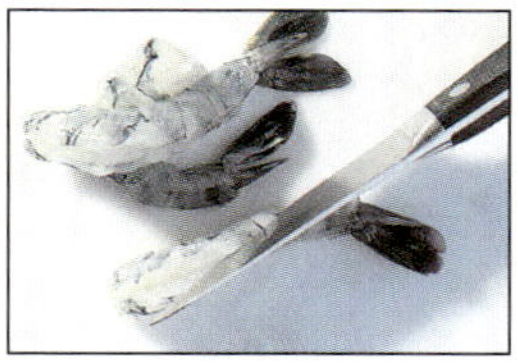

Rohe Garnelen sind grau. Erst gebraten oder gekocht färben sie sich rot. Nehmen Sie möglichst rohe, sie haben das bessere Aroma. Zuerst den Kopfteil abbrechen, dann die Garnele aufschneiden, um den Panzer zu lösen. Mit einem Messer den dunklen Darm entfernen.

Garnelen in Knoblauchmarinade

1 Limette halbieren, eine Hälfte in Scheiben schneiden. 2 Knoblauchzehen schälen und in Scheiben schneiden. Chilischote halbieren. Mit Wein, Essig und Pfeffer in eine Schüssel geben. Garnelen säubern (siehe Anleitung links) und darin circa 2 Stunden marinieren.

2 Restliche Limette auspressen. Restlichen Knoblauch schälen, in Scheiben schneiden. Garnelen auf Küchenpapier abtropfen lassen.

3 Öl in einer Pfanne erhitzen. Knoblauch darin anbraten. Garnelen und Tomaten zugeben. Alles unter Wenden circa 5 Minuten weiterbraten. Mit Salz und Pfeffer würzen. Petersilie von den Stielen zupfen und hacken, vor dem Servieren darüber streuen. Brot dazu reichen.

FITNESS-CHECK	
Für Aktive	Vitamine ☒
Für Denker	einfach ☒
Immunschutz	schnell ○
Pro Portion: 450 Kalorien, 11 g Fett	günstig ○

Zanderfilet mit Pilzkruste

slimline

Zutaten
für 2 Personen

400 g Kartoffeln
Jodsalz
1/2 Bund gemischte Kräuter
4 rosé Champignons
1/2 Scheibe Vollkornbrot
4 Tomaten in Öl
400 g Zanderfilet
Pfeffer
1 unbehandelte Orange
2 Schalotten
100 ml Weißwein
1 Zweig Rosmarin

1 Kartoffeln garen, abgießen, pellen. Für die Kruste Kräuter, Pilze, Brot und Tomaten hacken (Tomatenöl auffangen). Alle vorbereiteten Zutaten mischen.

2 Fisch trockentupfen, salzen und pfeffern. Filets in eine Auflaufform legen. Kräutermischung darauf verteilen. Orangenschale abschälen, klein schneiden. Orange auspressen. Schalotten hacken. Orangensaft, -schale, Schalotten und Wein zum Fisch geben.

3 Im Ofen bei 200 Grad circa 20 Minuten backen. Tomatenöl erhitzen, Kartoffeln und Rosmarin darin braten, würzen. Mit dem Fisch anrichten.

FITNESS-CHECK	
Für Aktive	Vitamine ☒
Für Denker	einfach ☒
Immunschutz	schnell ○
Pro Portion: 460 Kalorien, 9 g Fett	günstig ○

Jambalaya von Garnelen und Muscheln

Zutaten
für 2 Personen

1 Knoblauchzehe
1 Stange Lauch
1 Chilischote
1 rote Paprika
2 Stangen Staudensellerie
2 Möhren
500 g Tomaten
150 g Langkorn-Wildreis-Mischung
1/2 Bund Petersilie
Jodsalz, Pfeffer
600 ml Gemüsebrühe (Instant)
300 g Miesmuscheln
300 g Venusmuscheln
150 g rohe geschälte Garnelen
etwas frische Melisse

1 Knoblauch schälen und fein hacken. Lauch putzen und in Ringe schneiden. Chili in Ringe schneiden. Restliches Gemüse waschen, putzen und klein schneiden.

2 Vorbereitete Zutaten mit Reis und Petersilie in einer feuerfesten Form mischen. Kräftig würzen. Brühe angießen. Zugedeckt im Backofen bei 200 Grad circa 45 Minuten schmoren.

3 Muscheln abspülen und putzen, bereits geöffnete Muscheln aussortieren. Garnelen säubern (siehe Anleitung links). Nach 45 Minuten Schmorzeit den Deckel abnehmen. Garnelen und Muscheln zugeben.

4 Weitere 10 Minuten ohne Deckel garen. Jambalaya nochmals pikant abschmecken. Melisseblättchen von den Stielen zupfen und den Eintopf damit garnieren.

slimline

FITNESS-CHECK	
Für Aktive	Vitamine ☒
Für Denker	einfach ☒
Immunschutz	schnell ○
Pro Portion: 510 Kalorien, 5 g Fett	günstig ○

Hauptgerichte

Zutaten
für 2 Personen

100 g Wildreismischung
Jodsalz
6 Tomaten in Öl
50 g Oliven ohne Stein
1/2 Bund gemischte Kräuter
Pfeffer
2 Hähnchenfilets (insges. 250 g)
2 Holzspieße
2 Schalotten
100 ml Weißwein
200 ml Gemüsefond (Glas)
1 EL Kapern
1 EL Jogurt

slimline

Gefüllte Hähnchenbrust auf Wildreis

1 Reis in Salzwasser garen. Tomaten abtropfen lassen, Öl auffangen. Tomaten, Oliven und Kräuter hacken, mischen und pfeffern.
2 Filets trockentupfen, einschneiden. Olivenmischung einfüllen, mit Spießen zustecken. Schalotten hacken. 1 EL Tomatenöl erhitzen. Schalotten und Filets darin circa 10 Minuten braten, würzen.
3 Filets warm stellen. Bratfett mit Wein und Fond ablöschen, einkochen. Kapern und Jogurt zugeben. Würzen. Hähnchen, Kapernsauce und Wildreismischung anrichten.

FITNESS-CHECK	
Für Aktive	Vitamine ⊗
Für Denker	einfach ⊗
Immunschutz	schnell ○
Pro Portion: 480 Kalorien, 13 g Fett	günstig ⊗

Zutaten
für 2 Personen

500 g Kartoffeln
Jodsalz
1 Zwiebel
4 getrocknete Feigen
3 TL Sonnenblumenöl
400 g frisches Sauerkraut (Reformhaus)
100 ml Gemüsebrühe (Instant)
4 EL Portwein
weißer Pfeffer aus der Mühle
2 Scheiben Putenbrust (insges. 300 g)
1 Msp. Cayennepfeffer
2 frische Feigen
etwas frische Brunnenkresse

Putenbrust auf Feigen-Sauerkraut

slimline

1 Kartoffeln schälen und in wenig Salzwasser dünsten. Zwiebel hacken, Feigen klein schneiden. 2 TL Öl erhitzen. Zwiebel darin andünsten. Sauerkraut zugeben und ebenfalls andünsten. Getrocknete Feigen, Brühe und Wein zugeben, würzen. Circa 10 Minuten schmoren.
2 Putenscheiben abspülen, trockentupfen. Restliches Öl in einer Pfanne erhitzen. Putenfleisch darin von jeder Seite circa 5 Minuten braten, würzen.
3 Sauerkraut mit Cayennepfeffer abschmecken. Frische Feigen zugeben, mit erhitzen. Pute und Sauerkraut auf Tellern anrichten, Kresse darüber streuen.

FITNESS-CHECK	
Für Aktive	Vitamine ⊗
Für Denker	einfach ⊗
Immunschutz	schnell ⊗
Pro Portion: 550 Kalorien, 10 g Fett	günstig ⊗

Wildreis-Risotto mit Steinpilzen und Lammfilet

1 Zwiebel hacken. Pilze putzen und klein schneiden. Öl in einem Topf erhitzen. Zwiebel und Steinpilze darin andünsten, würzen, herausnehmen.
2 Reis im Bratfett andünsten. Mit 1/3 des Gemüsefonds ablöschen, würzen. Reis bei schwacher Hitze unter Rühren circa 30 Minuten ausquellen lassen. Dabei nach und nach den restlichen Fond und den Wein angießen.
3 Filet in einer beschichteten Pfanne ohne Fett braten. Mit Salz, Pfeffer und Thymianblättchen würzen.
4 Käse unter den Reis rühren. Pilze zugeben, Risotto abschmecken und mit dem Filet anrichten. Schnittlauch hacken und darüber streuen.

FITNESS-CHECK	
Für Aktive	Vitamine ⊗
Für Denker	einfach ⊗
Immunschutz	schnell ○
Pro Portion: 570 Kalorien, 17 g Fett	günstig ○

Zutaten
für 2 Personen

1 Zwiebel
400 g Steinpilze
1 EL Olivenöl
Jodsalz
Pfeffer
130 g Wildreis-Mischung
400 ml Gemüsefond (Glas)
100 ml trockener Weißwein
200 g Lammfilet
2 TL frischer Thymian
30 g geriebener Parmesan
1/2 Bund Schnittlauch

Herbstliches **Gulasch** mit Granatapfel

1 Nudeln in Salzwasser garen. Schalotten hacken. Pfifferlinge putzen. Möhren in Scheiben schneiden. Öl erhitzen, Pfifferlinge darin anbraten, herausnehmen.
2 Gulasch portionsweise im Bratfett anbraten. Schalotten, Möhren und Kräuter zugeben, salzen und pfeffern. Mit Wein und Fond ablöschen. Circa 45 Minuten schmoren.
3 Pilze zum Gulasch geben. Weitere 10 Minuten weich schmoren, abschmecken. Alles auf zwei Tellern anrichten, Granatapfelkerne über das Gulasch streuen.

FITNESS-CHECK	
Für Aktive	Vitamine ⊗
Für Denker	einfach ⊗
Immunschutz	schnell ○
Pro Portion: 610 Kalorien, 20 g Fett	günstig ⊗

Zutaten
für 2 Personen

100 g Spiralnudeln
Jodsalz
3 Schalotten
150 g frische Pfifferlinge
2 Möhren
2 EL Sonnenblumenöl
300 g mageres Rindergulasch
2 Stiele frischer Thymian
1 Stiel frischer Rosmarin
Pfeffer
100 ml Rotwein
400 ml Gemüsefond (Glas)
1/2 Granatapfel

Desserts

Zutaten
für 2 Personen

50 g Marzipan, Rohmasse
50 ml Orangensaft
40 g Haferflocken
4 getrocknete Feigen
4 Walnüsse
70 g Mehl
1 TL Backpulver
2 EL Honig
1 Eigelb
4 EL Öl
8 Papierförmchen
1 frische Feige
etwas Zitronenmelisse

Feigen-Küchlein mit Marzipan

1 Marzipan würfeln. Mit dem Orangensaft glatt rühren. Haferflocken unterrühren. Getrocknete Feigen klein schneiden und zur Marzipanmasse geben. Walnüsse grob hacken, mit Mehl und Backpulver mischen.

2 Honig, Eigelb und Öl mit den Schneebesen des Handrührgeräts glatt verrühren. Feigen-Marzipanmasse zugeben. Mehlmischung hinzufügen und alles gleichmäßig verrühren.

3 Jeweils 2 Papierbackförmchen ineinander stellen. Teig einfüllen. Im vorgeheißten Backofen bei 180 Grad circa 20 Minuten backen. Abkühlen lassen. Feige in Spalten schneiden, mit jeweils 2 Küchlein auf Tellern anrichten. Mit Zitronenmelisse garnieren.

FITNESS-CHECK

Für Aktive	Vitamine ☒
Für Denker	einfach ○
Immunschutz	schnell ○
Pro Portion: 370 Kalorien, 17 g Fett	günstig ☒

Zimt-Quark mit Granatapfel

1 Äpfel halbieren und in Spalten schneiden. Orangensaft, Zimt und Kardamom erhitzen. Äpfel darin circa 3 Minuten dünsten. Im Sud abkühlen lassen.
2 Granatapfel aufbrechen. Kerne herauslösen. 2/3 der Kerne durch ein Sieb streichen. Granatapfelsaft mit dem Quark verrühren und mit Honig abschmecken.
3 Quark und Äpfel anrichten. Mit den restlichen Granatapfelkernen, Zimt und Melisse garnieren.

FITNESS-CHECK	
Für Aktive / Für Denker / Immunschutz	Vitamine ☒
	einfach ☒
	schnell ☒
Pro Portion: 180 Kalorien, 1 g Fett	günstig ☒

Zutaten
für 2 Personen

2 säuerliche Äpfel
Saft von 1 Orange
1 Stange Zimt
3 Kardamomkapseln
1 Granatapfel
200 g Magerquark
1 EL flüssiger Honig
1 Msp. Zimt
etwas Zitronenmelisse

Obstsalat mit Cassis-Sauce

1 Karambole abspülen und in Scheiben schneiden. Feigen in dünne Spalten schneiden. Birne halbieren, entkernen und ebenfalls in Spalten schneiden.

2 Zitronensaft, Ahornsirup und Bergamotteöl verrühren. Mit den vorbereiteten Früchten mischen. Auf Desserttellern anrichten. Granatapfel vorsichtig aufbrechen. Kerne mit Hilfe eines Teelöffels herauslösen und über das Obst streuen.
3 Obstsalat mit Pfefferminzblättchen garnieren. Vor dem Servieren Cassis darüber träufeln.

FITNESS-CHECK	
Für Aktive / Für Denker / Immunschutz	Vitamine ☒
	einfach ☒
	schnell ☒
Pro Portion: 170 Kalorien, 1 g Fett	günstig ○

Zutaten
für 2 Personen

1 Karambole (Sternfrucht)
2 frische Feigen
1 Birne
2 EL Zitronensaft
1 EL Ahornsirup
2 Tropfen natürliches Bergamotteöl (Reformhaus)
1 kleiner Granatapfel
etwas Pfefferminze
2 EL Cassis

1. Tag

Figur-Joker

Morgens

Kaffee
Saft von einer Clementine
1 EL Honig
1 Msp. Zimt
1 Msp. Nelkenpulver
1 Ei
1 Vollkorntoast
Jodsalz
1 EL Kresse

Energy-Coffee und **Kresse-Ei auf Toast**

Kaffee aufbrühen. Mit Clementinensaft, Honig und Gewürzen mixen. Ei sechs Minuten kochen. Toast mit Eischeiben belegen. Mit Salz und Kresse bestreuen.

Zwischendurch
1 Scheibe Knäcke mit 10g Putensalami und 5 Oliven

Mittags

40 g Orecchiette (kleine Nudeln)
Jodsalz
1 Sharonfrucht
1 Birne
Saft einer Limette
2 EL Ananas-Vollfruchtsaft
1 Msp. Koriander
1 Msp. Zimt
1 EL Cashewnüsse

Orecchiette- **Frucht-Salat**

Nudeln in Salzwasser bissfest kochen. Abgießen und abkühlen lassen. Sharonfrucht und Birne waschen und in Spalten schneiden. Mit Nudeln mischen. Säfte mit Gewürzen verrühren, Salat damit marinieren. Mit Cashewnüssen bestreuen.

Zwischendurch
1 kleine Banane

Abends

600 g Miesmuscheln
1 Bund Suppengrün
2 Knoblauchzehen
1 EL Weizenkeimöl
1 Msp. Safran
2 TL Sambal oelek
250 ml Gemüsebrühe
1 Bund glatte Petersilie
40 g Vollkorn-Baguette

Safran- **Muscheln**

Muscheln gründlich spülen, geöffnete und zerbrochene aussortieren. Suppengrün und Knoblauch fein würfeln. Im Öl andünsten. Safran, Sambal oelek und Brühe zugeben. Muscheln darin garen bis sie sich geöffnet haben. Nicht geöffnete aussortieren. Mit gehackter Petersilie bestreuen. Brot dazu reichen.

TAGESBILANZ
1195 Kalorien, 31 g Fett
Viele wertvolle Mineralstoffe aus Muscheln!

2 schlanke Tage

Möhren-Ingwer-**Müsli**

Orangensaft mit Sirup verrühren. Rosinen zufügen und kurz ziehen lassen. Möhren putzen und hineinraspeln. Haferflocken untermischen. Kiwi schälen, in Scheiben schneiden und unterheben.

Zwischendurch

1 kleine Birne mit 100 ml Buttermilch, etwas Zitronensaft und 1 EL Ingwersirup pürieren. Mit Melisse anrichten.

Apfel-Rohkost mit Walnüssen

Zitronensaft, Honig, Gewürze und Öl verquirlen. Apfel und Pastinaken säubern, putzen und in die Marinade raspeln. Auf den Salatblättern anrichten. Mit Walnusskernen und Koriandergrün anrichten.

Zwischendurch

2 Vollkornkekse und 1 Clementine

Pikanter **Schellfisch**

Reis in Salzwasser garen. Lauch, Pilze, Knoblauch und Peperoni fein schneiden. Im Öl anbraten. Fisch mitbraten, 3 EL Wasser, Zitronensaft, Sirup und Fischsauce zufügen und kurz schmoren. Mit Senfpulver würzen.

TAGESBILANZ
1230 Kalorien, 37 g Fett
Besonders gute Jod-Versorgung

2. Tag

Morgens

- Saft von 1 großen Orange
- 1 EL Ingwersirup (Asia-Laden)
- 1 EL Rosinen
- 2 Möhren
- 2 EL Vollkornhaferflocken
- 1 Kiwi

Mittags

- Saft von 1 Zitrone
- 1 EL Honig
- 1 Msp. Piment
- 1 Msp. Koriander
- 1 EL Walnussöl
- 1 großer Apfel
- 150 g Pastinaken
- 5-6 Blätter Eichblattsalat
- 1 EL Walnüsse
- 5 Stiele Koriander

Abends

- 40 g Wildreis-Mischung
- Jodsalz
- 1 Stange Lauch
- 50 g Shiitake-Pilze
- 1 Knoblauchzehe
- 1 Peperoni
- 1 EL Öl
- 150 g Schellfisch
- Saft von 1 Zitrone
- 1 TL Ingwersirup (Asia-Laden)
- 2 EL Fischsauce
- 1 TL Senfpulver

Gesund Genießen

im Dezember

Was wäre Weihnachten ohne den köstlichen Duft der typischen Gewürze? Anis, Piment, Kardamom & Co. beleben diesmal die Rezepte des Monats. Neben ihrem exotischen Aroma besitzen sie die unterschiedlichsten Heilwirkungen.

10 Fitmacher des Monats

Jetzt frisch auf dem Markt

Zitrone

Sauer macht fit

Bis zum 15. Jahrhundert war Zitronensaft in der Küche unbekannt. Stattdessen verwendete man den sauren Saft unreifer Trauben. Die Zitronensorten unterscheiden sich in der Größe und im Säuregehalt. Es gibt auch Sorten ohne Kerne. Ihr Saft ist vielseitig verwendbar. Doch wird die saure Frucht mit Fruchtfleisch genossen, ist sie noch gesünder: Die enthaltenen Pflanzen- und Ballaststoffe verstärken das Vitamin C der Zitrone in seiner Wirkung. Fleisch und Fisch mit Zitrone zu beträufeln, hat nicht nur kulinarischen Sinn: Die Enzyme der Frucht machen Eiweiß leichter verdaulich.

▶ Einkaufs-Tipp:
Wollen Sie die Schale mitverwenden, kaufen Sie ungespritzte Früchte, denn in den Schalen sammelt sich das Gift an. Dünnschalige Sorten sind am besten zum Auspressen geeignet. Die Früchte reifen übrigens nicht nach. Kaufen Sie also nur vollgelbe Zitronen.

▶ Aufbewahrung:
bei Zimmertemperatur.

Kurzporträt

Top-Gehalt an:
Vitamin C, sekundären Pflanzenstoffen.
Haltbarkeit: 1 Woche.
Preis: Unbehandelte kosten ca. 1 Mark pro Stück.

Mango

Power in Signalfarbe

Vor wenigen Jahren war die „manga", wie sie von ihren portugiesischen Entdeckern genannt wurde, noch ein Exot. Doch inzwischen haben wir uns an den eher süßen, erfrischenden Geschmack der Mango so gewöhnt, dass wir sie nicht mehr missen mögen. Ihr Gehalt an den Schutzstoffen Betacarotin und Vitamin C ist beachtlich, sodass sie eine sehr gute Ergänzung zu der Winterküche darstellt.

▶ Einkaufs-Tipp:
Nur reife Mangos entfalten ihr Aroma vollständig. Sie geben auf Fingerdruck leicht nach.

▶ Aufbewahrung:
kühl, aber nicht kalt lagern.

Kurzporträt

Top-Gehalt an:
Betacarotin, Vitamin C, B-Vitaminen, Flavonoiden.
Haltbarkeit: 4–5 Tage.
Preis: 2–3 Mark pro Stück.

Mohnsamen

Ganz schön ausgeschlafen

Keine Angst: Die ausgereiften Samen des Schlafmohns enthalten keinerlei Drogen, wohl aber reichlich gesunde Nährstoffe. Die Pflanze wird vor allem in der Türkei, in China, Russland und im Iran angebaut. Ihr Geschmack ist nussig, mit einem Anflug von Süße, geröstet noch intensiver. Gemahlen werden die Nährstoffe der Samen besser erschlossen. Probieren Sie Mohn doch mal zu Nudeln, Gemüse und raffinierten Desserts.

▶ Einkaufs-Tipp:
Kaufen Sie Mohn ungemahlen, und mahlen Sie ihn frisch (geht auch im Mörser).

▶ Aufbewahrung:
kühl und trocken.

Kurzporträt

Top-Gehalt an:
B-Vitaminen, Folsäure, Kalzium, Magnesium.
Haltbarkeit: 1–2 Monate.
Preis: ca. 4 Mark pro Pfund.

Feldsalat

Winterliches Tellergrün

Wenn es im Garten trist aussieht, gibt es dennoch ein Blättchen, das der Kälte trotzt: Feldsalat oder Ackersalat, poetisch auch „Mausohr" oder „Rapunzel" genannt, ist der klassische Wintersalat. Und obendrein noch lecker: Mit seinem an Haselnuss erinnernden Aroma schmeckt er zu Fleisch, Fisch oder Obst Auch mit anderen Winterzutaten wie Chicorée oder Radicchio harmoniert er hervorragend.

▶ Einkaufs-Tipp:
Je fester und dunkelgrüner das Blatt, desto besser der Geschmack und Vitamingehalt.

▶ Aufbewahrung:
in einer Plastiktüte im Kühlschrank.

Kurzporträt

Top-Gehalt an:
Eisen, Betacarotin, Vitamin C.
Haltbarkeit: 1–2 Tage.
Preis: ca. 3 Mark pro 100 Gramm.

Rotkohl

Köpfchen, Köpfchen!

Eigentlich ist er ja violett. Rot wird er erst bei Säureeinwirkung. So oder so: Die kräftige Tönung weist auf einen hohen Gehalt an natürlichen Pflanzenfarbstoffen hin, den Anthocyanen, die eine hohe gesundheitliche Bedeutung haben: Sie gelten als Schutz vor Darmkrebs. Roh ist Rotkohl noch gesünder als gekocht. Wem das zu schwer verdaulich ist, der sollte ihn kräftig stampfen und mit Kümmel oder Fenchel abschmecken.

▶ Einkaufs-Tipp:
Bevorzugen Sie biologisch angebauten Kohl. Er sollte fest und relativ schwer sein. Blätter glänzend und knackig.

Profi-Tipp des FIT FOR FUN Küchenchefs Jörg Nöcker:

Köstlich schmeckt Rotkohlgemüse mit Ahornsirup abgeschmeckt und mit Eßkastanien verfeinert!

▶ Aufbewahrung:
im Kühlschrank.

Kurzporträt

Top-Gehalt an:
Kalium, Kalzium, Vitamin C und E, Anthocyanen.
Haltbarkeit: ca. 1 Woche.
Preis: ca. 2 Mark pro Kilo.

Fitness-Tipp des Monats

Gestärkt für die Tiefschneepiste

Wichtig beim Skifahren und Snowboarden ist eine gut trainierte Rückenmuskulatur. Damit die Körperspannung für Rotationsschwünge oder sauberes Carven stimmt, hier zwei Übungen. **Seitliche Rumpfmuskulatur:** Seitenlage mit längs ausgesteckten Beinen. Sützen Sie sich auf den Unterarm, spreizen Sie das obere Bein ab. Senken und heben Sie jetzt die Hüfte, weichen Sie dabei nicht nach vorne oder hinten aus. Dreimal 15 Wiederholungen pro Seite. **Brummkreisel:** Bauchlage, Fußspitzen aufstellen, Gesäß anspannen. Führen Sie nun die Arme vor dem Kopf und hinter dem Rücken zusammen. Dreimal 20 Armkreise.

im Dezember

Trotz all der süßen Verlockungen kommen Sie mit heimischem Wintergemüse und vitaminreichen Südfrüchten gut über die Runden.

Sellerieknolle

Nebenwirkung erwünscht

Die kräftige Knolle, auch Wurzelsellerie genannt, genießt den Ruf, ein Aphrodisiakum zu sein. Wir wissen zwar nicht, welchem seiner vielen Inhaltsstoffe diese Wirkung zuzuschreiben ist. Es lohnt sich aber so oder so, Sellerie zu essen. Denn mit seinem hohen Gehalt an Bitterstoffen und Kalium regt er den gesamten Stoffwechsel an. Frischer Selleriesaft enthält zudem sehr viel Vitamin C.

▶ Einkaufs-Tipp:
Ist noch etwas Grün an der Knolle, läßt sich die Frische besser bestimmen.

▶ Aufbewahrung:
kühl und dunkel.

Kurzporträt

Top-Gehalt an:
Vitamin C, Kalium, Kalzium, Bitterstoff Appiin, ätherischen Ölen.

Haltbarkeit: ca. 1 Woche.

Preis: ca. 3 Mark pro Knolle.

Orange

Klassische Fitmacher

Nichts ist belebender als ein frisch gepresster Orangensaft am Morgen. Das wußten schon die Araber, als sie im 9. Jahrhundert begannen, mit geeisten Orangensäften zu handeln. Die äußerst vitaminreiche und kaliumhaltige Frucht gilt als Energiespender, verdauungsfördernd und harntreibend.

▶ Einkaufs-Tipp:
Die dünnhäutigen kleinen Orangen eignen sich eher zum Saftpressen. Große mit dicker Schale lassen sich zum Verzehr besser schälen.

▶ Aufbewahrung:
bei Zimmertemperatur. Saft läßt sich gut einfrieren.

Kurzporträt

Top-Gehalt an:
Vitamin C, Vitamin A, Botin, Folsäure, Kalium.

Haltbarkeit: ca. 1 Woche, im Kühlschrank bis zu 2 Wochen.

Preis: ca. 4 bis 6 Mark pro Kilo.

Lauch

Schärfe von der Stange

Volkstümlich heißt er Lauch, sein richtiger Name ist jedoch Porree. Bei den Walisern ist er das „Nationalgemüse". Als Zutat zu Eintöpfen und Teil des Suppengrüns ist er auch in anderen Ländern beliebt. Zu Recht, denn sein Nährstoffgehalt und die ätherischen Öle machen ihn ähnlich gesund wie Knoblauch und Zwiebeln. Er schmeckt nur etwas milder.

▶ Einkaufs-Tipp:
wegen der Gefahr der Überdüngung und Anreicherung von Nitrat lieber biologisch angebaute Ware kaufen.

▶ Aufbewahrung:
im Gemüsefach des Kühlschranks.

Kurzporträt

Top-Gehalt an:
ätherischen Ölen, Senfölen, Betacarotin, Vitamin C und E, Kalium, Kalzium.

Haltbarkeit: 2–3 Tage.

Preis: ca. 4 Mark pro Kilo.

Pistazie

Biblischer Snack

Wahrscheinlich hat sich schon Jesus zwischen zwei Wundern mit frischen Pistazien gestärkt. Die uralte Frucht stammt aus dem östlichen Mittelmeerraum und gilt wegen ihres hohen Eiweißanteils und Magnesiumgehalts als Energiespender für Nerven und Muskeln.

▶ Einkaufs-Tipp:
Achten Sie auf Schimmel und, prüfen Sie offene Ware, auf Ranzigkeit. Geröstete Pistazien werden meist gesalzen angeboten. Für die Rezepte immer ungesalzene kaufen.

▶ Aufbewahrung:
trocken und luftdicht.

Kurzporträt

Top-Gehalt an:
Kalium, Magnesium, Eisen, Phosphor.

Haltbarkeit:
einige Wochen.

Preis: ca. 5 Mark pro 100 Gramm.

Lebkuchengewürz

Medizin für die Seele

Traditionell besteht Lebkuchengewürz aus Zimt, Nelken, Ingwer, Anis, Kardamom, Piment und eventuell noch Muskat. Der Duft dieser Mischung ist typisch für köstliches Weihnachtsgebäck.
Die Gewürze entfalten nicht nur auf der Zunge ein geschmackliches Feuerwerk, sie sind zudem so etwas wie eine Aromatherapie zum Essen. Sie ergänzen sich in ihrer anregenden, wärmenden und stimmungsaufhellenden Wirkung. So sorgen sie für Wohlbefinden und verhindern die sogenannte Winterdepression.
Die Lebkuchenwürze schmeckt nicht nur zu Gebäck, sondern auch zu Fleisch und Gemüse.

▶ Einkaufs-Tipp:
Wenn Sie häufig exotische Gewürze verwenden, lohnt es sich, sie in ungemahlener Form zu kaufen und bei Bedarf frisch zu mörsern.

▶ Aufbewahrung:
Gewürze immer kühl, dunkel, luftdicht und trocken lagern. Leere Gemüsefondgläser eignen sich dafür besonders gut.

Kurzporträt

Top-Gehalt an:
ätherischen Ölen.

Haltbarkeit: 3–4 Monate.

Preis: ca. 4 Mark für die fertige Mischung.

Zitronenraspel herstellen

Wenn Sie Zitronenschale zum Würzen benötigen, gibt es zwei Methoden. Ganz einfach geht es mit dem sogenannten Zestenreißer, einem Küchengerät, das Sie einfach über die Frucht ziehen und das mit seinen scharfen Kanten feine Röllchen abhobelt. Alternativ können Sie mit dem Küchenmesser Zitronenschale dünn abschneiden und dann in sehr feine Streifen schneiden. Auf jeden Fall sollten Sie nur ungespritzte Früchte aus dem Ökoladen oder Reformhaus verwenden, die Sie zuvor heiß abspülen und kräftig abreiben.

Salate

Zutaten
für 2 Personen

1/2 Kopf Rotkohl
Jodsalz
2 EL Rotweinessig
200 g Hasenfilet
2 TL Sojaöl
weißer Pfeffer aus der Mühle
1 Apfel
1 Orange
1 TL Thymianblättchen
1 Prise Lebkuchengewürz

Rotkohl

Rotkohl vierteln, entstrunken und in feine Streifen schneiden. Salzen und mit der Hand kräftig durchkneten. Das macht den Kohl mürbe und zart. Danach nochmals ziehen lassen und abschöpfen.

Hasenfilet zu feinem Rotkohlsalat

1 Rotkohl zubereiten (siehe Anleitung links). Mit 1/2 TL Salz und dem Essig marinieren und ziehen lassen. Hasenfilet trockentupfen und in 1 TL heißem Öl unter Wenden 10 bis 12 Minuten braten. Salzen und pfeffern.

2 Apfel gründlich waschen, entkernen und in Spalten schneiden. Orange halbieren. Eine Hälfte dick schälen und in Scheiben schneiden. Andere Hälfte auspressen. Saft und restliches Öl verrühren. Mit Pfeffer, Thymian und Lebkuchengewürz abschmecken.

3 Rotkohl, Apfel und Dressing mengen. Circa 30 Minuten ziehen lassen. Filet aufschneiden, mit den Orangenscheiben auf dem Salat anrichten.

FITNESS-CHECK	
Für Aktive	Vitamine ☒
Für Denker	einfach ☒
Immunschutz	schnell ○
Pro Portion: 270 Kalorien, 9 g Fett	günstig ○

Früchte auf Chicorée mit Honigdressing

Zutaten
für 2 Personen

1 EL abgezogene Mandelkerne
2 kleine Kolben Chicorée
2 kleine Kiwis
6 getrocknete Datteln
1 kleine Stange Lauch
200 g Vollmilchjogurt
2 EL Zitronensaft
1 TL Honig
Jodsalz
schwarzer Pfeffer aus der Mühle

1 Mandeln ohne Fett in einer Pfanne anrösten, herausnehmen. Chicoréeblätter von den Kolben lösen. Kiwis schälen und in Scheiben schneiden. Datteln halbieren, entkernen und in Streifen schneiden.

2 Lauch waschen, putzen, grobe grüne Blätter abschneiden. Lauch in Juliennestreifen schneiden (Anleitung siehe Seite 234). Jogurt, Zitronensaft und Honig glatt rühren. Mit Jodsalz und Pfeffer abschmecken. Lauchstreifen unter den Jogurt rühren.

3 Vorbereitete Zutaten auf zwei Tellern anrichten. Honig-Jogurt-Dressing darüber träufeln und sofort servieren.

FITNESS-CHECK		
Für Aktive		Vitamine
Für Denker		einfach
Immunschutz		schnell
Pro Portion: 280 Kalorien, 10 g Fett		günstig

Marinierter Sellerie auf Radicchio

Zutaten
für 2 Personen

1 unbehandelte Orange
Saft von 2 Orangen
2 EL Sherry-Essig
1 EL Traubenkernöl
Jodsalz
weißer Pfeffer aus der Mühle
400 g Knollensellerie
1 Schalotte
1 kleiner Radicchio
50 g Feldsalat
2 Paranüsse
2 Scheiben Schwarzbrot

1 Von der unbehandelten Orange etwas Schale abraspeln. Orangensaft und -schale, Essig, Öl, Salz und Pfeffer in einer Schüssel sorgfältig verquirlen.

2 Sellerie schälen und in sehr feine Streifen schneiden. Marinade sofort darüber gießen und vermischen. Schalotte fein hacken und unterheben. Die Mischung mindestens zwei Stunden ziehen lassen.

3 Unbehandelte Orange dick schälen. Fruchtfleischfilets zwischen den weißen Trennhäuten herausschneiden. Radicchio in mundgerechte Stücke zupfen. Feldsalat verlesen. Salate abspülen, abtropfen lassen. Nüsse in feine Scheiben hobeln. Salatzutaten mit dem marinierten Sellerie mischen und auf Tellern anrichten. Nüsse darüber streuen. Schwarzbrot dazu reichen.

FITNESS-CHECK		
Für Aktive		Vitamine
Für Denker		einfach
Immunschutz		schnell
Pro Portion: 260 Kalorien, 9 g Fett		günstig

Salate

Zutaten
für 2 Personen

1 Mango
2 Kiwis
1 Schalotte
100 g Feldsalat
1 unbehandelte Zitrone
1 EL Distelöl
1 TL Waldhonig
1 EL Mohn
Jodsalz
schwarzer Pfeffer aus der Mühle

slimline

Fruchtiger Feldsalat mit Mohndressing

1 Mango und Kiwis schälen. Mangofruchtfleisch in Spalten vom Stein schneiden, Kiwis in kleine Stücke schneiden. Schalotte schälen und fein würfeln.

2 Feldsalat putzen, waschen und trockenschütteln. Zitrone gründlich waschen und trockenreiben. Etwas Schale dünn abschälen und in Streifen schneiden. Zitrone halbieren und auspressen.

3 Zitronensaft und -schale, Schalottenwürfel, Öl und Honig verrühren. Mohn in einer Pfanne 1 bis 2 Minuten ohne Fett rösten. Unterrühren. Mit Salz und Pfeffer abschmecken. Alles anrichten, Mohndressing darauf verteilen.

FITNESS-CHECK	
Für Aktive	Vitamine ⊗
Für Denker	einfach ⊗
Immunschutz	schnell ⊗
Pro Portion: 220 Kalorien, 9 g Fett	günstig ⊗

Zutaten
für 2 Personen

2 Knollen rote Bete
1 Birne
2 Schalotten
100 g Heringsfilet
1 EL Pistazien
1 Stiel Dill
100 g fettarme Dickmilch
1/2 TL frisch geriebener Meerrettich
1 TL Zitronensaft
Jodsalz
Pfeffer aus der Mühle
4 Scheiben Vollkornknäckebrot

Heringssalat mit Birne und Pistazie

1 Rote Bete schälen und in feine Stifte schneiden. Birne in Spalten, Schalotten in Ringe schneiden. Heringsfilet in fingerdicke Streifen schneiden.

2 Pistazien und Dill hacken. Dickmilch, Meerrettich und Zitronensaft verrühren. Dill zufügen. Salzen und pfeffern.

3 Rote Bete, Birne, Zwiebel und Hering mit dem Dressing vermengen. Alles anrichten, Pistazien darüber streuen. Knäckebrot dazu reichen.

FITNESS-CHECK	
Für Aktive	Vitamine ⊗
Für Denker	einfach ⊗
Immunschutz	schnell ⊗
Pro Portion: 325 Kalorien, 10 g Fett	günstig ⊗

Vorspeisen

Feine Selleriesuppe mit Grapefruit

slimline

1 Sellerie putzen, waschen und grob würfeln. Zwiebel würfeln. Pistazien in einem Topf ohne Fett leicht anrösten. Herausnehmen. Öl in einer Pfanne erhitzen. Sellerie und Zwiebel andünsten. Brühe und Milch zugeben und 10 bis 15 Minuten garen.
2 Grapefruit dick schälen. Filets herausschneiden, Saft dabei auffangen. Selleriesuppe pürieren. Grapefruitsaft unterrühren.
3 Grapefruitfilets und Thymianblättchen zur Suppe geben und kurz erhitzen. Suppe mit Salz, Pfeffer und Kümmel abschmecken. Auf zwei Tellern anrichten. Geröstete Pistazien darüber streuen.

FITNESS-CHECK	
Für Aktive	Vitamine ⊗
Für Denker	einfach ○
Immunschutz	schnell ○
Pro Portion: 180 Kalorien, 9 g Fett	günstig ⊗

Zutaten
für 2 Personen

500 g Knollensellerie
1 Zwiebel
2 EL geschälte Pistazien
1 TL Öl
400 ml Gemüsebrühe (Instant)
100 ml fettarme Milch
1 rosa Grapefruit
1 EL Thymianblättchen
Jodsalz
weißer Pfeffer aus der Mühle
1 Msp. Kümmel

Steinpilz-Bouillon mit Gemüsestreifen

slimline

1 Lauchzwiebeln in feine Röllchen schneiden. Möhren schälen und mit einem Sparschäler längs in dünne Scheiben schneiden. Pilze putzen und blättrig schneiden.
2 Pilzfond, 150 ml Wasser und Gewürze in einem Topf erhitzen. Vorbereitetes Gemüse und Pilze darin 6 Minuten ziehen lassen.
3 Aus dem Toast mit einer Plätzchenform Sterne oder andere Formen ausstechen. Olivenöl erhitzen. Toast darin von beiden Seiten knusprig braun braten.
4 Pilz-Bouillon mit Salz und Pfeffer abschmecken. Mit Basilikumblättchen und Toast anrichten.

FITNESS-CHECK	
Für Aktive	Vitamine ⊗
Für Denker	einfach ⊗
Immunschutz	schnell ⊗
Pro Portion: 170 Kalorien, 5 g Fett	günstig ⊗

Zutaten
für 2 Personen

2 Lauchzwiebeln
2 Möhren
400 g Steinpilze
400 ml Pilzfond (Glas)
1 Lorbeerblatt
1 Pimentkorn
2 Scheiben Vollkorntoast
1 TL Olivenöl
Jodsalz
weißer Pfeffer aus der Mühle
etwas frisches Basilikum

Vorspeisen

Zutaten
für 2 Personen

25 g geschälte Pistazien
1 Knoblauchzehe
50 g Rauke
1 Bund Basilikum
Jodsalz
schwarzer Pfeffer aus der Mühle
2 EL Olivenöl
1 EL fein geriebener Parmesan
1/4 Endiviensalat
etwas Brunnenkresse
6 dünne Scheiben Roastbeef
4 Scheiben Vollkornbrot

Pesto

Für das Pesto die Pistazien in einer beschichteten Pfanne ohne Fett rösten. Dann fein hacken. Mit den anderen Zutaten im Mörser fein zermahlen. Dann erst nach und nach das Olivenöl zugeben und unterarbeiten. Nur so wird die Paste schön cremig.

Roastbeef mit Pistazienpesto

1 Pistazien in einer beschichteten Pfanne ohne Fett rösten. Sofort herausnehmen und beiseite stellen. Knoblauch schälen und grob zerkleinern. Rauke (einige Blätter für die Garnitur aufheben) und Basilikum ebenfalls grob zerkleinern.

2 Pistazien, Knoblauch, Rauke, Basilikum, Salz, Pfeffer und Parmesan in einen Mörser (siehe Anleitung links) geben und fein zerkleinern. Zum Schluß das Öl tropfenweise hinzugießen und unterarbeiten.

3 Endiviensalat und Brunnenkresse abspülen, abtropfen lassen und kleinzupfen. Salate, Roastbeefscheiben und Pistazien-Pesto auf Tellern anrichten und mit restlichen Raukeblättern garnieren. Dazu Vollkornbrot reichen.

FITNESS-CHECK	
Für Aktive	Vitamine ☒
Für Denker	einfach ○
Immunschutz	schnell ☒
Pro Portion: 380 Kalorien, 16 g Fett	günstig ☒

Blinis mit Krabben und Lachs

slimline

1 Lauchzwiebeln in feine Ringe schneiden. Mit Zitronensaft, Zucker, Senf, Salz, Pfeffer und Öl verrühren. Krabben und Lachsscheiben auf 2 Teller verteilen. Mit der Marinade beträufeln, kalt stellen.
2 Eier trennen. Eigelb, Mehl, Hefe, Milch, Salz und Zucker glattrühren. Zugedeckt an einem warmen Ort circa 15 Minuten gehen lassen.
3 Eiweiß steif schlagen und unter den Teig ziehen. Je 1 TL Öl pro Backvorgang in einer beschichteten Pfanne erhitzen. Aus dem Teig vier kleine Pfannkuchen (Blinis) backen und zu den kalt gestellten Krabben und Lachs servieren.

FITNESS-CHECK	
Für Aktive	Vitamine ☒
Für Denker	einfach ○
Immunschutz	schnell ○
Pro Portion: 290 Kalorien, 9 g Fett	günstig ○

Zutaten
für 2 Personen

1 Lauchzwiebel
Saft von 1/2 Zitrone
1 Prise Vollrohrzucker
1 Msp. Dijon-Senf
Salz
weißer Pfeffer aus der Mühle
1 Tl kaltgepreßtes Olivenöl
etwas frischer Dill
100 g Nordseekrabben
2 Scheiben geräucherter Lachs
2 Eier
60 g Buchweizenmehl
5 g frische Hefe
125 ml lauwarme Milch
je 1 Prise Salz und Zucker
2 TL Öl

Gebeizter Lachs mit Honig-Senf-Sauce

1 Dill und Schnittlauch hacken und je 1 EL beiseite legen. Koriander, Anis, Piment und Salz in ei-nem Mörser zerstoßen, mit den Kräutern mischen. Auf dem Lachsfilet verteilen.
2 Gewürzten Lachs in Frischhaltefolie wickeln. Ein Holzbrett darauf legen und mit einer Konservendose beschweren. Über Nacht im Kühlschrank ziehen lassen.
3 Honig, Senf, restliche Kräuter, Essig und Öl verrühren. Salzen und pfeffern. Rauke in mundgerechte Stücke zupfen. Lachs in Streifen schneiden. Mit Rauke und Sauce anrichten. Brot dazu reichen.

FITNESS-CHECK	
Für Aktive	Vitamine ☒
Für Denker	einfach ☒
Immunschutz	schnell ○
Pro Portion: 370 Kalorien, 14 g Fett	günstig ☒

Zutaten
für 2 Personen

4 Stiele Dill
1/2 Bund Schnittlauch
1 TL Koriandersamen
2 Sternanis
1 TL Pimentkörner
1/2 TL Meersalz
200 g rohes Lachsfilet
1 EL Honig
1 EL Dijon-Senf
1 EL Sherry-Essig
1 TL Distelöl
Jodsalz, Pfeffer
1 Handvoll Rauke
4 Scheiben Knusperbrot

Hauptgerichte

Zutaten

für 2 Personen

150 g Basmatireis
Jodsalz
1 Entenbrustfilet (ca. 300 g)
schwarzer Pfeffer aus der Mühle
1 EL Honig
1 EL Sesam
1 Stange Lauch
4 Möhren
200 g Knollensellerie
50 g Shiitake-Pilze
1–2 EL Sojasauce
3 Stiele frischer Koriander

Lauch

Feine Gemüsestreifen nennt man Julienne. Um Lauch in Julienne zu verwandeln, schneiden Sie ihn nach dem Waschen in 5–6 cm lange Stücke. Dann einige Lauchlagen übereinander schichten und in sehr feine Streifen schneiden. **Wichtig:** ein superscharfes Messer.

Entenbrust mit Honig-Sesam-Kruste

1 Reis in Salzwasser garen. Entenbrust abspülen, Haut kreuzweise einschneiden, trockentupfen, würzen. In einer Pfanne zuerst auf der Hautseite anbraten, bis Fett austritt. Unter zweifachen Wenden circa 10 Minuten braten. In eine Auflaufform legen. Mit dem Honig bestreichen, Sesam darüber streuen. Bei 225 Grad circa 5 Minuten im vorgeheizten Ofen knusprig braten.

2 Lauch, Möhren und Sellerie waschen und in sehr feine Streifen schneiden (siehe Anleitung links). Pilze putzen, große halbieren. Pilze und Gemüse in 1 EL Entenbratfett anschwitzen und einige Minuten dünsten. Mit Pfeffer und Sojasauce würzen.

3 Gemüse, Pilze, Basmatireis und Entenfilet anrichten. Korianderblättchen darüber streuen.

FITNESS-CHECK	
Für Aktive	Vitamine ☒
Für Denker	einfach ○
Immunschutz	schnell ☒
Pro Portion: 670 Kalorien, 16 g Fett	günstig ○

Gänsekeule mit Mango-Rotkohl

1 Gänsekeulen kalt abspülen und trockentupfen. Mit Salz, Pfeffer und Paprika einreiben und im vorgeheizten Backofen bei 200 Grad circa 50 Minuten garen.
2 Rotkohl in Streifen schneiden. Zwiebel würfeln. Zusammen in 1 EL Gänsefett andünsten. 50 ml Wasser und den Essig zugeben. Nelken zufügen, würzen und circa 30 Minuten schmoren lassen. Mango in Spalten schneiden, mit dem Majoran nach etwa 20 Minuten zum Kohl geben, mitgaren.
3 Kartoffeln und Sellerie schälen, klein schneiden und in wenig Salz-wasser garen. Milch zugeben, Gemüse pürieren und abschmecken. Gänse-keulen mit etwas Bratenfond, Rotkohl und Püree anrichten.

FITNESS-CHECK	
Für Aktive / Für Denker / Immunschutz	Vitamine ☒
	einfach ○
Pro Portion: 710 Kalorien, 20 g Fett	schnell ☒
	günstig ○

Zutaten
für 2 Personen

- 2 Gänsekeulen (insges. 800 g)
- Jodsalz
- weißer Pfeffer aus der Mühle
- 1 Msp. Paprikapulver, edelsüß
- 1/2 Rotkohl
- 1 Zwiebel
- 2 EL Rotweinessig
- 2 Gewürznelken
- 1 Mango
- 1 EL frische Majoranblättchen
- 300 g Kartoffeln
- 200 g Knollensellerie
- 100 ml fettarme Milch

Feine Putenröllchen mit Rösti

1 Pistazien hacken. Fleisch abspülen, trockentupfen und würzen. Pistazien darauf verteilen, aufrollen und mit Hölzchen feststecken. In 1 EL Öl anbraten. Mit Brühe und Wein ablöschen, würzen. Circa 20 Minuten schmoren.
2 Für die Rösti Kartoffeln und Kohl raspeln. Mit Salz, Pfeffer, Mandeln, Gewürzen und Eigelb verrühren. Rösti im restlichen Öl braten.
3 Rouladen herausnehmen und warm stellen. Fond circa um die Hälfte einkochen. Mit Salz, Pfeffer und Essig würzen. Dazu paßt Feldsalat.

FITNESS-CHECK	
Für Aktive / Für Denker / Immunschutz	Vitamine ☒
	einfach ○
Pro Portion: 610 Kalorien, 17 g Fett	schnell ○
	günstig ☒

Zutaten
für 2 Personen

- 2 EL geschälte Pistazien
- 2 Putenschnitzel (insges. 300 g)
- Jodsalz, Pfeffer
- 2 EL Rapsöl
- 450 ml Geflügelbrühe (Glas)
- 50 ml Weißwein
- 500 g Kartoffeln
- 300 g Rotkohl
- 1 EL Mandelstifte
- 1 Msp. gemahlene Nelken
- 1 Msp. Piment, gemahlen
- 1 Msp. Koriander, gemahlen
- 2 Eigelb

Hauptgerichte

Rehrücken mit Mohn-Rosinen-Sauce

Zutaten
für 2 Personen

- 300 g Rehrückenfilet
- 2 TL Öl
- Jodsalz, Pfeffer
- 400 g Möhren
- 200 g Bandnudeln
- 4 EL Rotwein
- 1 EL dunkler Saucenbinder
- 1 EL Rosinen
- 1 TL Mohn
- 1 Stiel frischer Rosmarin

1 Rehrücken trockentupfen, in 1 TL heißem Öl unter Wenden 10 bis 15 Minuten braten. Salzen und pfeffern.

2 Möhren klein schneiden. Im restlichen Öl 8 Minuten dünsten. Salzen und pfeffern. Nudeln in kochendem Salzwasser bissfest kochen.

3 Fleisch aus der Pfanne nehmen, warm stellen. Wein und 100 ml Wasser zum Bratenfond gießen. Aufkochen lassen, binden. Rosinen, Mohn und Rosmarin zufügen. Sauce sämig einkochen lassen. Würzen. Fleisch klein schneiden. Mit Möhren, Sauce und Nudeln auf zwei Tellern anrichten.

FITNESS-CHECK	
Für Aktive	Vitamine ☒
Für Denker	einfach ☒
Immunschutz	schnell ☒
Pro Portion: 710 Kalorien, 11 g Fett	günstig ☒

Rinderfilet mit Lebkuchensauce

Zutaten
für 2 Personen

- 500 g Rosenkohl
- Jodsalz
- 300 g Maronen (Esskastanien)
- 150 g Penne
- 2 Zwiebeln
- 2 Rinderfilets (insges. 300 g)
- 1 EL Rapsöl
- Muskatnuss, gerieben
- 1/4 TL Lebkuchengewürz
- 1 EL frischer Rosmarin
- 200 ml Fleischfond (Glas)
- 100 ml trockener Rotwein

1 Rosenkohl putzen, in wenig Salzwasser circa 15 Minuten garen. Maronen kreuzweise einritzen und im Backofen rösten, bis die Schale aufplatzt. Maronen schälen. Penne in reichlich Salzwasser bißfest garen.

2 Zwiebeln schälen, klein schneiden. Fleisch trockentupfen. Fleisch im heißen Rapsöl anbraten, Zwiebeln mitbraten. Fleisch salzen und pfeffern, warm stellen. Maronen und Rosenkohl im Bratfett schwenken, mit Salz, Pfeffer und Muskat würzen. Herausnehmen, ebenfalls warm stellen.

3 Bratfett mit Fond und Wein ablöschen, Lebkuchengewürz und Rosmarin zugeben, auf die Hälfte einkochen lassen. Fleisch mit Gemüse, Sauce und Nudeln anrichten.

FITNESS-CHECK	
Für Aktive	Vitamine ☒
Für Denker	einfach ☒
Immunschutz	schnell ○
Pro Portion: 880 Kalorien, 17 g Fett	günstig ○

Seeteufel mit Süßkartoffelkruste

slimline

1 Fenchel in feine Spalten schneiden. Eine Zitrone heiß abspülen, trockenreiben und in Spalten schneiden. Zweite Zitrone auspressen. 2 TL Öl in einer Pfanne erhitzen. Fenchel darin andünsten, mit Salz und Pfeffer würzen. Zitronensaft und Honig zugeben. Zitronenspalten darauf verteilen. Zugedeckt circa 10 Minuten schmoren.

2 Fischfilet abspülen, trockentupfen, würzen. In eine Auflaufform legen. Kartoffeln schälen und fein raspeln. Mit restlichem Öl, Salz, Pfeffer, Anis und Muskat würzen. Kartoffelmasse auf dem Fisch verteilen. Bei 200 Grad 15 bis 20 Minuten im Ofen überbacken. Fenchel nochmals mit Salz und Pfeffer abschmecken. Mit Basilikum und dem überbackenen Filet anrichten.

FITNESS-CHECK

Für Aktive	Vitamine ☒
Für Denker	einfach ☒
Immunschutz	schnell ○
Pro Portion: 480 Kalorien, 10 g Fett	günstig ○

Zutaten
für 2 Personen

- 2 kleine Fenchelknollen
- 2 unbehandelte Zitronen
- 3 TL Sonnenblumenöl
- Jodsalz
- weißer Pfeffer aus der Mühle
- 1 EL Honig
- 300 g Seeteufelfilet
- 200 g Süßkartoffeln
- 1 Msp. Anis, gemahlen
- 1 Msp. Muskatnuss, gemahlen
- etwas frisches Basilikum

Lachsforelle aus dem Ofen

slimline

1 Kräuter hacken. Gewürze im Mörser zerstoßen und beides mischen. Fisch waschen und trockentupfen. Innen und außen mit Salz und Pfeffer einreiben und mit Zitronensaft beträufeln. Würzmischung einfüllen. Fisch 30 Minuten im vorgeheizten Backofen bei 200 Grad backen.

2 Kartoffeln und Sellerie schälen, waschen und in dünne Scheiben hobeln. In 1 TL heißem Olivenöl unter Rühren circa 10 Minuten braten. Salzen und pfeffern.

3 Feldsalat verlesen, waschen und trockenschütteln. Schalotten fein würfeln. Walnussöl und Essig verrühren. Schalotten zufügen und würzen. Über den Salat träufeln.

4 Fisch filetieren und mit der Füllung, dem Kartoffel-Sellerie-Gemüse und Salat anrichten.

FITNESS-CHECK

Für Aktive	Vitamine ☒
Für Denker	einfach ☒
Immunschutz	schnell ○
Pro Portion: 400 Kalorien, 8 g Fett	günstig ○

Zutaten
für 2 Personen

- 1/2 Bund Dill
- 4 Stiele frischer Koriander
- 1 TL Koriandersamen
- 1 Sternanis
- 1 Lachsforelle (ca. 600 g)
- Jodsalz
- weißer Pfeffer aus der Mühle
- Saft von 1 Zitrone
- 300 g Kartoffeln
- 200 g Knollensellerie
- 1 TL Olivenöl
- 100 g Feldsalat
- 2 Schalotten
- 1 TL Walnußöl
- 2 EL Weißweinessig

Desserts

Zutaten
für 2 Personen

- 6 Blatt weiße Gelatine
- 1 unbehandelte Zitrone
- 400 ml frisch gepreßter Saft von ca. 6 Orangen
- 5 EL Orangenblütenhonig
- 2 Kiwis
- 4 Paranüsse
- etwas frische Pfefferminze
- 4 kleine Sternförmchen (ca. 125 ml)

Orangen-Gelee mit Kiwi

1 Gelatine einweichen. Zitrone abspülen. Schale dünn abschälen und in feine Streifen schneiden. Zitrone halbieren und auspressen.

2 Orangensaft bis auf 4 EL erhitzen. Zitronensaft und 3 EL Honig unterrühren. Gelatine ausdrücken und im Orangensaft auflösen.

3 Flüssigkeit in die Förmchen füllen. Etwa 3 bis 4 Stunden (am besten über Nacht) im Kühlschrank fest werden lassen.

4 Kiwis in Scheiben schneiden. Restlichen Honig, Orangensaft und Zitronenschale verrühren. Kiwis damit beträufeln, circa 30 Minuten marinieren. Nüsse hobeln. Gelee stürzen. Alles auf zwei Tellern anrichten und mit Minzeblättchen garnieren.

FITNESS-CHECK	
Für Aktive	Vitamine ☒
Für Denker	einfach ○
Immunschutz	schnell ○
Pro Portion: 250 Kalorien, 7 g Fett	günstig ☒

Profiteroles mit Mangospalten

1 100 ml Wasser, Öl und 1 Prise Salz aufkochen. Mehl und Backpulver einrühren. Weiterrühren, bis sich die Masse zu einem Kloß formt. Topf vom Herd nehmen, Eier und Eigelb unterrühren.

2 Mit dem Spritzbeutel auf ein mit Backpapier ausgelegtes Backblech 8 Teighäufchen spritzen. Bei 200 Grad im vorgeheizten Ofen circa 20 Minuten backen.

3 Eine Mangohälfte würfeln, die andere in Spalten schneiden. Quark mit Mandeln, Likör und Honig glatt rühren, Mango unterheben. Profiteroles aufschneiden, mit dem Quark füllen. Mit Melisse und Mangospalten garnieren.

FITNESS-CHECK	
Für Aktive Für Denker Immunschutz	Vitamine ☒ einfach ○ schnell ○ günstig ☒
Pro Portion: 250 Kalorien, 9 g Fett	

Zutaten
für 2 Personen

- 2 EL Sonnenblumenöl
- Jodsalz
- 70 g Mehl
- 1/2 TL Backpulver
- 2 Eier und 1 Eigelb
- 1 kleine Mango
- 150 g Speisequark
- 1 EL gemahlene Mandeln
- 2 EL Orangenlikör
- 1 EL Honig
- etwas Zitronenmelisse

Tiramisu mit Honigkuchen

1 Honigkuchen in dünne Scheiben schneiden. Die Hälfte in eine kleine Form legen und mit der Hälfte des Espresso und des Amarettos beträufeln.

2 Frischkäse, Jogurt und Honig glatt rühren. Zur Hälfte auf dem Honigkuchen verstreichen. Mango schälen, in Spalten schneiden und darauf verteilen.

3 Mit restlichem Honigkuchen belegen und den restlichen Espresso und Amaretto darüber träufeln. Restliche Frischkäsecreme darauf verstreichen. Mindestens 2 Stunden durchziehen lassen. Tiramisu mit gehackten Pistazien und Minze anrichten.

FITNESS-CHECK	
Für Aktive Für Denker Immunschutz	Vitamine ☒ einfach ☒ schnell ○ günstig ○
Pro Portion: 300 Kalorien, 7 g Fett	

Zutaten
für 2 Personen

- 200 g fertiger Honigkuchen
- 75–100 ml fertig aufgebrühter Espresso
- 2 EL Amaretto (Mandellikör)
- 200 g fettarmer Frischkäse
- 150 g Magermilchjogurt
- 1–2 EL Honig
- 1 kleine Mango
- 1 EL Pistazien
- etwas frische Minze

■ im **Dezember**

1. Tag

Morgens

1 Ei
1 Körnerbrötchen
1 TL Champignonaufstrich
etwas Eichblattsalat
50 g frische Champignons
Pfeffer, Jodsalz
1/2 Bund Schnittlauch

Mittags

150 g TK-Erbsen
50 ml Gemüsebrühe (Instant)
1 Chicorée
200 g Champignons
50 g Schafkäse
5 Kirschtomaten
2 Knoblauchzehen
3 Zweige Thymian
1 EL Sherry-Essig
Jodsalz, weißer Pfeffer
1 EL Weizenkeimöl

Abends

100 g Schweinefilet
1 TL Garam masala
150 g Grünkohl
2 Zwiebeln
1 Möhre
1 Chilischote
1 EL Öl
3 EL Sojasauce
1 Msp. Kurkuma
50 g Glasnudeln

Figur-Joker

Champignon-Ei-Brötchen

Ei hart kochen. Brötchen mit Champignoncreme bestreichen. Mit Salat, Ei- und frischen Pilzscheiben belegen. Mit Pfeffer, Salz und Schnittlauch bestreuen.

Zwischendurch
100 ml Orangensaft mit 1 Gewürznelke und 1 Zimtstange erhitzen. 1 Kiwi mit 1 TL Honig pürieren, unter den Saft rühren.

Bunter Chicorée-Salat

Erbsen in der Brühe blanchieren. Chicorée und Pilze in Scheiben schneiden, Käse würfeln. Tomaten halbieren. Alles mischen, Erbsen unterheben. Knoblauch pellen, in die Brühe geben. Thymianblättchen, Essig, Gewürze und Öl zufügen und mit dem Pürierstab mixen. Über den Salat träufeln.

Zwischendurch
1 Apfel in Scheiben schneiden. Mit Koriander und Zitrone würzen. Mit 1 EL Kokosraspel bestreuen

Schweinefilet aus dem Wok

Fleisch mit Garam masala einreiben, kurz ziehen lassen, dann in hauchdünne Scheiben schneiden. Grünkohl in feine Streifen schneiden. Zwiebeln, Möhre und Chili fein schneiden. Öl im Wok erhitzen. Fleisch unter Wenden kurz braten, zur Seite rühren. Grünkohl, Zwiebeln und Möhre braten. Mit Sojasauce und Kurkuma würzen, Fleisch untermischen. Glasnudeln überbrühen und unterheben.

TAGESBILANZ
1200 Kalorien, 45 g Fett
Mit gesundem Fruchtmix Zusatz-Vitamine tanken

2 schlanke Tage

2. Tag

Orangentoast & Yogi-Tee

Tee kochen. Milch mit Gewürzen und 1 TL Honig aufkochen, zufügen. Orange schälen, in Scheiben schneiden, auf dem gerösteten Toast anrichten. Mit restlichem Honig beträufeln.

Zwischendurch

1 Scheibe Geflügelsülze auf Salat anrichten. 1 Möhre dazu raspeln. Mit Piment und Kresse bestreuen, 1 TL Weizenkeimöl darauf träufeln.

Morgens

- schwarzer Tee
- 100 ml fettarme Milch
- 1 Msp. Muskat, gemahlen
- 1 Msp. Kardamom, gemahlen
- 1 Msp. Nelke, gemahlen
- 2 TL Honig
- 1/2 Blutorange
- 1 Vollkorntoast

Fladenbrot mit Makrele

Brot aufschneiden. Mit Meerrettich bestreichen. Radicchio zerpflücken, Lauchzwiebeln in Ringe, Orange in Scheiben schneiden. Alles mit der Makrele in das Pita-Brot füllen.

Zwischendurch

50 g Kumquats und 150 g Jogurt (1,5 % Fett)

Mittags

- 1 Ecke (50 g) Fladenbrot
- 1 TL Meerrettich
- 1 kleiner Radicchio
- 2 Lauchzwiebeln
- 1/2 Blutorange
- 100 g geräucherte Pfeffermakrele

Exotischer Milchreis

Reis mit 50 ml Wasser aufkochen. Vanille und Kardamom zufügen. Milch einrühren, quellen lassen. Datteln klein schneiden, Kumquats halbieren. Granatapfelkerne mit Sanddorn- und Limettensaft verrühren. Früchte auf einem Teller anrichten, Reis zugeben und mit Zimt bestreuen.

TAGESBILANZ

1200 Kalorien, 30 g Fett

Reichlich Kohlenhydrate machen fit für denTag

Abends

- 50 g Rundkornreis
- 1 Vanilleschote
- 2 Kardamomkapseln
- 150 ml fettarme Milch
- 5 getrocknete Datteln
- 50 g Kumquats
- 1 Granatapfel
- 1 EL Sanddornsaft
- Saft von 1/2 Limette
- 1 Msp. Zimt

Kennt alle Tricks der leichten Küche: FIT FOR FUN-Chefkoch Jörg Nöcker

Küchen**lexikon**

A

Ablöschen

Angebratenes Fleisch oder Gemüse mit Brühe, Wein oder einer anderen Flüssigkeit begießen; Bratensatz durch Zugießen von Flüssigkeit lösen und verdünnen, um die beim Braten entstandenen Röststoffe zu binden und ein Anbrennen zu verhindern.

Abschrecken

Abbrausen mit kaltem Wasser, z. B. Nudeln oder Gemüse, um den Garprozess zu unterbrechen.

Al dente

Italienischer Begriff, der mit „Biss“ bedeutet und die Beschaffenheit und den Geschmack richtig gegarter Teigwaren beschreibt: Die Nudeln sind gar, aber noch bissfest und ohne mehligen Beigeschmack.

Anschwitzen

Bei geringer Hitze in wenig Fett solange ohne Anbräunen köcheln lassen, bis der Zellsaft, z. B. aus Gemüse, ausgetreten ist.

Aufschlagen

Saucen oder Cremes langsam erwärmen – z. B. im Wasserbad – und gleichzeitig durch ständiges Rühren mit dem Schneebesen zu einer Masse mit dicklich-cremiger Konsistenz schlagen.

B

Blanchieren

Gemüse in sprudelnd-siedendem Salzwasser 2 bis 3 Minuten bissfest kochen. Danach in sehr kaltem oder Eiswasser abschrecken: So bleibt die natürliche Farbe erhalten, z. B. bei Brokkoli und Spinat.

Braten

Bei sehr starker Hitze in der Pfanne in Fett oder Öl oder in der Backröhre im Bräter garen. Temperaturen um 200 Grad verschließen die Fleischporen schnell und es tritt kein Zellsaft aus: Das sichert das volle Aroma und die Inhaltsstoffe.

C

Consommé

Klare Fleischbrühe mit intensivem Aroma.

D

Dampfdruckgaren

Unter Druck garen Kartoffeln oder Hülsenfrüchte in der Hälfte der Zeit – das schont wertvolle Inhaltsstoffe. Schnellkochtöpfe schließen hermetisch und bauen so den notwendigen Druck auf, die Gartemperatur steigt auf ca. 120 Grad.

Dämpfen

Heißer Dampf gart Gemüse und Fisch besonders vitaminschonend. Dazu Topf mit fest schließendem Deckel verwenden, Gargut im Dampfeinsatz über kochendes Wasser oder Fond stellen.

Dünsten

Kombination von schonendem Anschwitzen in wenig Butter oder Öl und anschließendem Garen bei milder Temperatur im eigenen Saft. Feingeschnittenes Gemüse wird so sehr zart und behält sowohl Biss als auch Aroma. Spart Energie!

E

Entfetten

Fettschicht auf Brühe, Sauce oder Fonds entfernen. Einfache Möglichkeit: Erkalten lassen, abschöpfen. Wenn es schnell gehen soll: Küchenkrepp durch die Flüssigkeit ziehen und diesen Vorgang solange mit neuem Papier wiederholen, bis keine Fettaugen mehr auf der Flüssigkeit zu sehen sind.

Esslöffel

Erleichtert das Maßnehmen von Mehl, Zucker oder Öl. Nur so viel auf den Löffel geben, daß er gerade gefüllt ist („gestrichen“). bei einem durchschnittlich großen Löffel entspricht das 12 g (Mehl, Öl) oder 15 g (Salz, Zucker). Am besten immer denselben Löffel nehmen.

Extra vergine

Bestes Olivenöl, sehr schonend kaltgepresst, das aus der ersten Pressung stammt.

F

Filetieren

Bei Fischen die fleischigen Seitenpartien von den Gräten lösen; bei Schlachttieren das magere Muskelfleisch zu beiden Seiten des Rückgrats herauslösen.

Küchen**lexikon**

Filieren
Entfernen der Fruchthaut, z. B. von Orangenschnitzen.

Fritieren
Fleisch, Fisch oder Gemüse in heißem Fett – am besten Kokosfett oder Sojaöl – schwimmend knusprig garen. Nur wenn das Fett heiß genug ist (etwa 200 Grad), schließen die Poren schnell und nehmen wenig Fett auf. Fritiertes sofort auf Küchenkrepp „entfetten".

G

Gratinieren
Überbacken von Aufläufen oder anderen Speisen. Geriebener Käse oder Butter verwandeln sich bei starker Hitze in eine goldbraune Kruste.

Grillen
Strahlungshitze schließt die äußeren Schichten von Fleisch und Gemüse: So bleiben Saft, Aroma und Nährstoffe erhalten. Immer darauf achten, dass kein Fett in die Glut tropft, sonst können krebserregende Benzpyrene entstehen. Am besten Gargut in Aluschalen legen, Marinade abtupfen. Auch im Backofen oder mit elektrischen Grillgeräten funktioniert das Grillen.

J

Julienne
Feine, streichholzlange Streifen von Gemüse, Trüffeln oder auch Fleisch; auch ideal zum Garen im Wok.

K

Karamelisieren
Zucker bei milder Hitze schmelzen und bräunen.

Kochen
In Wasser oder anderer Flüssigkeit bei ca. 100 Grad garen. Achtung: Beim Kochen gehen Vitamine/Mineralstoffe verloren, daher Gemüse lieber dünsten oder dämpfen.

L

Legieren
Sämiges Andicken von Suppen oder Saucen mit Hilfe von Eigelb, Sahne oder Speisestärke/Reismehl.

M

Marinieren
Zutaten mit Würzöl oder -flüssigkeit bedecken und mehrere Stunden bzw. über Nacht stehenlassen. Das Aroma überträgt sich somit auf Fisch oder Fleisch. Marinade als Saucengrundlage verwenden.

Messerspitze
Kleinste Mengen Salz oder gemahlene Gewürze passen gerade auf eines Messers Spitze. Alternativ zwei Prisen nehmen.

Mörser
Dickwandige Schale aus Porzellan oder Marmor mit gerundeter, rauher Innenfläche, in der vor allem Gewürze und Kräuter mit einem Stößel zerrieben oder zerstoßen werden, um ihr Aroma zu verstärken.

P

Panieren
Fisch oder Fleisch vor dem Braten in Mehl, verquirltem Ei und Paniermehl wenden. Gibt beim Braten einen knusprigen Mantel wie z. B. bei Wiener Schnitzel.

Passetout
Passiergerät, auch „Flotte Lotte" genannt. Ausgesprochen nützlich bei der Zubereitung von feinem Mus aus gegartem Gemüse.

Passieren
Gemüse oder Obst durch ein feines Sieb streichen (Sauce wird durch ein Tuch passiert), um grobe Rückstände von Saft oder anderen Flüssigkeiten zu trennen.

Pochieren
Sanftes Garen von zart oder leicht zerfallenden Zutaten, wie z. B. Fisch oder Geflügel aber auch Eiern, in kochend heißer, aber nicht sprudelnder Flüssigkeit. Keinen Deckel auflegen!

Prise
Sehr kleine Maßeinheit: gerade so viel Salz, Zucker oder Gewürzpulver, wie man zwischen Daumen und Zeigefinger halten kann.

Pürieren
Mit dem Pürierstab oder im Mixer Obst bzw. Gemüse zu einer dicklich-cremigen Masse (für Tomatensugo, feine Suppen oder Saucen) zerkleinern.

R

Reduzieren
Flüssigkeiten wie Fonds, Suppen oder Saucen bei starker Hitze auf die gewünschte Konzentration einkochen. Verringert den Wassergehalt und verstärkt den Geschmack; Saucen erhalten eine sämige Konsistenz.

S

Sautieren
Fleisch- oder Fischgeschnetzeltes bei milder Hitze in der mit heißer Butter gefüllten Pfanne schwenken oder auch „hüpfen“ lassen.

Schnapsglas
Erlaubt schnelles Maßnehmen von Flüssigem. Entspricht 20 ml.

Schmoren
Auf kräftiges Anbraten von Fleisch oder Gemüse folgt ein langsamer, schonender Garvorgang im eigenen Saft und Wein oder Fond bei geringer Hitze. Gelingt im Topf auf der Herdplatte – mit gut schließendem Deckel – oder im Bräter im Ofenrohr.

Schuß
Zum Aromatisieren einer Speise mit Wein oder Cognac einfach die geöffnete Flasche kurz kippen, etwa so viel wie ein halb volles Schnapsglas.

Sieden
Garen in kochender Flüssigkeit, z. B. Nudeln oder Reis.

Spritzer
Einige Tropfen von Würzsauce, wie z. B. Worcestersauce oder Tabasco. Soviel gelangt beim kurzen Kippen der Flasche in Topf oder Pfanne.

Stocken
Eianteile in eihaltigen Speisen gerinnen, dadurch wird die Masse fest.

T

Teelöffel
Maßnehmen ohne Waage: Ein Teelöffel (TL) entspricht 5 g (Mehl, Käse, Öl) bzw. 8 g (Sahne, Zucker). Den Löffel nur bis zur oberen Kante füllen.

Tranchieren
Zerteilen (-schneiden) großer Bratenstücke oder ganzen Geflügels in tellergerechte Stücke oder Scheiben mit Hilfe von speziellen Tranchiermessern oder Geflügelscheren.

U

Unterheben
Eischnee oder empfindliche Zutaten, wie z. B. Beeren sanft vermengen, ohne zu rühren – geht am besten mit einem Teigschaber.

V

Vinaigrette
Klassisches Essig-Öl-Dressing für Salate. Immer zuerst Salz im Essig gut verrühren, bis es sich ganz aufgelöst hat, erst dann das Öl mit einer Gabel oder einem kleinen Schneebesen unterschlagen.

W

Wasserbad
Über einen Topf mit kochendem Wasser wird eine Schüssel gesetzt, in der empfindliche Ei-Cremes oder -Saucen eingefüllt und indirekt auf bis zu 80 Grad erhitzt werden können, ohne daß das Ei gerinnt. Speziell für diese Art des Garens (auch simmern genannt) ist der Simmertopf geeignet, bei dem das Wasser zwischen Doppelwänden erhitzt wird.

Wok
Ursprünglich ein Werkzeug aus der chinesischen Küche: Ausladende Pfanne in Schalenform mit gerundetem Boden und flachem Rand. Das vergrößert die Garfläche und erleichtert das Rühren, das Gemüse bleibt schön knackig.

Z

Zerlassen
Schmelzen von festem Fett, z. B. Butter, Schmalz oder gehärtetes Kokosfett, bei schwacher Hitze.

Küchengeräte & **Accessoires**

Ein Muss

1 Küchensieb
Ideal zum Abgiessen und zum Waschen von Obst und Salat.

2 Parmesanreibe
Macht aus hartem Parmesan und Pecorino feine Krümel.

3 Nudeltopf
Hoch genug für Spagetti und breit genug für Ravioli.

4 Messbecher
Misst neben allen Trockenzutaten Milch und Wasser.

5 Zitronenpresse
Holt den letzten Tropfen Saft aus Zitronen und Orangen.

6 Pfanne
Eine Beschichtung spart Fett und somit auch Kalorien.

7 Schöpfkelle
Holt Suppe aus dem Topf und bringt rohe Eier in die Brühe.

8 Kochlöffel
Ein hitzeunempfindlicher Holzlöffel ist ideal zum Umrühren.

9 Topf
Optimal zum Dünsten und Blanchieren von Gemüse.

10 Sparschäler
Schält hauchdünn Spargel, Kartoffel und anderes Gemüse.

11 Knoblauchpresse
Ganz feine Knoblauchstücke ohne Aufwand gepresst.

12 Schneidebrett
Für Kräuter und Gemüse ist Holz am hygienischsten.

13 Schneebesen
Schaumschlagen und Verrühren mit dem Klassiker.

14 Gemüsemesser, Kochmesser und Wetzstahl
Ohne die drei Helfer läuft nichts in der Fitnessküche.

Hilfreich

1 Schaumlöffel
Hebt blanchiertes Gemüse portionsweise aus dem Wasser.

2 Tomatenmesser
Schneidet Tomaten messerscharf in Scheiben und Viertel.

3 Brotmesser
Mit Wellenschliff durch harte Kruste und weiche Krume.

4 Spiralbesen
Kleinste Mengen Marinade lassen sich gut vermischen.

5 Sauteuse
Mit hohem Rand und flachem Boden ist sie ideal für feine Saucen und Cremes.

6 Rohkostreibe
Dank ihrer unterschiedlich großen Reibeflächen lässt sich jedes Obst oder Gemüse fein raspeln.

7 Wok
Die gusseiserne Asienpfanne erhitzt sich schnell, ohne dass dabei Vitamine verloren gehen.

8 Spagettizange
Serviert Nudeln stilgerecht und tropfsicher auf jeden Teller.

9 Wiegemesser
Schnell, einfach und präzise Kräuter fein hacken.

10 Mörser
Holt beim Zerreiben viel Aroma aus Gewürzsamen.

11 Diverse Schüsseln
Praktisch im Wasserbad und beim Schlagen von Mayonnaise.

12 Salatschleuder
Trennt Salatblätter vom letzten Tropfen Wasser.

Register

A

B

C

D

E

Register

F

G

H

I/J

K

L

Register

M

N

O

P

Q

R

S

Register

T

U

V

W

Z

NEU: FIT FOR FUN-TV
immer sonntags um 19.15 Uhr auf VOX
Das kleinste Fitness-Studio der Welt
Das Beste aus Fitness & Sport, Gesünder essen, Wellness & Gesundheit, Abenteuer & Reisen, Love & Soul, Fit im Job,
www.fitforfun.de
FIT FOR FUN. Das große Aktiv-Magazin.
Jeden Monat neu im Zeitschriftenhandel!
Nur DM 6,–